VENEDIG

Michael Machatschek

Text und Recherche: Michael Machatschek
Lektorat: Angela Nitsche
Redaktion und Layout: Karsten Luzay/Sven Talaron
Fotos: Bildnachweis s. u.
Titelfotos: oben: Venezianische Karnevalsmasken (Julian Press)
unten: Canal Grande (Michael Machatschek)
Umschlaggestaltung: Karl Serwotka
Karten: Gábor Sztrecska, Susanne Handtmann,

Fotonachweis

Michael Machatschek: 1, 16, 19, 35, 38, 41, 44, 46, 49, 51, 58, 59, 60, 62, 64, 67, 68, 73, 77, 78, 80, 82, 83, 85, 87, 95, 98, 99, 103, 113, 114, 121, 123, 125, 132, 142, 144, 145, 149, 155, 156, 159, 170, 173, 178, 181, 183, 189, 191, 196, 204
Julian Press: 7, 10, 11, 12, 13, 14, 15, 39, 40, 43, 71, 75, 81, 89, 90, 91, 93, 100, 107, 111, 112, 115, 116, 127, 129, 138, 154, 160, 163, 166, 172, 220, 222
Azienda di Promozione Turistica (APT): 8/9, 20, 22, 24, 27, 28, 29, 30, 32, 37, 52, 54, 57, 74, 97, 104, 135, 141, 151, 162, 174, 175, 179, 184, 193, 198, 201, 205, 208, 209, 212, 223

ISBN 3-932410-49-1

 Druck: arti grafiche Saturnia, Trento (Italien).

Aktuelle Infos im Internet unter: www.michael-mueller-verlag.de

1. Auflage 2001

INHALT

Stadttouren und Ausflüge

La Laguna veneta – die Lagune von Venedig

Alles im Kasten

Was haben Sie entdeckt?

Bitte schreiben Sie uns, wenn Sie Verbesserungen, Anregungen oder Empfehlungen haben. Was war Ihre Lieblinstrattoria, in welchem Hotel haben Sie sich wohlgefühlt?

Michael Machatschek
Stichwort "Venedig"
c/o Michael Müller Verlag GmbH
Gerberei 19
D-91054 Erlangen
E-mail: m.machatschek@michael-mueller-verlag.de

CANALETTO

Venedig sehen, bevor es zu spät ist

"Nichts spricht dafür, dass es Venedig geben könnte. Venedig ist eine vollkommen unwahrscheinliche, eine ganz und gar künstliche, artifizielle Stadt," sagt *Massimo Cacciari,* der ehemalige Bürgermeister der Lagunenstadt. Doch es gibt sie wirklich, die märchenhafte Wasserstadt, die faszinierendste Kunststadt Europas, deren prächtige Palazzi, Kirchen und Klöster auf Millionen von Pfählen im seichten Lagunenwasser stehen. Oder besser gesagt, es gibt sie noch, denn eines Tages könnte jeder Rettungsversuch zu spät kommen, und Venedig könnte auf ewig in der Adria versinken. – Warten Sie also nicht mehr allzu lange mit Ihrem Besuch!

Die touristische Anziehungskraft der "wunderbaren Inselstadt" – wie *Goethe* sie nannte – ist seit über zwei Jahrhunderten ungebremst. 12–15 Millionen Besucher fallen mittlerweile jährlich über die Stadt in der Lagune her. Kaum eine andere Stadt ist mehr gerühmt und bewundert worden als Venedig. Regelrechte Liebeserklärungen sind den Federn ihrer prominenten Verehrer entsprungen. Sogar *Napoleon Bonaparte,* der 1797 das Ende der alten Serenissima erzwang, hielt sich mit bewundernden Worten nicht zurück. Er bezeichnete die Piazza San Marco, Venedigs überwältigendes Herrschaftszentrum, als den schönsten Salon Europas.

Jeder, der Venedig kennt, wird bestätigen, dass dieser amphibischen Lagunenstadt zwischen Land und Meer, deren einzigartige Architektur aus einer Märchenwelt zu stammen scheint, etwas Erhabenes und Betörendes anhaftet. Als würde ein Reflex ausgelöst, neigt man dazu, bei ihrem Anblick ins Schwärmen zu geraten. Seien auch Sie darauf gefasst, von der alten Dame, die sich seit über 200 Jahren kaum verändert hat und längst zur Museumsstadt mutiert ist, in Begeisterung versetzt zu werden. – Wir hingegen wollen uns bemühen, sachlich zu bleiben, und versuchen, Ihnen die "durchlauchteste" aller Kunststädte Europas ganz ohne Überschwang näher zu bringen:

Egal, ob Sie nur ein verlängertes Wochenende oder eine ganze Woche für ihren Venedig-Urlaub einplanen, holen Sie sich Ihren ersten prägenden Eindruck unbedingt im historischen Zentrum der Stadt, auf der berühmten *Pizza San Marco,* wo sich die beiden prunkvollsten Baudenkmäler Venedigs befinden: die mit Goldmosaiken überzogene *Basilica di San Marco* und der majestätische *Palazzo Ducale*. Inhalieren Sie zunächst die einzigartige Atmosphäre der

weitläufigen Platzanlage und verschieben Sie die Innenbesichtigung der beiden Prachtbauten sowie der angrenzenden Museen ruhig auf später – auch mit Blick auf die Besucherschlangen, die am späten Nachmittag ungleich kürzer sind als am Vormittag. Genießen Sie zum Auftakt ihrer Stadterkundung lieber die Vaporetto-Fahrt auf Venedigs berühmtem Wasserboulevard, dem *Canal Grande,* der zu beiden Seiten von den ältesten und herrschaftlichsten Palazzi der Stadt gesäumt wird. Einen schöneren ersten Streifzug durch die historische Wasserstadt gibt es wirklich nicht.

Folgen Sie nun unseren **Spaziergängen** durch die sechs Sestieri Venedigs, die, je nachdem wie intensiv Sie in die Sehenswürdigkeiten, Winkel und Ecken der einzelnen Stadtviertel eintauchen möchten, jeweils an einem halben bis ganzen Tag zu bewältigen sind. Falls die Zeit drängt, picken Sie sich am besten die Highlights heraus: etwa die *Galleria dell'Accademia,* Venedigs großartige Gemäldegalerie, oder die *Collezione Peggy Guggenheim,* eine der erlesensten Kunstsammlungen der klassischen Moderne. Und versäumen Sie es auf keinen Fall, den lebhaften *Rialtomarkt* zu besuchen, das *jüdische Ghetto* im Sestiere Cannaregio, die monumentalen Sakralbauten *Andrea Palladios,* die spätgotische *Ca' d'Oro.* – Studieren Sie die Fülle an Sehenswertem in den jeweiligen Stadtteil-Kapiteln genau, damit Ihnen kein Highlight entgeht.

Ein Venedig-Urlaub wäre ohne gezielte Ausflüge auf die **Laguneninseln** nicht komplett. Je länger man in der Stadt weilt, desto spürbarer wächst die Lust, auch die Lagune von Venedig zu erkunden. Und wer sich darauf einlässt, wird von der Vielfalt der Möglichkeiten überrascht sein: Da warten die Glasbläserinsel *Murano,* die bunte Fischerinsel *Burano,* das auf rätselhafte Weise entvölkerte *Torcello,* der berühmte *Lido di Venezia* mit seinem schicken Badestrand, die stillen *Klosterinseln* und so manche unbekannte Insel, die das Prädikat Geheimtipp auch tatsächlich verdient. – Sie merken schon, ein, zwei Tage reichen nicht aus, um die Inselwelt der *Laguna veneta* erschöpfend zu erkunden.

Nehmen Sie sich Zeit für Venedig und die Lagune. Und, wie gesagt, warten Sie nicht mehr allzu lange mit ihrem Besuch, denn wer weiß, wie lange der Untergang Venedigs noch eine ferne Drohung sein wird. – Im Ernstfall bliebe Ihnen dann nur noch *"The Venetian Resort, Hotel & Casino",* ein amerikanisches Wunderwerk der Illusion im trockenen Las Vegas, wo die wichtigsten Baudenkmäler Venedigs als Repliken in Originalgröße stehen, selbstverständlich völlig neu arrangiert.

Markusplatz, "der schönste Salon Europas" (Napoleon)

Venedig in Kürze

Geographisches: Venedig ist eine Inselstadt und liegt knapp 4 km vom Festland entfernt, mitten im seichten Gewässer der 55.000 ha großen **Laguna veneta**. Bei dieser Lagune handelt es sich um die größte von einst sieben nordwestadriatischen Lagunen, die mittlerweile – bis auf die Laguna veneta – weitgehend verlandet sind. Bezeichnenderweise hat die Lagunenstadt die Form eines Fisches. Auf historischen Stadtansichten ist das besonders gut zu erkennen, wobei das Gebiet um den heutigen Bahnhof das Maul und die *Insel San Pietro di Castello* einen Teil der Schwanzflosse darstellen. Seit dem Bau der Festlandsverbindung *Ponte della Libertà* 1848 hängt Venedig sozusagen wie ein Fisch am Angelhaken.

Die künstliche Stadt, die ab dem 9. Jh. auf insgesamt **118 kleinen Laguneninseln** errichtet wurde, dehnt sich auf einer Fläche von ca. 7 qkm aus und hat einen Umfang von lediglich 11 km. – Sie ließe sich also in ca. 3 Std. gemütlich umrunden, gäbe es einen Rundwanderweg.

Stadtstruktur: Seit dem Mittelalter ist das Stadtgebiet Venedigs in **sechs Stadtteile** aufgeteilt, die sogenannten *Sestieri*, die man als Stadtsechstel übersetzen könnte. Sie heißen *San Marco, Castello, Cannaregio, Santa Croce, San Polo und Dorsoduro;* zu letzterem gehören auch die beiden südlichen Vorstadtinseln *La Giudecca* und *San Giorgio Maggiore*.

Blickt man aus der Vogelperspektive (etwa vom Campanile di San Marco) auf die Lagunenstadt, erkennt man erst die **Stadtanlage:** ein dichtes Meer aus Schindeldächern, das von einem engmaschigen Verkehrsnetz aus Kanälen, Fußwegen, Brücken und Plätzen gegliedert wird. Die insgesamt **177 Kanäle**, die sich durch das kompakte Stadtgebiet schlängeln haben eine Gesamtlänge von ca. 40 km, sind bis zu 3 m tief und müssen regelmäßig ausgebaggert werden, damit sie auch bei Ebbe schiffbar bleiben. Markanter Hauptkanal ist der fast 4 km lange *Canal Grande*. Venedig ist das letzte **Paradies für Fußgänger:** Ungefähr 3.000 Fußwege, 355 öffentliche Brücken (zählt man die privaten mit, sind es insgesamt 411 Brücken) und 127 öffentliche Plätze bilden ein regelrechtes Wegelabyrinth, das alle Stadtteile miteinander vernetzt. Zentraler Hauptplatz ist die *Piazza San Marco*, die drei wichtigsten Brücken *Ponte di Rialto, Ponte dell'Accademia* und *Ponte Scalzi* überqueren den Canal Grande.

Laguneninseln: Abgesehen von der Inselstadt Venedig gibt es heute noch 34 weitere Inseln in der *Laguna veneta*, von denen 14 bewohnt und 20 weitgehend menschenverlassen und zum Teil verwildert sind. Die bekanntesten Laguneninseln sind *Murano* und *Burano* sowie der *Lido di Venezia*. Auf den Inseln leben insgesamt ca. 45.000 Menschen.

Burano, die bunte Fischerinsel in der Laguna veneta

Einwohnerzahl und Sozialstruktur: Venedig selbst zählt heute nur noch knapp 70.000 Einwohner, das ist lediglich ein Drittel des Einwohnerhöchststands im glorreichen 15. Jh. 1950 waren es noch ca. 175.000, in den 80er Jahren bereits unter 100.000. Tendenziell hält die **Stadtflucht** der Venezianer auch im neuen Jahrtausend an, auch wenn die Statistiken zwischenzeitlich immer mal wieder eine Stagnation und gelegentlich sogar eine gezielte Zuzugsbewegung in bevorzugten Ecken der historischen Stadtteile registrieren. Die seit langem kursierende **Untergangsvision** von einer menschenleeren Museumsstadt hängt also immer noch bedrohlich wie ein Damoklesschwert über Venedig.

Die Hauptgründe des stetigen Bevölkerungsrückgangs sind einerseits der unvorstellbare **Wohnungsmangel,** vor allem an erschwinglichen und komfortablen Quartieren, und andererseits der **Arbeitsplatzmangel** an lukrativen Arbeitsplätzen außerhalb der Tourismusbranche. Außerdem liegen die Lebenshaltungskosten weit über dem Landesdurchschnitt und sind damit für Normalverdiener kaum noch bezahlbar. Als einzige Gegenbewegung zum Bevölkerungsrückgang lässt sich ein reger Zuzug von reichen ausländischen Venedigliebhabern feststellen; zur Zeit leben etwa 5.000 in der Stadt.

Abgesehen vom schleichenden Exodus ist Venedigs Bevölkerung seit Jahrzehnten hoffnungslos **überaltert.** Die Jugend kehrt der Stadt weitgehend den

Café Quadri mit Markusdom

Rücken und entzieht ihr damit die Grundlage für eine gesunde Sozialstruktur. Statistisch kommen auf einen venezianischen Jugendlichen heute ungefähr drei Einwohner im Rentenalter. Ein intaktes Sozialgefüge gibt es in Venedig zwar längst nicht mehr, aber die lebendigen Nachbarschaftsszenen in den bevorzugten Wohngegenden der historischen Sestieri täuschen häufig genug darüber hinweg.

Verwaltung und Politik: Als **Hauptstadt der Region Veneto** ist Venedig eine typische Beamtenstadt mit zahlreichen ortsansässigen und pendelnden Staatsdienern. Die Landesregierung *Giunta regionale* sowie die Kommunalregierung *Giunta comunale* befinden sich in repräsentativen Gebäuden am Canal Grande *(Ca' Balbi, Palazzo Farsetti* und *Palazzo Loredan).*

Da zur **Gemeinde Venedig** auch die beiden Industriestädte *Mestre* und *Marghera* auf dem Festland gehören, die zusammengenommen weit über 100.000 Einwohner zählen, befindet sich die Stadtverwaltung seit Jahrzehnten in einer misslichen Lage, denn sie muss die Wachstumsinteressen der Industriestädte und die damit verbundenen Umweltprobleme mit den völlig anders gelagerten Bedürfnissen einer Kulturmetropole von Weltrang in Einklang bringen. – Viele längst überfällige Entscheidungen zum Schutz Venedigs und der Lagune wurden aufgrund dieses nahezu unvereinbaren Interessenkonflikts bis heute verschoben. Auch in der 2000 abgelaufenen Amtszeit des populären Philosophen-Bürgermeisters von Venedig, *Massimo Cacciari,* sind letztlich keine entscheidenden Maßnahmen zur Rettung Venedigs ergriffen worden (→ "Ist Venedig eigentlich noch zu retten?", S. 15). Neuer *Sindaco* (Bürgermeister) der von einem Mitte-Links-Bündnis *(Centro Sinistra)* regierten Stadt ist *Paolo Costa.*

Tourismus: 12 bis 15 Millionen Menschen kommen jährlich nach Venedig, ca. 10 Millionen davon sind **Tagesbesucher**. Manchmal kommen sie so zahlreich, dass sie die ganze Stadt lahm legen, wie etwa 1991 nach dem Fall des eisernen Vorhangs, als über 2.000 Reisebusse aus dem Ostblock gleichzeitig ihre Insassen nach Venedig brachten. Wie stark die Lagunenstadt vom Touristenboom beherrscht wird, zeigt nicht zuletzt auch die Entwicklung des Einzelhandels: während die Einheimischen aufgrund der immer schlechter werdenden Versorgungslage einen Großteil ihrer Einkäufe auf dem Festland erle-

Souvenir, Souvenir ...

digen müssen, steigt das Angebot an Souvenirartikeln und Luxusgütern überproportional. Zur Boombranche gehört auch das Hotel- und Gastronomiegewerbe. Mit ca. 600 Speiselokalen und rund 350 Hotels nimmt Venedig eine Spitzenposition im Urlaubsland Italien ein.

Nahverkehr: Probleme bereitet den venezianischen Verkehrsexperten vor allem die Lenkung des intensiven Besucherstroms. "Heute können die Touristen praktisch nur durch ein Nadelöhr in die Stadt kommen: über die Piazzale Roma. Das muss anders werden. Wir brauchen eine Untergrundbahn, die die Touristen ganz anders verteilen könnte", heißt es seit 1992 aus dem Bürgermeisteramt. – Eine U-Bahn in Venedig, und weg mit den seit 1880 verkehrenden *Vaporetti* (Wasserbussen)? "Die spinnen die Venezianer", schrieb ein Kolumnist in der "Süddeutschen Zeitung" daraufhin und sagte sich gleichzeitig, warum nicht: "U 1 nach Murano, U 2 zur Giudecca, U 3 nach San Giorgio Maggiore. Die Lösung liegt auf der Hand: U-Boote in die Röhren, Vaporetti sottomarini!" – Nur keine Panik, winken hingegen die Einheimischen ab, denn bisher hat sich jeder Schritt zur Modernisierung der Stadt als undurchführbar erwiesen.

Reisezeit und Klima

Eine Kulturstadt wie Venedig ist zu jeder Jahreszeit eine Reise wert. Das Wetter sollte man bei der Wahl des Reisedatums zwar berücksichtigen, aber noch wichtiger ist die touristische Saison – und die unterliegt erheblichen Schwankungen.

Der erste große Ansturm fällt in die **Karnevalszeit** und beschert der Stadt einen wahren Ausnahmezustand. In den zehn Faschingstagen im Februar bzw. März kommen natürlich nur Karnevalisten voll auf ihre Kosten. Anschließend, wenn der **Frühling** die Temperaturen

Gondoliere wartet auf Kundschaft

angenehmer werden lässt, beginnt eine ideale Reisezeit. Die Tage werden länger, das Licht ist häufig wunderbar klar, und die Touristenströme halten sich noch in erträglichen Grenzen. Meiden sollte man in dieser Jahreszeit allerdings die **Osterfeiertage,** sie verursachen Engpässe in jeder Hinsicht und treiben außerdem die Hotelpreise hoch. **Pfingsten** ist nicht so zu fürchten wie Ostern, da der Montag in Italien kein Feiertag ist, also kein langes Wochenende ansteht. Von Juni bis September herrscht der **Sommer** und damit auch ununterbrochene Hochsaison. Wer die Möglichkeit hat, sollte den Juli und den August meiden, weil dann die Mischung aus Menschenmassen, Warteschlangen, Lärm und Hitze den Blick für die Reize der Stadt ganz besonders trübt. Der **Herbst** ist hingegen eine Reisezeit für Genießer und wird von den meisten Venedig-Liebhabern bevorzugt. In den Museen und Kirchen kehrt langsam wieder Ruhe ein, und die Einheimischen prägen mehr und mehr das Stadtbild. Der **November** ist für Venedig-Kenner sogar ein regelrechter Ausnahmemonat: An manchen Tagen hüllt die Herbstsonne die Stadt in ein angenehm warmes Licht, und an anderen Tagen wiederum verleihen ihr tiefe Nebelschwaden eine geradezu mystischmelancholische Atmosphäre. Ein idealer Reisemonat für romantisch veranlagte Naturen. Im **Winter,** abgesehen von der relativ touristenstarken **Weihnachtszeit,** nimmt sich die Stadt ihre Ruhepause. Viele Hotels, Restaurants und Geschäfte haben dann geschlossen. Im **Januar** berühren die Temperaturen den Gefrierpunkt. Wenn überhaupt, ist der Winter eine Reisezeit für Individualisten, denen das nasskalte Wetter weniger ausmacht als die sommerlichen Menschenmassen.

Klimadaten: Die meisten **Niederschläge** fallen in den Monaten Mai, Oktober und November mit etwa 90 mm. Die durchschnittlichen **Lufttemperaturen** (in °C) der letzten 10 Jahre lagen bei:

	Minimum	Maximum		Minimum	Maximum
Januar	0,5	6,2	**Juli**	19,6	27,9
Februar	1,4	7,7	**August**	19,3	27,8
März	4,9	12,3	**September**	16,6	25,5
April	9,6	17,3	**Oktober**	11,1	18,3
Mai	13,9	21,5	**November**	6,1	12,3
Juni	17,6	25,3	**Dezember**	2,5	7,7

Friedhofsruhe auf der Laguneninsel Torcello

Ist Venedig eigentlich noch zu retten?

Die historische Lagunenstadt befindet sich in einem prekären physischen Zustand. Während die alte Republik Venedig noch weitgehend in der Lage war, die komplexen Ursachen der Bedrohung zu beherrschen, scheint heute eher Rat- und Tatenlosigkeit vorzuherrschen. Im Folgenden ein weiter Blick zurück sowie ein kritischer Blick auf den aktuellen Stand der Dinge.

Am Anfang war die Lagune: Die Lagune von Venedig ist das Ergebnis einer natürlichen Entwicklung. Die dynamischen Kräfte des Meeres und der Flüsse aus dem Hinterland haben viele Jahrtausende an ihrer Entstehung gearbeitet. *Etsch, Brenta, Sile* und *Piave* heißen einige der größten Flüsse Norditaliens, deren Adriamündungen nur wenige Kilometer voneinander entfernt liegen. Die stetigen Anschwemmungen dieser Alpenflüsse wurden draußen vor den Mündungen durch die Gegenströmung des Meeres wieder in Richtung Festland zurückgespült. In diesem natürlichen Kräftespiel bildete sich langsam eine Lagune, deren typische Sandbänke (langgezogene Nehrungsinseln, ital. *Lidi* bzw. *Litorali)* das Meer nach und nach abdrängten, bis eine Wasserfläche fast ganz umschlossen war. Nur einige Durchlässe in den vorgelagerten Sandbänken verhindern bis heute, dass sich die *Laguna veneta* wie ein flaches Binnenmeer zwischen Festland und Adria schließt.

Innerhalb der Lagune haben die Gezeiten des Meeres und der Zustrom der Flüsse eine amphibische Landschaft geformt – halb Wasser, halb Land, 55.000 ha groß, etwa 40 km lang und maximal 15 km breit. Schier Unvorstellbares vollbrachten die Küstenbewohner, als sie begannen, das schwammige Terrain

Pellestrina, die südlichste Siedlung in der Laguna veneta

zu besiedeln und urbar zu machen. Mitten in der Lagune gründeten sie eine Wasserstadt und begannen mit der Kultivierung der "Landschaft", indem sie Salinen anlegten, Fischteiche eindämmten und Anbauflächen trockenlegten. Jahrhunderte lang diente die Lagune den Venezianern als natürliche Lebensgrundlage, und seit der Stadtgründung war das Wissen um die Faktoren, die das Gleichgewicht der Lagune bestimmen, für den Fortbestand Venedigs von größter Wichtigkeit.

Die Flüsse: Schon sehr früh erkannten die Venezianer, dass ihre Lagune durch die Anschwemmungen der Flüsse, insbesondere der *Brenta,* von einer schleichenden Verlandung bedroht war. Eigens für dieses Problem wurde eine Behörde namens *Magistrato delle acque* eingerichtet, die bald zu der Einsicht kam, dass langfristig nur die Umleitung der Flussläufe auf dem Festland Abhilfe schaffen könne. Obwohl diese Maßnahme nicht unumstritten war, begann man bereits im 15. Jh. mit der Abdeichung der Flüsse Brenta, Piave und Sile. Damals ein gigantisches Projekt, das nur schrittweise umgesetzt und erst im 17. Jh. abgeschlossen werden konnte. – Der Hauptarm der Brenta läuft seitdem über den sogenannten Brenta-Kanal nach Süden und mündet südlich von Chioggia in die Adria. Sile und Piave ergießen sich hingegen östlichen von Jesolo in die Adria. – Die Verlandung der Lagune konnte damit zwar weitgehend gestoppt werden, aber bald stellte sich heraus, dass die Flussumleitungen negative Auswirkungen auf die Strömungsverhältnisse innerhalb der Lagune hatten. Seitdem die Flüsse die landseitige Hälfte der Lagune nicht mehr durchspülten, war der natürliche Reinigungsprozess der Lagunengewässer stark beeinträchtigt. Die *Laguna morta,* die tote Lagune, breitete sich aus, deren stehende Gewässer vor allem in den heißen Sommermonaten allerschlechteste Luftqualität produzierten. Die Venezianer befürchteten, dass der Gestank von Fäulnis die Stadt auf Dauer unbewohnbar machen könnte, wie es in den Küstenstädten Aquileia und Jesolo der Fall war. Doch diese Befürchtung traf nicht ein, weil die regelmäßige Entschlammung sämtlicher Kanäle sowie die beständigen Überflutungen, bedingt durch die Gezeiten der Adria, letztlich für eine ausreichende Reinigung der Lagunengewässer sorgten.

Das Meer: Dennoch galt die Hauptsorge der Venezianer dem Meer und seinen ständigen Flutattacken auf die vorgelagerten Lidi und die Stadt. Langfristig halfen da nur massive Schutzanlagen. Dort, wo Röhricht, aufgeschüttete Buhnen und Molen das Hochwasser nicht zurückhalten konnten, ließ der Magistrato delle acque nach und nach *Palade* (Palisaden) errichten. Diese Maßnahme, die um 1500 erstmals durchgeführt wurde, erforderte rund 140.000 Baumstämme und in der Folgezeit regelmäßige Erweiterungs- und Instandhaltungsarbeiten. Und das Problem dabei bestand darin, die Atmung der Lagune im Rhythmus der Gezeiten nicht zu verhindern, also trotz der notwendigen Schutzanlagen noch genügend Meerwasser zum Durchspülen der Lagune hineinzulassen. Den Wasseraustausch sollten die Durchlässe *(Bocche* bzw. *Porti)* in den Lidi regulieren, von denen es in früheren Zeiten fünf gab, heute sind es nur noch drei (Porto di Lido, Porto di Malamocco und Porto di Chioggia).

Im 18. Jh. unternahmen die Venezianer dann eine gigantische Kraftanstrengung, um den Hochwasserschutz endgültig in den Griff zu bekommen. 1740 begannen sie mit dem Bau der *Murazzi,* einer wellenbrechenden Deichanlage aus massiven Steinblöcken entlang der südlichen Lidi. Fast 50 Jahre lang, bis zum Ende der Republik im Jahr 1797 wuchsen die Murazzi jährlich um 165 m und verschlangen insgesamt ungefähr 20 Millionen Venezianische Lire. Diese Mammutmauer (14 m breit und 4,5 m hoch) hatte am Ende eine Gesamtlänge von 15 km erreicht und galt lange Zeit als ultimative Flutbarriere, bis sie am 4. November 1966 von der historischen Sturmflut erheblich zerstört wurde. Eine gigantische Flutwelle überrollte daraufhin die Lagune und setzte Venedigs tiefste Stellen fast 2 m unter Wasser. Tagelang hielt sich das Wasser in der Stadt, ohne abfließen zu können.

Diese Flutkatastrophe schockte nicht nur die Venezianer, die ihre *Murazzi* seit 1930 nicht mehr überholt hatten. Die Sorge um den Erhalt der einzigartigen Lagunenstadt löste weltweite Anteilnahme aus. Doch allein mit der Aufnahme Venedigs in die Liste des Weltkulturerbes der UNESCO war noch keine Lösung des Hochwasserproblems verbunden. Auch die eilige Sanierung der Murazzi sowie die Verlängerung der Schutzmolen an den drei Porti reichten nicht aus. Immer wieder drangen Sturmfluten in die Stadt. Erst in den 80er Jahren ersannen kluge Ingenieure schwimmende Stautore, die ihrem prophetischen Namen *MOSE* alle Ehre machen sollten. Für etwa 4 Milliarden Mark vor den Porti der Lagune errichtet, sollten sie bei Flutattacken automatisch hochgeklappt werden. 1989 ging dieses vor allem wegen seiner immensen Kosten umstrittene Projekt in die Testphase und scheiterte, weil sich herausstellte, dass es den unentbehrlichen Wasseraustausch in der Lagune letztlich gefährden würde. Außerdem war die Finanzierung alles andere als sichergestellt. Bis heute ist keine Alternative zu Moses in Sicht. Aber der Meeresspiegel der oberen Adria, der im letzten Jahrhundert um etwa 7 cm gestiegen ist, steigt kontinuierlich weiter, und die Fluten setzen Venedigs tief liegenden

Markusplatz mittlerweile bis zu 80 Mal im Jahr ganz oder teilweise unter Wasser. Schutzlos wie eh und je ist das historische Zentrum der Stadt diesen Wasserattacken auch am Anfang des 3. Jahrtausends ausgeliefert, während den Touristen der Weg über den Markusplatz mit Laufstegen gebahnt wird.

Der Mensch: Stellen allein schon die Besiedlung und die partielle Urbarmachung einen zerstörerischen Eingriff in das Gleichgewicht der Lagune dar, so ziehen sich parallel dazu die kleinen und großen Umweltsünden wie ein roter Faden durch die Geschichte Venedigs. Schon früher beschränkte sich die Verschmutzung der Lagune keineswegs auf das bedenkenlose Einleiten von Haushaltsabfällen und Exkrementen. Damals verunreinigten beispielsweise die giftigen Substanzen der zahlreichen Färbereien das Wasser, und die Lagunenbauern verursachten durch die Landgewinnung innerhalb der Lagune einen gefährlichen Anstieg des Wasserspiegels.

Zu einer ernsthaften Bedrohung Venedigs kam es jedoch erst durch die Industrieansiedlung, für die Anfang des 20. Jh. große Flächen der Lagune trockengelegt werden mussten. Nach dem 2. Weltkrieg entwickelte sich dieses Industriegebiet am Lagunenrand zur drittgrößten Industriestadt Italiens: **Porto Marghera** – ein gigantischer Industriemoloch. Seitdem sind die ökonomischen Interessen und der Schutz der Lagune unvereinbar geworden. Schon ein Blick auf die rauchenden Schlote von Porto Marghera lässt Böses ahnen. Dort ist alles versammelt, was die Luft verpestet. 1468 Fabrikschlote sollen es in den besten Wirtschaftswunderjahren gewesen sein, die 179 verschiedene giftige Substanzen ausstießen. Stinkende Abgase, die die Lagunenstadt weiterhin einnebeln und als saurer Niederschlag zerfressen, da der Schadstoffausstoß bis heute nicht drastisch genug verringert worden ist.

Außerdem pumpte die Industrie jahrelang große Mengen Grundwasser aus dem Untergrund der Lagune. Infolgedessen sackte der Lagunenboden bedrohlich ab und der Senkungsbetrag Venedigs, der früher bei 0,5 mm pro Jahr lang, erhöhte sich auf 4–6 mm. Erst als die Grundwasserentnahme in den 60ern strikt verboten und eine Fernwasserleitung gelegt wurde, normalisierte sich die Absenkung wieder.

Heute stellen vor allem die veralteten Chemiefabriken von Porto Marghera ein enormes Gefährdungspotential dar. Sie leiten seit vielen Jahren hochgiftige Abwässer und Abfälle in die Lagune, und zwar mehrere Millionen Kubikmeter jährlich. Der Lagunenboden ist bereits weiträumig mit verseuchten *Sedimenti* (Ablagerungen) bedeckt, die jegliche Fauna und Flora abtöten. Wasser- und Schlickanalysen haben ergeben, dass sich auch Blei, Kupfer, Zink, Quecksilber, Arsen, Asbest, ja sogar Dioxin und radioaktive Substanzen in der Lagune befinden. Diese Giftstoffe gelangen obendrein in die Nahrungskette und nagen außerdem unerbittlich an der Substanz der Stadt.

Im Sommer 1998 hatte es der italienische Staatsanwalt *Felice Casson* riskiert, die veralteten Chemiefabriken von Porto Marghera, die u. a. Monovinylchlorid, den hochgiftigen Ausgangsstoff für PVC produzieren, durch eine gerichtliche Verfügung stillzulegen. Aber Massenproteste der Chemiearbeiter und die Interventionen der Eigentümer haben ein Obergericht bereits nach drei Tagen veranlasst, die rigorose Verfügung wieder auszusetzen. Doch seitdem läuft ein Mammutprozess gegen die Giftfabriken von Porto Marghera, der sich auf eine etwa 500 Aktenordner umfassende Untersuchung stützt, die den Titel "Im Namen des vergifteten Volkes" trägt.

Diese Untersuchung belegt auch die Vermutung, dass die Gifte in der Lagune eine größere Bedrohung darstellen als das Hochwasser. Doch im Grunde sind beide Probleme eng miteinander verschränkt und können nicht getrennt voneinander gelöst werden: Nur mal angenommen, die Venezianer entscheiden sich letztlich doch noch für die teure Flutbarriere "MOSE", dann verhindern sie den lebenswichtigen Wasseraustausch und riskieren die totale Vergiftung der Lagune. Setzen sie hingegen weiterhin auf den Reinigungseffekt der ungehemmten Adriafluten, die immerhin einen Großteil der Schadstoffe ins offene Meer spülen, dann werden sie die Hochwassergefahr niemals stoppen können!

Perspektiven: Von den politisch Verantwortlichen sind keine wirklich einschneidenden Maßnahmen zu erwarten, sie versuchen nach wie vor, die ökologischen Interessen mit den wirtschaftlichen zu versöhnen, d. h. über den Schutz der Lagune besteht nur Einigkeit, wenn die wirtschaftlichen Interessen nicht gefährdet sind. In diesem Sinne wird auch gehandelt: Um künftig eine bessere Reinigung der verseuchten Lagunengewässer im Atmungsrhythmus der Gezeiten zu erreichen, hat man die Vertiefung sämtlicher Kanäle und Fahrrinnen neu in Angriff genommen. Ein Vorhaben, dessen Realisierung Jahrzehnte dauern könnte. Außerdem sollen, wenn es die Industrielobby denn zulässt, auch neue Abwasservorschriften und Regelungen für Schadstoffemissionen geschaffen werden.

Steht jährlich bis zu 80 Mal unter Wasser – Venedigs tief liegender Markusplatz

Mit den konkreten Maßnahmen zum Hochwasserschutz sieht es nicht besser aus. Nicht einmal die Schließung der tiefen Fahrrinnen für die Öltanker, die quer durch die Lagune nach Porto Marghera führen, steht zur Debatte. Obwohl seit langem bekannt ist, dass sie die Fluten erheblich beschleunigen. – Venedig steckt, salopp gesagt, in einem bedrohlichen Schlamassel. Und niemand kann wirklich sagen, wie lange die Lagunenstadt noch durchhält.

Markusplatz – hier thront Venedigs höchstes Herrschaftssymbol, der geflügelte Markuslöwe

Stadtgeschichte

In der Chronik Venedigs wird der 25. März 421 als Gründungsdatum angegeben. Dieses relativ willkürliche Datum wurde erst im 15. Jh. festgelegt, als Venedig sich auf dem Höhepunkt seiner Macht befand. Vor allem eine Erwägung mag dabei die wesentliche Rolle gespielt haben: Venedig während des Untergangs des Weströmischen Reiches (offizielles Ende 476) entstehen zu lassen, bedeutete auch, es als Erbin Roms darzustellen – als Phönix aus der Asche.

Doch mit dem schillernden Rom der ausgehenden Antike hatten die damaligen Lagunensiedlungen nicht das Geringste gemein. Richtig ist jedoch, dass die Wirren der großen Völkerwanderung, die zur Eroberung Roms führten, auch die Region Venetien berührten. Westgoten, Hunnen, Ostgoten und Langobarden eroberten nacheinander die wichtigsten Küstenstädte der oberen Adria (Aquileia, Altinum, Spina, Adria, Padua etc.) und lösten damit eine Flüchtlingswelle auf die bis dahin nur von Fischern und Salzbauern bewohnten Laguneninseln aus. *Cassiodor* (490–583), ein Gelehrter, der in Diensten des Ostgotenkönigs *Theoderich des Großen* stand, beschrieb die Lebenssituation der ersten Lagunenbewohner folgendermaßen: "Sie scheinen zur See und auf dem Lande gleichermaßen heimisch zu sein. Ihre Siedlungen liegen verstreut und sind durch Wälle aus Weidengeflecht vor den Fluten des Meeres geschützt." Aus den Aufzeichnungen Cassiodors geht außerdem hervor, dass die Lagunenbewohner bereits seetüchtige Schiffe besaßen und mit dem gegenüberliegenden Istrien Handel trieben, wobei ihnen das in der Lagune gewonnene Salz als wichtigstes Tauschmittel diente.

Als die grausam wütenden Langobarden 568 in Oberitalien einfielen, erlebte die Lagune einen weiteren Zustrom von Flüchtlingen, und es kam zur verstärkten Besiedlung der ersten namentlich bekannten Inseln *Grado, Malamocco, Murano, Burano* und *Torcello,* während die *Rialto-Inseln* – wo später Venedig entstehen sollte – noch unbewohnt waren. Zu dieser Zeit regierte im nahen Ravenna ein *Exarch* (Statthalter) des Byzantinischen Reiches, der das Lagunengebiet zum Protektorat erklärte und vor Langobardenangriffen schützte. Das ganze 7. Jh. hindurch unterstanden die Laguneninseln dem Oströmischen Reich und begannen, sich langsam zu einem Seehandelszentrum zu entwickeln. 697 ernannte der Exarch von Ravenna einen *Dux* zum Machthaber über die Lagunensiedlungen. Dieser *Paoluccio Anafesto* ging als erster *Doge* in die Geschichte Venedigs ein.

Das 8. Jh. war im Wesentlichen von pro- und antibyzantinischen Auseinandersetzungen geprägt, an denen sich die Lagunensiedlungen gegenseitig aufzureiben schienen. Eine Zeit, in der Byzanz seine Vormachtstellung nur mit militärischer Gewalt aufrecht erhalten konnte.

Venedig entsteht, wird byzantinisch und setzt auf den Seehandel

An Weihnachten des Jahres 800 wurde der Frankenkönig *Karl der Große* durch Papst *Leo III.* in Rom zum Römischen Kaiser gekrönt, womit dem Byzantinischen Kaiserreich ein mächtiger Widersacher vorgesetzt wurde, der die Gunst des Papstes vor allem deshalb genoss, weil er dem italienischen Langobardenreich endgültig ein Ende gemacht hatte. Zwischen Byzanz und dem neuen Römischen Kaiser bahnte sich ein heftiger Konflikt an, der jedoch nicht zum Krieg, sondern 812 zum *Frieden von Aachen* führte: Um die Anerkennung seiner Kaiserwürde von Byzanz zu erreichen, hatte Karl in dem Aachener Friedensvertrag auf die östlichen Adriagebiete verzichtet, und damit auch auf die *Laguna veneta,* die somit vertraglich zum Byzantinischen Reich gehörte und die in der Folgezeit stark davon profitieren sollte.

Kurz vorher war an der Adria jedoch einiges passiert – und zwar nichts Geringeres als die eigentliche Gründung Venedigs: Gemäß der fränkischen Praxis der Herrschaftsteilung hatte Karl der Große 806 seinem Sohn *Pippin* die neuen italienischen Erwerbungen, darunter auch Venetien zugesprochen. 809 führte dieser Pippin einen Unterwerfungsfeldzug gegen die Laguneninseln, die zwischen pro- und antifränkischer Parteinahme schwankten. *Malamocco,* der damalige Sitz des Dogen wurde kurzerhand erobert, ebenso wie eine Reihe anderer Laguneninseln. In ihrer Not zogen sich die Bewohner tief in die Lagune zurück, und zwar auf die Inselgruppe des *Rivus Altus (Rialto),* auf der bis dahin keine nennenswerte Besiedlung Fuß gefasst hatte. Pippin setzte den Flüchtenden nach, wobei er einen Großteil seines Kriegsgeräts durch Strömungen und morastige Untiefen einbüßte, was letztlich zum Abbruch der Verfolgung führte. – Das Lagunenvolk feierte seinen ersten großen militärischen Erfolg, und die Rialto-Inseln wurden zu Keimzellen einer schnell wachsenden Lagunenstadt, die sich zunächst *Civitas Rivoalti* und ab 1143 *Civitas Venetiarum* nannte.

Ein maurischer Händler, in Stein verewigt

Angelo Partecipazio war bereits der 11. Doge der Lagunengemeinschaft (810–827), aber der erste, der seinen Amtssitz auf dem Rialto hatte.

Das neue Siedlungszentrum erstreckte sich schließlich auf die 118 kleinen Inseln, die mit senkrecht in den Boden getriebenen Baumstämmen befestigt und verbunden werden mussten. Die Anzahl der benötigten Bäume ging ins Unermessliche. Ganze Wälder auf der gegenüberliegenden istrischen Halbinsel wurden dafür abgeholzt. Auch wenn man sich heute kein genaues Bild von der Stadtanlage des 9. Jh. mehr machen kann, so wurden doch schon zu dieser Zeit wesentliche Merkmale der Stadtstruktur geschaffen: Die Planung orientierte sich weitgehend an den natürlichen Gegebenheiten, und zwar in erster Linie am Verlauf des *Rivus Altus* (lat. "tiefer Fluss"), wobei es sich um einen in die Lagune mündenden Arm des Flusses Brenta handelte, den späteren *Canal Grande*. Dieses Flussbett, mit der markanten Form eines spiegelverkehrten S drückte der Stadtanlage von Anfang an einen unverwechselbaren Stempel auf.

Und an der Mündung des Canal Grande, dem meerseitigen Entree der Stadt, wurde bereits im 9. Jh. mit der Errichtung der beiden herausragendsten Bauwerke Venedigs begonnen – dem Dogenpalast und der Markuskirche. Parallel zum Aufbau der Lagunenstadt weiteten die Venezianer ihre Seehandelsaktivitäten aus. Wobei ihnen, abgesehen vom Bau eigener Handelsschiffe, vor allem die guten Beziehungen zum fernen Byzanz hilfreich waren. Während das restliche Italien kaum Handelsbeziehungen im östlichen Mittelmeerraum knüpfen konnte, öffnete Byzanz den verbündeten Venezianern sämtliche Häfen und Handelswege des Ostens. Luxusgüter wie Seide, Duftstoffe und Gewürze waren es in erster Linie, die die geschäftstüchtigen venezianischen Kaufleute in ihre Heimatstadt und von dort mit großen Gewinnen auf den europäischen Markt brachten.

Dem diplomatischen Geschick des *Dogen Pietro Tradonico* (836–864) war es schließlich zu verdanken, dass eine Erneuerung des Friedensvertrags zwischen Byzanz und dem Frankenreich zu Stande kam. Diesmal war, anders als im Frieden von Aachen, Venedig selbst Vertragspartner und legte die Grenzen seines Staates fest. Mit diesem *Pactum Lothari* vom 22. Februar 840 schwand der Einfluss von Byzanz auf Venedig und begann Venedigs Unabhängigkeit.

Die Markusreliquien – staatstragende Beutestücke

Anfang des 9. Jh., als das Stadtbild Venedigs langsam Konturen annahm und der Seehandel zu florieren begann, da hieß der Stadtheilige noch *Sankt Theodor,* ein in der Hierarchie des Himmels eher drittklassiger, byzantinischer Heiliger. Als aufstrebende Stadt brauchte Venedig unbedingt einen prominenteren Schutzpatron samt Reliquien; denn der Besitz solcher mystischen Kostbarkeiten erhöhte im Mittelalter das Ansehen einer Stadt erheblich. Kein Wunder, dass mit dem damaligen Reliquienkult auch der Reliquienhandel boomte. Die Venezianer erkoren keinen Geringeren als den Evangelisten Markus zu ihrem neuen Stadtheiligen, dessen Gebeine sie sich im Jahr 828 aus Alexandria beschafften. Wie die Überführung der sterblichen Überreste letztlich vonstatten ging, wird von zahlreichen, sich teilweise widersprechenden Legenden vernebelt. Angeblich waren es venezianische Kaufleute, die im Auftrag des Dogen *Giustiniano Partecipazio* nach Alexandria segelten, um den Mönchen des Klosters, das die Gebeine barg, ein Kaufangebot zu machen. Stattdessen raubten sie die unbewachten Reliquien einfach aus dem Sarkophag und verstauten diese in einem Korb und bedeckten sie mit Schweinespeck, um unbehelligt an den Zöllnern vorbeizukommen, denen als Muslimen Schweinefleisch ja bekanntlich ein Gräuel war.

In der Heimat war die Freude über die gelungene Aktion groß. Eilig begann man mit dem Bau einer prächtigen Kirche für den Hl. Markus, und zwar unmittelbar neben dem Amtssitz des Dogen. Die beabsichtigte Nähe der beiden Repräsentationsbauten sollte offensichtlich ein Verschmelzen von weltlicher und religiöser Macht darstellen. – Denn, wären die Venezianer daran interessiert gewesen, die Stellung der Kirche hervorzuheben, hätten die kostbaren Reliquien nach *San Pietro di Castello* gebracht werden müssen, der Bischofskirche der Stadt. Doch die Dogenstadt machte sich den Markuskult auf ganz weltliche Art dienstbar und schmückte sich selbst mit dem Bild des geflügelten Löwen, dem Symbol des Evangelisten Markus. Dem Papst wurde damit schon sehr früh und unmissverständlich bekundet: *Primo siamo Veneziani, poi Cristiani,* in erster Linie sind wir Venezianer und dann auch Christen.

Die Seemacht Venedig und die Eroberung von Konstantinopel

Um den florierenden Seehandel gegebenenfalls verteidigen zu können, baute sich Venedig im 9. und 10. Jh. eine eigene Kriegsflotte auf, die seinerzeit nicht nur von den slawischen Piraten, die in der Adria ihr Unwesen trieben, gefürchtet wurde. Doch bei der reinen Verteidigung beließen es die Venezianer nicht. Sie unternahmen alsbald militärische Eroberungen an der istrischen und dalmatinischen Küste. Alljährlich feiert Venedig seitdem seine Vorherrschaft in der Adria am Himmelfahrtstag mit der *Festa de la Sensa* (→ 56).

Im 11. Jh. stellten die Venezianer die Stärke ihrer Kriegsflotte erneut unter Beweis. Gemeinsam mit den verbündeten Byzantinern kämpften sie siegreich gegen die von Apulien aus ins östliche Mittelmeer vordringenden Normannen. Kaiser *Alexios I. Komnenos* gewährte Venedig daraufhin den Status eines

Porta del Arsenale – der Eingang zur verbotenen Stadt

Freistaats mit völliger Abgabenfreiheit. Außerdem stellte der byzantinische Kaiser große Goldmengen für den Ausbau der Markuskirche bereit und räumte der Lagunenstadt weitere Privilegien im Osthandel ein.
Mit dem Bau einer gewaltigen Schiffswerft *(Arsenale)* am Anfang des 12. Jh. bereitete sich Venedig weitblickend auf die kommenden Ereignisse vor. Die Lagunenstadt bekam nämlich Konkurrenz im Seehandel und beabsichtigte, nach anfänglicher Zurückhaltung, eine Teilnahme an den Kreuzzügen ins Heilige Land.

Pisa und Genua, die beiden großen Hafenstädte an der Tyrrhenischen Küste, waren mittlerweile im Rücken von Venedig zu bedeutenden Seerepubliken mit Handelsniederlassungen auch im östlichen Mittelmeerraum herangewachsen. Als unentbehrliche Teilnehmer an der Kreuzzugsbewegung, die 1099 zur Eroberung Jerusalems geführt hatte, handelten sich Pisa und Genua Privilegien im Osthandel ein. Sie besaßen feste Stützpunkte in *Tyros* und *Askalon* (Palästina) und profitierten sogar von einer Herabsetzung der Handelszölle durch den byzantinischen Kaiser. Zielstrebig griff Venedig jetzt ins Geschehen ein und beteiligte sich an den langwierigen Vorbereitungen für den 4. Kreuzzug. Dieses Unternehmen sollte weitreichende Folgen für das Mächteverhältnis im östlichen Mittelmeerraum haben.

Klug bereiteten die Venezianer ihre, wie sich bald herausstellte, eigennützige Kreuzzugspolitik vor. Bereits im 12. Jh. verschlechterte sich die Beziehung zu Byzanz, weil Venedig 1155 einen Separatfrieden mit den Normannen geschlossen hatte. Der Abwendung von Byzanz folgte eine Annäherung an die westlichen Mächte, den Papst und das deutsch-römische Kaisertum. 1177 gelang es dem Dogen *Sebastiano Ziani,* zwischen Papst und Kaiser erfolgreich zu vermitteln. Am 23. Juli diesen Jahres kam es in Venedig zum Zusammentreffen zwischen Papst *Alexander III.* und Kaiser *Friedrich Barbarossa*. Die Begegnung führte zur Beendigung des Konflikts zwischen den beiden mächtigen Kontrahenten. Venedig ließ sich seine diplomatische Leistung gebührend honorieren: Der Papst gewährte allen Besuchern der Markuskirche den Ablass, was einen unablässigen Zustrom an Pilgern zur Folge hatte. Und der Kaiser sicherte den Venezianern großzügige Handelsfreiheiten im gesamten Reichsgebiet zu, was den Warenabsatz jenseits der Alpen begünstigte.

1187 eroberte *Sultan Saladin* Jerusalem von den Christen zurück, und 1198 fand sich mit *Innozenz III.* schließlich ein kreuzzugsbereiter Papst, der mit dem Dogen *Enrico Dandolo* Verhandlungen über die Modalitäten des 4. Kreuzzugs führte. Venedig stellte dem Kreuzfahrerheer von 30.000 Mann eine Flotte zur Verfügung und sollte dafür 85.000 Silberdukaten erhalten. Da diese Summe von den Kreuzfahrern, die vorwiegend aus Frankreich kamen, nicht vollständig aufgebracht werden konnte, nutzte der greise Dandolo die Gunst der Stunde und ernannte sich zum Oberbefehlshaber des Kreuzzugs. Ohne die Einwilligung des Papstes dirigierte er 1202 das Heer zunächst an die dalmatinische Küste, um dort das aufständische Zara von den Ungarn zurückzuerobern. Als Innozenz III. von dieser ungeheuerlichen, eigennützigen Aktion erfuhr, wollte er den Kreuzzug, dessen erklärtes Ziel Ägypten war, stoppen. Doch der Lauf der Dinge ließ sich nicht mehr aufhalten. Anstatt nach Ägypten zog das Heer jetzt nach Konstantinopel (Byzanz), um – wie es zur Rechtfertigung hieß – die seit dem Schisma (1054) getrennte Ostkirche wieder mit Rom zu vereinigen. Doch die eigentliche Absicht, die der clevere Doge verfolgte, war die Zerschlagung des Byzantinischen Reiches. Mit unvorstellbarer Grausamkeit wurde Byzanz 1204 zerstört und geplündert. Die Kriegsbeute, die sich die Kreuzfahrer gierig untereinander teilten, war enorm. Den Venezianern fielen drei Achtel von Konstantinopel einschließlich des Arsenals und der Docks in die Hände. Außerdem begann man vor Ort unverzüglich mit der Aufteilung des riesigen Ostreiches, von dem Venedig "ein Viertel und die Hälfte eines Viertels" für sich beanspruchte. Die Inseln Euböa, Korfu, Kreta, Rhodos und Zypern sowie mehrere Küstenstädte auf dem griechischen Festland wurden venezianisch.

Diese neuen Besitzungen baute Venedig in der Folgezeit zu einem mächtigen *Stato di mar* (Seestaat) aus. Während das im Herzen getroffene Byzantinische Reich unaufhaltsam zerfiel, begann für Venedig der Aufstieg zur absoluten Großmacht. – Wie kein anderes Beutegut erinnern noch heute die antiken *Bronzepferde von San Marco,* die einstmals auf einem Triumphbogen in Rom und dann vor dem Hippodrom von Byzanz gestanden hatten, an die Eroberung Konstantinopels.

Il Stato di mar – der Seestaat

Im 13. Jh. errichteten die Venezianer überall in ihren neuen Besitzungen wuchtige Festungen. Von dort aus betrieben sie einen immer kühneren Handel, der sie ins Schwarze Meer, nach Kleinasien und Ägypten, an den Persischen Golf und sogar bis nach China führte. Mit den ungeheuren Gewinnen, die sie dabei erzielten, statteten sie ihre Lagunenstadt mit Marmor und anderen Kostbarkeiten aus.

Der legendäre venezianische Seestaat, *Stato di mar,* bestand im Wesentlichen aus einem Netz von logistischen Stützpunkten, das sich über den gesamten östlichen Mittelmeerraum spannte. Der wichtigste Stützpunkt war zunächst *Konstantinopel,* wo Tausende von Einheimischen harten Frondienst leisten mussten. Strategisch nahezu ebenso bedeutend war die Insel *Kreta,* wohin Hunderte von Venezianern auswanderten. *Negromonte* hingegen entwickelte sich zu Venedigs Hauptstützpunkt in der Ägäis, während *Modon* und *Koron* am Ionischen Meer zu den "beiden Augen der Seerepublik" wurden, wo alle Schiffe die in der Levante kreuzten den Befehl hatten, zwecks Nachrichtenaustausch anzulegen. Der *Stato di mar* gewährleistete den Venezianern die unangefochtene Vorherrschaft im östlichen Mittelmeer und einen nahezu reibungslosen Handel.

Die Entdeckungsreisen der Polos

Ungefähr zwei Jahrhunderte vor dem großen Entdeckerzeitalter machten die venezianischen Brüder *Niccolò* und *Matteo Polo* von sich reden. Sie gehörten zu jenen venezianischen Kaufleuten, die sich nach der Eroberung in Konstantinopel niedergelassen und ihre Handelsbeziehungen über das Schwarze Meer bis zur Halbinsel Krim ausgedehnt hatten. 1260 beschlossen die Polos, neue Handelswege in Richtung Osten zu erkunden. Sie gelangten zunächst in die reiche Perserstadt *Täbris* (Iran) und von dort aus nach *Buchara* (Usbekistan), wo sie sich etwa drei Jahre aufhielten und Mongolisch und Persisch lernten. Mittlerweile hatte auch sie die Nachricht von der Rückeroberung Konstantinopels (1261) erreicht, bei der zahlreiche Venezianer ihr Leben verloren hatten; dorthin konnten sie also nicht mehr zurück. Stattdessen schlossen die Polos sich einer Karawane des Khans von Persien an, die ostwärts nach China zog. Diese 5.000 km lange Reise über das Dach der Welt und vorbei an der größten Wüste der Welt führte in die Mongolenhauptstadt Peking zum Hof des *Kublai Khan,* für den die Begegnung mit den Polo-Brüdern die erste Begegnung mit lateinischen Christen war. Mit einer Botschaft für den Papst (Missionare nach China zu senden) kehrten Niccolò und Matteo Polo über *Lajazzo* nach Italien zurück. 1271 brachen sie zusammen mit Niccolòs Sohn *Marco Polo* und zwei Missionaren erneut nach China auf. Entnervt von den Strapazen gaben die beiden Missionare die beschwerliche Reise bald auf, während die drei Polos ihr Ziel erreichten und vom Mongolenherrscher wohlwollend aufgenommen wurden. Marco Polo trat sogar in die Dienste des Kublai Khan und reiste von 1275–93 kreuz und quer durch China. Reich beschenkt erhielt er 1292 die Erlaubnis, nach Europa zurückzukehren. Er nahm den Seeweg durch das Südchinesische Meer vorbei an Indien zum Persischen Golf. Auf dem Landweg erreichte Marco Polo Konstantinopel, wo er ein Schiff in seine Heimatstadt bestieg. In Venedig gelangte er angeblich bald zu Wohlstand, aber seinen abenteuerlichen Reiseberichten über *Kathay,* wie er China damals nannte, schenkte niemand so recht Glauben. Übertrieben und unwahr erschienen seinen Landsleuten die Schilderungen von Reichtum und Pracht mongolischer Millionenstädte. Gar als Märchen taten sie Marco Polos Erzählungen über den verschwenderischen Gebrauch von kostbaren Gewürzen ab, wurde doch zu dieser Zeit in Europa Pfeffer noch mit Gold aufgewogen.

Der Dogenpalast – Venedigs altes Machtzentrum

Die Verfassung der Adelsrepublik Venedig

Niemals waren die Venezianer einem westlichen Kaiser untertan gewesen. Wahrscheinlich besaßen sie deshalb jenes unerschütterliche Bewusstsein von souveräner Unabhängigkeit, das ihr in sich geschlossenes Gemeinwesen bis zur erzwungenen Selbstauflösung 1797 kennzeichnete. Ein weiterer Wesenszug des venezianischen Stadtstaates war das Misstrauen gegenüber der Macht eines Einzelnen, das schon ab 1032 kein Doge mehr seinen Nachfolger bestimmen konnte. Mit Entschiedenheit wurden aber auch das einfache Volk und die Geistlichkeit von der politischen Verantwortung ausgeschlossen. So waren es vornehmlich die Adelsfamilien, die die politische Klasse Venedigs bildeten. Das **Libro d'oro** (Goldenes Buch) der Stadt, das im 13. Jh. angelegt wurde, verzeichnete sämtliche *Nobili,* die das Recht auf eine Mitgliedschaft in den zentralen Organen hatten. Diese Nobili, bei denen es sich vorwiegend um den alten byzantinischen Adel sowie reiche Kaufmannsfamilien handelte, machten ungefähr 10 % der Gesamtbevölkerung aus, besaßen aber ungefähr 90 % des Gesamtvermögens der Lagunenstadt. Dass der Kaufmannsgeist die Politik der Regierung bestimmte, lag somit auf der Hand. Wirtschaft und Politik waren in Venedig geradezu existenziell miteinander verflochten, ging es dem Handel gut, ging es auch dem Gemeinwesen gut.

Das straffe venezianische Staatswesen, das übrigens keine kodifizierte Verfassung besaß, war im Wesentlichen nach dem hierarchischen Prinzip der Pyramide organisiert. Die Gesamtheit der Mitglieder in den verschiedenen Regierungsorganen belief sich auf ungefähr 500 Männer. An der Spitze repräsentierte der **Doge,** dessen Macht allerdings seit dem 13. Jh. so stark beschnitten war, dass der große Humanist *Francesco*

Der Dogenplast: prunkvoll ...

Petrarca den zu seiner Zeit amtierenden Dogen *Marino Falier* als "geehrten Diener der Republik" titulierte. In der Tat war kann die Handlungsfähigkeit des Dogen mit der eines modernen repräsentierenden Staatsoberhaupt verglichen werden. Zentrales Organ des Staatsapparats war der Große Rat *(Maggior Consiglio)*, in dem die einflussreichsten Adelsfamilien der Stadt vertreten waren. Er bildete die Basis, und aus seiner Mitte wurde auch der Doge gewählt. Der Große Rat wuchs von anfangs 35 Mitgliedern rasch auf mehrere Hundert an. Neben dem Großen Rat konstituierten sich der Kleine Rat *(Signoria)* – mithin die eigentliche Regierung, der Senat *(Consiglio dei Pregadi)*, der Rat der Vierzig *(Quarantina)* und der Rat der Zehn *(Consiglio dei Dieci)*. Da die venezianische Verfassung noch keine Gewaltenteilung kannte, waren die zentralen Regierungsorgane gemeinsam für sämtliche innen- und außenpolitischen Angelegenheiten zuständig. Der komplexe Staatsapparat war so geschickt, aber auch so kompliziert organisiert, dass sich die verschiedenen Gremien stets gegenseitig kontrollierten, um auf allen Ebenen der Politik einen Missbrauch der Macht zu verhindern. Wie wirkungsvoll das venezianische Staatswesen letztlich funktionierte, zeigte sich nicht zuletzt daran, dass alle Umsturzversuche seitens machtgieriger Dogen rechtzeitig erkannt, aufgedeckt und geahndet wurden.

La Serenissima betritt das Festland und erreicht ihren Höhepunkt

Nachdem Venedig seinen Seestaat erfolgreich gegen Genua verteidigt hatte, erlebten die Handelsaktivitäten einen derartigen Aufschwung, dass die Lagunenstadt zu einem regelrechten **Wirtschaftsimperium** heranwuchs. "Geht es dem Handel gut, geht es auch dem Gemeinwesen gut", die venezianische Erfolgsformel bewahrheitete sich vor allem im 15. Jh., als sich Venedig in allen Bereichen des öffentlichen Lebens entwickelte und zur allseits bewunderten *Serenissima* – zur "Durchlauchtesten" – aufstieg. In dieser Zeit regierten mit *Michele Steno, Tomaso Mocenigo* und *Francesco Foscari* nacheinander drei der fähigsten Dogen der Republik, die für innenpolitische Stabilität sorgten, indem sie streng an der oligarchischen Staatsform festhielten, während es in den anderen norditalienischen Großstädten reihenweise zur Alleinherrschaft von Adelsdynastien kam.

Wirtschaftlich schrieb Venedig eindrucksvolle Zahlen. Allein das Umsatzvolumen des Gewürzhandels betrug Mitte des 15. Jh. jährlich 1 Millionen Dukaten (etwa 50.000.000 €). Zu den gewinnträchtigen Großbetrieben, die sich in der Lagunenstadt angesiedelt hatten, gehörten neben der traditionsreichen Werft *Arsenale* mittlerweile auch Seiden- und Baumwollwebereien, Färbereien, Glasbläsereien, Zuckerraffinerien, Seifen- und Kerzenfabriken. Um für das gigantische Waren- und Produktionsaufkommen die europäischen Absatzmärkte zu sichern, drängte Venedig jetzt verstärkt aufs Festland *(Terraferma)* – und begab sich damit auf gefährlichen Boden, wie sich später herausstellen sollte.

Die Venezianer überschritten ihr vertrautes Terrain jedoch nicht nur wegen der Absatzmärkte dies- und jenseits der Alpen. Weitsichtig wie sie waren, erkannten sie im Vorrücken des Osmanenreiches eine potenzielle Bedrohung ihres Osthandels und eröffneten sich mit dem Schritt aufs Festland eine Hintertür. Als eine der reichsten Städte Italiens konnte sich Venedig die besten Söldnerheere und *Condottieri* (Söldnerführer) leisten, um die beabsichtigte **Landnahme** auch erfolgreich in die Tat umzusetzen. Während zwischen 1389 und 1405 Treviso, Padua, Vicenza und Verona relativ schnell erobert werden konnten, erwies sich Mailand, das unter den *Visconti* ebenfalls auf Expansionskurs war, als unbezwingbarer Gegner. Anstatt rechtzeitig auf eine Versöhnungspolitik zu setzen und sich mit den Gebietseroberungen in Venetien, im Friaul und in der Emilia-Romagna zufrieden zu geben, trieb *Francesco Foscari* Venedig in einen kostspieligen Krieg mit Mailand, der erst 1453 beendet wurde. Zu diesem Zeitpunkt hatte Venedig seine größte Ausdehnung auf dem Festland erreicht – und wechselte jetzt den Kriegsschauplatz, denn in diesem Jahr hatten die Türken Konstantinopel erobert und die Venezianer sahen ihren Seestaat bedroht.

Obwohl sich die gesamte westliche Welt über die türkische Eroberung Konstantinopels empörte und der Papst die Umwandlung der *Hagia Sophia* in eine Moschee beklagte, war Venedig im Kampf gegen die Osmanen weitgehend auf sich allein gestellt. Der Papst bemühte sich anfangs zwar um das Zustandekommen eines Kreuzzugs, aber die großen italienischen Städte Mailand, Florenz und Neapel blieben passiv und sahen voller Missgunst zu, wie es Venedig aus eigener Kraft gelang, 1479 einen Frieden mit dem Osmanischen Reich zu schließen. Obwohl La Serenissima einige wichtige Mittelmeerstützpunkte an die Türken verlor (z. B. Euböa) und der Zahlung von 10.000 Dukaten jährlich für die Handelsrechte im Osten zustimmen musste, konnte der venezianische Seestaat verteidigt werden – jedenfalls vorläufig noch.

... bis ins Detail

Venedig war auf dem Höhepunkt seine Macht angelangt, und das machte sich auch in der ungeheuren Prachtentfaltung innerhalb der Lagunenstadt bemerkbar. Fasziniert von den prächtigen Bauten und dem luxuriösen Lebensstil bezeichneten ausländische Diplomaten Venedig in der zweiten Hälfte des 15. Jh. als die glorreichste Stadt überhaupt. Ganz Europa schaute beeindruckt, aber auch voller Neid auf den Reichtum der selbstbewussten Serenissima.

Venedig wäre nicht Venedig, wenn es nicht in der Lage gewesen wäre, den

Steinbüste eines von insgesamt 120 Dogen der Republik Venedig

verschwenderischen Lebensstil, den der betuchte Stadtadel an den Tag legte, so zu beschneiden, dass soziale Spannungen erst gar nicht aufkommen konnten. Des inneren Friedens wegen erließ die Regierung sogenannte **Luxusgesetze,** die das öffentliche Leben der *Nobili* streng reglementierten, damit das einfache Volk keinen Anlass hatte um aufzubegehren. Hochzeitsfeiern wurden z. B. auf 40 Gäste begrenzt, und Bekleidungsvorschriften, die ständig aktualisiert wurden, verboten den Venezianerinnen zeitweise sogar das Tragen von Schmuck in der Öffentlichkeit. Obwohl Venedig in jeder Hinsicht saturiert war, herrschte Disziplin.

Venedigs Glücksstern beginnt zu sinken

Anfang des 16. Jh. bahnte sich die Wende an. Das Osmanische Reich im Osten und die europäischen Großmächte auf der anderen Seite nahmen die stets um Unabhängigkeit bemühte Serenissima in die Zange und drängten sie langsam dahin zurück, wo sie hergekommen war – in die Lagune.

Ohne Vorwarnung begann der Sultan des Türkenreichs systematisch damit, einen Kordon um das östliche Mittelmeer zu legen und sich einen venezianischen Handelsstützpunkt nach dem anderen einzuverleiben. 1517 eroberte die türkische Kriegsflotte Syrien und Ägypten, 1522 Rhodos und 1529 folgte sogar Algier. Allein war Venedig den türkischen Flottenverbänden im Mittelmeer nicht mehr gewachsen. Nahezu widerstandslos musste die Serenissima zusehen, wie ihr Seestaat langsam zerbröckelte und ihr Handelsimperium zu schrumpfen begann.

Die von der venezianischen Regierung betriebene Italienpolitik, die die Bewahrung des Gleichgewichts zwischen den italienischen Städten und Kleinstaaten anstrebte, geriet angesichts ständig wechselnder Bündnisse bald außer Kontrolle und brachte Venedig in den Verdacht, die Herrschaft über ganz Italien anzustreben. Eine fast gesamteuropäische Front, initiiert vom Papst und den konkurrierenden italienischen Städten, bildete sich gegen die isolierte Serenissima. Diese Koalition, **Liga von Cambrai**, schlug die venezianischen Söldnerheere am 14. Mai 1509 in der *Schlacht von Agnadello* vernichtend und brachte Venedig an den Rand des Zusammenbruchs. Dem diplomatischen Geschick des greisen Dogen *Leonadro Loredan* war es zu verdanken, dass das verhängnisvolle Bündnis gesprengt werden konnte, bevor es Venedig gänzlich ruinierte. Indem der Doge dem Papst die bisher verweigerten Kirchensteuern zusicherte und auf die eigenmächtige Ernennung venezianischer Bischöfe verzichtete, setzte sich *Julius II.* für Venedig ein und bewirkte das Ende der antivenezianischen Offensive seitens der Liga von Cambrai.

Abgesehen von den Kriegen im Osten und im Westen, die Venedig zermürbten, kündigten sich folgenschwere globale Veränderungen an. Das Zeitalter der großen Entdecker war angebrochen. 1492 hatte *Christoph Kolumbus* die Neue Welt berührt, und sechs Jahre später war es der Portugiese *Vasco da Gama,* der den Seeweg nach Indien entdeckte. Der Welthandel begann sich infolgedessen zu verändern. Das Mittelmeer verlor zusehends an Bedeutung und im gewinnträchtigen Gewürzhandel liefen Lissabon und Antwerpen der Serenissima bald den Rang ab.

Die Heilige Liga

Trotz der massiven Rückschläge war Venedig keineswegs am Ende. Außenpolitisch isoliert, aber innenpolitisch gefestigt, blickten die Venezianer in die Zukunft und mobilisierten ihre enormen finanziellen Ressourcen, um die verbliebenen Handelsaktivitäten fortzusetzen. Angesichts der türkischen Präsenz im östlichen Mittelmeer mussten die venezianischen Schiffe jetzt noch besser geschützt werden als zuvor. Die Handelsgaleeren und Segelschiffe verkehrten nur noch im Verbund mit schwer bewaffneten Kriegsgaleeren. Mitte des 16. Jh. ging man sogar dazu über, alle Handelsschiffe mit Kanonen zu bestücken und die Besatzungen zu bewaffnen. Die Werft *Arsenale* hatte wieder einmal Hochkonjunktur, und die Waffenlager waren zum Bersten gefüllt.

Mit Kreta und Zypern besaßen die Venezianer noch immer zwei wichtige Handelsstützpunkte, die sie lange Zeit gegen die Türken verteidigen konnten. Doch 1571 gelang es Sultan *Selim II.* Zypern zu besetzen und die Inselhauptstadt Famagusta nach monatelanger Belagerung einzunehmen. Venedig war damit empfindlich getroffen worden; aber vor allem empörte sich die westliche Welt über die Grausamkeit der Eroberer. Denn obwohl *Marcantonio Bragadin,* der venezianische Kommandant der Festung von Famagusta kapituliert hatte, wurde er auf dem Marktplatz bei lebendigem Leibe gehäutet, und seine Haut ließen die Peiniger mit Stroh ausstopfen. Schon lange war der Westen über das barbarische Wüten der Türken entrüstet, doch jetzt schien der sprichwörtliche Tropfen das Fass zum Überlaufen gebracht zu haben. Der Papst bildete zusammen mit Spanien und Venedig die *Heilige Liga*, deren enormer Flottenverband von über 200 Kriegsgaleeren den Feind im Golf von Korinth stellte. Die türkische Kriegsflotte konnte in der *Seeschlacht von Lepanto* 1571 vollständig aufgerieben werden, woran die Venezianer, deren Kontingent aus 110 Galeeren bestand, aufgrund ihrer effektiven Kriegstechnik den größten Anteil hatten. Doch da die Militäroperation unter dem Kreuzfahrerbanner geführt wurde, strichen die Spanier und der Kirchenstaat die Lorbeeren ein. Venedig machte zwar reiche Beute an türkischen Galeeren, und in der Lagunenstadt wurde "Vittoria, Vittoria" gejubelt, aber Zypern konnte durch den Sieg von Lepanto nicht befreit werden.

Bootsparaden auf dem heimischen Canal Grande gehörten zur Selbstdarstellung der Seemacht Venedig

Pest, Piraten und erneut die Türken

Wenige Jahre nach der kräftezehrenden Seeschlacht von Lepanto (1571) raffte die **erste große Pestepidemie** (1575/76) einen Großteil der Einwohner Venedigs dahin und bewirkte einen völligen Stillstand des Handels, der anschließend jedoch umso heftiger auflebte. Um die Jahrhundertwende importierten venezianische Kaufleute wieder Seide aus Aleppo, Baumwolle aus Smyrna, und über das Rote Meer und den Persischen Golf trafen auch wieder Gewürze in Venedig ein. Doch die mittlerweile im Atlantik und im Mittelmeer verkehrende spanische, englische und niederländische Konkurrenz war den Venezianern überlegen geworden – im Handel und im Schiffbau. Nachdem die Engländer und die Holländer Mitte des 17. Jh. mit Spanien Frieden geschlossen hatten und die Straße von Gibraltar infolgedessen gefahrlos passieren konnten, verkehrten ihre Handelsschiffe auch in der Adria, wo sie sogar den venezianischen Kaufleuten ihre Dienste anboten.

Ganz abgesehen von der Konkurrenz litt der venezianische Osthandel in den ersten Jahrzehnten des 17. Jh. vor allem unter dem florierenden **Piratentum**. Das gesamte Mittelmeer war ein Tummelplatz für Seeräuber aus aller Herren Länder geworden. *Uskoken*, Korsaren aus den von den Türken eroberten Gebieten Dalmatiens waren es in erster Linie, die in der Adria ihr Unwesen trieben und zahlreiche venezianische Handelsschiffe kaperten. Dieser kaum zu bekämpfende Umstand führte außerdem dazu, dass die Prämien für Schiffsversicherungen drastisch anstiegen und die Handelsgewinne erheblich schrumpften. Hinzu kam, dass der Dreißigjährige Krieg (1618–48) den Handel mit Deutschland lähmte, womit Venedig einen seiner wichtigsten Absatzmärkte verlor. Und in der Lagunenstadt selbst brach 1630 auch noch die zweite große Pestepidemie aus, die der Stadt fast 50.000 Einwohner raubte.

Nachdem das Osmanische Reich am Anfang des 17. Jh. kurzfristig einen Teil seines eroberten Gebietes eingebüßt hatte, flammten die Feindseligkeiten Mitte dieses Jahrhunderts erneut auf. 1645 griffen die Türken Kreta an und zogen Venedig wiederum in einen langen Mittelmeerkrieg. Das Kriegsglück wechselte mehrmals die Seiten, bis Venedig Kreta 1669 endgültig verlor. Es blieben jedoch einige wichtige Stützpunkte auf *Morea,* wie der Peloponnes damals hieß. Mehr und mehr weitete sich der türkisch-venezianische Mittelmeerkrieg zum internationalen Konflikt aus. 1683 standen die Türken vor Wien, wurden von den verbündeten Österreichern und Polen aber weit zurückgedrängt. Auch Russland beteiligte sich schließlich an der antitürkischen Allianz, woraufhin Venedig erfahrene Schiffszimmerleute für den Bau einer russischen Galeerenflotte entsandte. 1699 verschaffte der *Frieden von Karlowitz* den Kriegsparteien eine mehrjährige Atempause, bis sich die Türken 1714 an die Wiedereroberung des Peloponnes machten. Ein westliches Bündnis, das von Österreich angeführt wurde, drängte die Türken erneut zurück, und die finale Seeschlacht von Kap Matapan an der Südspitze des Peloponnes führte 1718 zum *Frieden von Passarowitz.* Als unumstrittener Sieger erhielt Österreich große Gebiete auf dem Balkan, während Venedig den Peloponnes gänzlich preisgeben musste. Und als 1719 eine Explosion die letzte venezianische Festung auf Korfu zerstörte, zog sich die einstige Seemacht fast vollständig aus dem östlichen Mittelmeer zurück.

Das Ende der Adelsrepublik

Die Königin der Adria hatte abgedankt und war zur Zuschauerin der Weltpolitik geworden. Die Adelsrepublik hatte endgültig aufgehört, eine Großmacht zu sein. Aber es herrschte Frieden, und zwar der längste, den die Stadtgeschichte zu verzeichnen hatte, er reichte von 1718 bis 1797. In dieser Zeit führte Venedig gewissermaßen ein Doppelleben: Einerseits driftete das Leben in der Lagunenstadt aufgrund des nach wie vor gewaltigen Reichtums in einen Zustand dekadenter Sorglosigkeit ab; andererseits hielt der Stadtadel aber hartnäckig an den alten politischen und wirtschaftlichen Traditionen fest und versuchte, mit allen Mitteln einen Zerfall der Republik zu verhindern.

Venedig zählte im 18. Jh. ungefähr 140.000 Einwohner und verfügte noch über stattliche Besitzungen auf dem Festland, in Venetien, wo über 2 Millionen Menschen lebten. Eine gute Grundlage also für eine Konsolidierung des Stadtstaates. Zunächst kurbelten die Stadtväter die Landwirtschaft auf dem Festland an und förderten die traditionsreichen städtischen Industrien (z.B. Textilerzeugung und Glasherstellung). Und wichtiger noch, nach gründlichen Reformen erholten sich auch der Seehandel und der Schiffbau wieder. Auf neuen Schiffen betätigten sich venezianische Händler vor allem in der Adria, wo z. B. Olivenöl aus Apulien und Schwefel aus den Marken lukrative Güter waren. Aber es verkehrten auch venezianische Schiffe nach London, Sankt Petersburg und über Lissabon nach Amerika. Sogar der Osthandel knüpfte an frühere Jahrhunderte an, denn verstärkt importierte man die beliebt gewordene Handelsware Kaffee aus dem Vorderen Orient.

Doch der typische venezianische Kaufmann war längst nicht mehr der alte. Zahlreiche Adelsfamilien hatten die Lagunenstadt bereits im 17. Jh. in Richtung Festland verlassen, wo sie sich luxuriöse Landsitze errichteten und in Grundbesitz investierten. Die Stadtflucht des angestammten Adels hinterließ im 18. Jh. eine derart klaffende Lücke, dass die Regierungsorgane und der Beamtenapparat kaum noch standesgemäß besetzt werden konnten. Nur durch eine Lockerung der strengen Zuzugsbedingungen gegenüber reichen und angesehenen Bürgern aus norditalienischen Städten und anderen Landesteilen, war Venedig in Lage, den Kreis des privilegierten Stadtadels einigermaßen standesgemäß zu erweitern und die alte Ordnung zu erhalten. Auch die unteren Schichten der Stadtbevölkerung hatten sich durch Zuzug verändert. Die Kapitäne und Seeleute kamen jetzt zumeist aus Dalmatien, und die Schiffseigner waren jetzt zu einem Großteil eingewanderte Juden.

Allen Veränderungen zum Trotz war die Atmosphäre im 18. Jh. ausgelassen. Die zahlreichen Theater- und Opernbühnen, Spielsalons und Kaffeehäuser waren die eigentlichen Zentren des gesellschaftlichen Lebens. Venedig frönte dem heiteren Leben. Eine karnevaleske Stimmung legte sich über die "Hauptstadt des Rokoko". Es war die Zeit *Carlo Goldonis* und *Giacomo Casanovas*. Venedig hatte also einen radikalen Imagewechsel vollzogen, die brave Kaufmannsstadt hatte sich zur Kultur- und Amüsierstadt gewandelt. Angezogen von den enormen Kunstschätzen, den spektakulären Opernereignissen, den populären Stegreifkomödien, dem Karneval und nicht zuletzt von der legendären Sittenlosigkeit, strömten immer mehr Fremde in die Lagunenstadt. Venedig erlebte – vielleicht früher als alle anderen europäischen Städte – die **Geburtsstunde des Tourismus**.

Dann brachen weltpolitische Ereignisse über Venedig herein. 1789, im Jahr der Französischen Revolution, wurde in Venedig mit *Lodovico Manin* der letzte Doge gewählt. Es dauerte keine 10 Jahre, bis französische Truppen in die widerstandslose Lagunenstadt einmarschierten. Am 12. Mai 1797 trat der Große Rat der alten Republik ein letztes Mal zusammen und beschloss seine Auflösung. Respektlos plünderte der Feldherr Napoleon Venedig und trat die gedemütigte Stadt im *Frieden von Campoformio* (1797) an Österreich ab. Nach dem Sieg von Austerlitz (1805) fiel Venedig ans napoleonische Königreich Italien, bis der *Wiener Krongress* (1815) es als habsburgisches Königreich Lombardo-Venetien erneut den Österreichern zusprach.

Venedig im 19. und 20. Jh.

Unter dem strengen österreichischen Regime berührte Venedig seinen Tiefpunkt. Die Bevölkerung verarmte und ging auf ungefähr 100.000 Einwohner zurück. 1848, im europäischen Revolutionsjahr, entluden sich die sozialen Spannungen. Unter dem Freiheitskämpfer *Daniele Manin* kam es zum Volksaufstand gegen die Österreicher, die aus der Stadt vertrieben werden konnten. Doch bereits ein Jahr später zwang Feldmarschall *Radetzky* die Venezianer zur Kapitulation und wurde Gouverneur. Nach dem Ende des preußisch-österreichischen Krieges (1866) übergab Österreich Venetien zunächst an *Napoleon III.* Frankreich überließ die Region jedoch dem neuen Königreich Italien. Und in einer eindeutigen Volksabstimmung im Oktober 1866 entschieden sich die Venezianer für den Anschluss an das junge, vereinigte italienische Königreich unter *Vittorio Emanuele II.*

Denunziationsbriefkästen wurden von der Geheimpolizei und nicht von der Post geleert

Als Hauptstadt einer Provinz profitierte Venedig in der zweiten Hälfte des 19. Jh. vom wirtschaftlichen Aufschwung des neuen italienischen Reiches. Nüchterne Fakten belegen die Entwicklung: Über den bereits 1846 errichteten Eisenbahndamm, der die Lagunenstadt jetzt mit dem Festland verband, wurde Venedig an das italienische Bahnnetz angeschlossen. Meerseitig hingegen belebte die Eröffnung des Suezkanals (1869) den Mittelmeerhandel, und Venedig erlangte wieder Bedeutung als Hafenstadt. Doch diese bescheidene wirtschaftliche Entwicklung war sekundär. Längst war der Fremdenverkehr zur größten Einnahmequelle der Stadt geworden. Immer mehr Touristen aus dem In- und Ausland strömten nach Venedig, um die Einzigartigkeit der Lagunenstadt zu bestaunen. Namhafte Schriftsteller, Musiker und Maler machten den Anfang und zogen einen unablässigen Besucherstrom nach sich. Aus Hunderttausenden von Touristen jährlich wurden im 20. Jh. bald mehrere Millionen – und Venedig nahm seine Rolle als Sehenswürdigkeit von Weltrang mit dem gewohnten Eifer und Geschäftssinn an. Um die einmalige Stadtanlage in ihrer Ursprünglichkeit zu erhalten, ging die Industrialisierung fast vollständig an Venedig vorbei. 1918 schloss man sogar die traditionsreiche Werft *(Arsenale)*. Während das historische Stadtzentrum konserviert wurde, entstanden in den 20er Jahren am Küstensaum der Lagune mit *Mestre* und *Porto Marghera* zwei Wohn- und Industriestädte, die die Tristesse und Hässlichkeit industrieller und städtebaulicher Entwicklung von Venedig fern hielten. Während des 1. Weltkriegs bombardierten österreichisch-ungarische Flugzeuge Venedig, der Schaden ist jedoch gering. Auch den Zweiten Weltkrieg übersteht die Stadt unbeschadet. Doch die giftigen Abfälle und Abgase der Raffinerien und Chemiefabriken von Porto Marghera sollten bald zur lebensbedrohenden Gefahr für Venedig werden (→ "Ist Venedigs Lagune noch zu retten?", S. 15).

Der Exodus der Bevölkerung ist ein weiteres Phänomen, das Venedig seit langem bedroht. Mittlerweile ist die Bevölkerung der Lagunenstadt auf knapp 70.000 Einwohner zurückgegangen. Ein Hauptgrund dafür sind die z. T. katastrophalen Wohnverhältnisse in den morbiden, feuchten Palazzi, an deren Fundamenten das verseuchte Lagunenwasser unbarmherzig nagt. Außerdem sind die Mieten und Lebenshaltungskosten in Venedig überdurchschnittlich hoch, und Arbeitsplätze gibt es heute fast nur noch im Dienstleistungsbereich (Fremdenverkehr, Verwaltung, Banken, Versicherungen).

Das einzige, was in Venedig ungebremst boomt, ist der Tourismus mit 12–15 Millionen Besuchern jährlich. Längst ist die alte *Serenissima* zur **Museumsstadt** geworden, und es wird ernsthaft in Erwägung gezogen, für den Besuch des historischen Stadtzentrums Eintritt zu verlangen wie für einen Museumsbesuch.

Venedigs Architektur und seine Architekten

Das venezianische Stadtbild ist ein einzigartiges architektonisches Gesamtkunstwerk. Alle bedeutenden Stile haben daran mitgewirkt. Byzantinisch geprägte Romanik, Gotik, Renaissance, Barock und Klassizismus sind hier zu einem harmonischen Ganzen verschmolzen. Wie von einer schützenden Patina überzogen, hat sich Venedigs Stadtbild seit über zwei Jahrhunderten kaum mehr verändert – als sei es unantastbar geworden.

Die Errichtung einer Wasserstadt erfordert selbstverständlich ganz andere Anstrengungen als der Städtebau an Land, das liegt in der Natur der Sache. Wasser bietet kein geeignetes Fundament für den Bau von Häusern und Straßen. Doch in der Not ist der Mensch erfinderisch, und die Lagunenbewohner waren in der Not, nämlich auf der Flucht, als sie die Rialto-Inseln besiedelten. Zahllose Baumstämme rammten sie in den schlammigen Lagunenboden und schufen sich festen Boden unter den Füßen, auf dem sie zunächst einfache Holzhäuser errichteten. Auch der erste Amtssitz des Dogen war bis zur Jahrtausendwende noch ein reiner Holzbau. Hunderte von Holzbrücken verbanden Hunderte von hölzernen Plattformen miteinander, und dazwischen verzweigte sich ein Netz von schmalen Wasserstraßen. Und als die Venezianer ab dem 12. Jh. damit begannen, ihre Häuser aus Ziegeln und später sogar aus massivem Stein zu bauen, verbesserten sie ihre Fundamentierungstechniken (→ "Venedigs müder Untergrund", S. 45). Es grenzt geradezu an ein Wunder, dass die alten Holzfundamente die Prachtbauten der einzigartigen Wasserstadt bis heute tragen.

Im Gegensatz zu den anderen bedeutenden italienischen Städten des Mittelalters hatten die Venezianer nicht die Sorge, ihre Stadt durch eine wehrhafte Architektur schützen zu müssen, da das Wasser genügend Schutz vor Angriffen bot. Außerdem verhinderte die Verfassung der Stadtrepublik, die alle Adelsfamilien gleichermaßen in die Regierungsverantwortung zog, dass politisch motivierte Feindschaften zwischen den einflussreichen Familien Venedigs ent-

Ca D'Oro, ein spätgotisches Palazzo-Juwel

standen. Es bestand also keine Notwendigkeit, die einzelnen Palazzi aufwendig zu befestigen, wie es z. B. in Florenz der Fall war, wo die rivalisierenden Familien sich in ihren Wohnbauten abschotteten. Der venezianische Stadtadel konnte all sein Geld in die Prachtentfaltung stecken – mit der Einschränkung, dass die "Grundstücke" relativ klein waren und die Holzfundamente eine leichte Bauweise erforderten. Da es bereits Mitte des 12. Jh. über 500 reiche Kaufmannsfamilien gab, entstand schon früh ein weitläufiges Ensemble prachtvoller Palazzi in den ältesten Stadtteilen entlang dem *Canal Grande*.

Venezianische Gebäudetypen

In der Profanarchitektur Venedigs lassen sich verschiedene Gebäudetypen voneinander unterscheiden. Absolute Singularität in puncto Größe und repräsentativer Pracht genießt dabei der **Dogenpalast/Palazzo Ducale** (→ S. 95), in dem die Wohn- und Amtsräume des Dogen sowie die Sitzungssäle sämtlicher Regierungsorgane untergebracht waren.

Der **typische Palazzo** war durch alle Stilepochen hindurch in der Regel ein zweckmäßiger Bau, der der Kaufmannsfamilie gleichermaßen als Wohnhaus und Warenlager diente. Die repräsentative, reich geschmückte Schaufront der Palazzi war immer dem Wasser zugewandt. Dort befand sich auch der Hauptzugang, in der Regel ein weites Bogentor, das von bunt bemalten *Paline* (Pfosten) markiert war. Mit Barken und Gondeln gelangte man zur breiten Halle *(Androne)* des Wassergeschosses, an deren anderem Ende sich der landseitige, schlichtere Eingang befand. Die angrenzenden Räume, links und rechts der Halle, dienten als Magazin- und Wirtschaftsräume. Eine Treppe führte vom Androne in das Zwischengeschoss *(Mezza)*, in dem sich zumeist die Büros befanden. Im eleganten Obergeschoss *Piano nobile* mündete das

Prachtfassaden am Canal Grande

Treppenhaus direkt in den festlichen Salon *(Sala* bzw. *Portego),* in dem auch Bankette und Theaterveranstaltungen stattfanden. Zur Wasserseite hin hatte das Obergeschoss häufig einen Balkon bzw. eine Loggia. Die angrenzenden Räume sowie das obere Stockwerk dienten den Familienmitgliedern als Privatgemächer, während die Bediensteten im Dachgeschoss untergebracht waren, wo sich oftmals auch die Küche befand. Den Abschluss bildete die Dachterrasse *(Altan),* auf der, so spottete das Volk, sich die Signora des Hauses die Haare in der Sonne bleichen ließ. Die Innenhöfe, *Corte* bzw. *Cortile,* der venezianischen Palazzi, die man über den Landeingang erreichte, waren überwiegend klein, besaßen aber immer eine aufwendig gestaltete Trinkwasserzisterne und einen kleinen Garten.

Früher durfte ein venezianischer Palazzo nicht als solcher bezeichnet werden, man nannte ihn schlicht **Casa** (Haus) oder kurz **Ca',** weil die Bezeichnung Palazzo nur einem Bau, nämlich dem Dogenpalast, vorbehalten war. Im Lauf der Zeit wurde die Angelegenheit nicht mehr so streng genommen und beide Bezeichnungen waren gebräuchlich. Noch heute heißen einige der prunkvollsten Palazzi bescheiden Casa *(Ca' d'Oro* → S. 113) oder tragen gar beide Bezeichnungen *(Palazzo Corner della Ca' Grande* → S. 106).

Ein weiteres, typisch venezianisches Gebäude war der **Fondaco (Kontor).** Die Bezeichnung stammt vom arabischen Wort *Funduk* (Warenbörse). Ein solcher wuchtiger Gebäudekomplex verfügte über ein Wassergeschoss, drei obere Stockwerke und einen geräumigen Innenhof, und wurde den ausländischen Kaufleuten als Magazin, Handelsplatz und Gasthaus zur Verfügung gestellt. Das älteste erhaltene Handelshaus ist der *Fondaco dei Turchi* (→ S. 115). Ein charakteristisches Architekturmerkmal des Fondaco ist die offene Arkadenhalle an der Wasserseite, die zum Ein- und Ausladen der Waren diente.

Die **Scuole,** die Gebäude der venezianischen Bruderschaften, gehören ebenfalls zu den typischen Profanbauten der Stadt. Sechs große und weit über hundert kleine Bruderschaften *(Scuole Grandi* bzw. *Scuole Minori)* gab es während der Glanzzeit Venedigs im 15./16. Jh. Die Bruderschaften verstanden sich als Interessensvertretungen verschiedener Berufe, ethnischer Gruppen sowie Bet-, Zweck- und Schicksalsgemeinschaften; so bildeten Blinde etwa die *Scuola degli Orbi.* Es handelte sich um reine Bürgervereinigungen, die aufgrund ihrer karitativen Leistungen auch eine wichtige Rolle im öffentlichen Leben spielten, und deren Versammlungshäuser deutliche architektonische Akzente im Stadtbild setzten. Vor allem die sechs vermögenden Scuole Grandi gestalteten ihre riesigen Bruderschaftshäuser sehr aufwendig mit prunkvollen Eingangsportalen und Treppenhäusern sowie kunstvollen Wand- und Deckengemälden, angefertigt von den namhaftesten Künstlern der Zeit. Heute sind einige dieser Scuole als Museen zugänglich.

Einen weniger beachteten, aber noch sehr verbreiteten Gebäudetyp stellt das venezianische **Reihenhaus** dar, in dem das einfache Volk zur Miete wohnte. Im Gegensatz zu den Palazzi waren die Wohnungen natürlich bescheiden, aber dafür sehr preisgünstig. Vor allem die Bruderschaften, die auch eine rege Bautätigkeit betrieben, boten diesen subventionierten, z. T. sogar für Mitglieder kostenlosen Wohnraum an. In allen historischen Stadtvierteln findet man noch zahlreiche Varianten des venezianischen Reihenhauses. Es handelte sich in der Regel um dreigeschossige Häuserzeilen, deren einzelne Wohnungen aus einer Küche sowie einem kombinierten Wohn-/Schlafraum bestanden. Daneben gab es Gemeinschaftsräume für Vorräte, Feuerholz und Bootszubehör.

Kirche mit typisch byzantinischer Raumaufteilung: Santa Fosca auf Torcello

Romanisch-byzantinischer Stil

Dieser Mischstil prägte die Sakralarchitektur Venedigs vom 11. bis 13. Jh., als die Lagunenstadt stark unter byzantinischem Einfluss stand. Während sich die Romanik im Westen zur ersten länderübergreifenden Baukunst des Christentums entwickelte, dominierte in Venedig der architektonische Geschmack des Ostens. An der Entstehung der ersten Steinkirchen arbeiteten Handwerker und Mosaizisten aus dem östlichen Kulturraum mit. Die mit einzigartigen Goldmosaiken verzierte *Markuskirche* (→ S. 93), die nach dem Vorbild der

Apostelkirche in Byzanz geschaffen wurde, verkörpert die östliche Bautradition am augenfälligsten; aber auch *Santa Fosca* auf Torcello weist eine typisch byzantinische Raumaufteilung auf, während die romanische Säulenbasilika *Santa Maria Assunta* von Torcello mit großartigen byzantinischen Apsismosaiken ausgestattet ist.

Der spätgotische Glockenturm der Santa Maria Gloriosa dei Frari ist der zweithöchste Turm der Stadt

Der Einfluss des Ostens machte sich auch in der venezianischen Profanarchitektur des 13. Jh. bemerkbar. Obwohl man sich an romanischen Grundmustern orientierte, waren zierliche Säulen, filigrane Dekorationen, Loggien und Zinnenränder typische Merkmale der ersten venezianischen Palazzi. In dieser Zeit ging man dazu über, die Häuser nicht länger aus Holz, sondern aus gebrannten Ziegeln zu errichten und die Fassaden mit edlen Marmorsorten und farbigen Inkrustationen zu verkleiden. Offene Loggien im Erd- und Obergeschoss betonten die Leichtigkeit der Bauweise. Vorbilder für diesen Stil fanden die Venezianer im byzantinischen Ravenna, aber vor allem in Byzanz selbst, das sie 1204 eroberten und von wo sie wertvolle Baumaterialien und Spolien (erbeutete Bauteile wie Säulen, Kapitelle, Reliefs etc.) in ihre Heimatstadt brachten. Bis auf die *Ca' da Mosto* (→ S. 110) und den – für die damalige Zeit – kolossalen *Fondaco dei Turchi* (→ S. 115) sind jedoch kaum noch profane Gebäude mit deutlichen romanisch-byzantinischen Stilelementen erhalten geblieben.

Gotik

Die gotische Baukunst, die sich von Frankreich aus in ganz Europa ausbreitete, erfasste Venedig erst Mitte des 14. Jh. Nun veränderten die Venezianer das Äußere ihrer Markuskirche, indem sie den bis dahin dunklen Innenraum durch gotische Fensteröffnungen etwas aufhellten und die Fassade mit typisch gotischem Zierrat und Skulpturenschmuck versahen. Auch der Dogenpalast wurde nach dem Geschmack der Gotik umgestaltet und bekam eine Vorbildfunktion für die städtische Profanarchitektur. Spitzbögen lösten die schlichten Rundbögen ab, und die gesamte Fassade des *Palazzo Ducale* büßte von den Arkaden des Untergeschosses bis hinauf zu den Zinnen einen Großteil ihrer Massivität ein. Doch reine Gotik war das nicht, was die Venezianer ihrem Stadtbild im 14. und 15. Jh. angedeihen ließen, sondern venezianische Gotik, die, wie schon die romanische Stilepoche, stark von der Ornamentik, der Farbigkeit und der Dekorationskunst des oströmischen Kulturraumes geprägt war. Der berühmteste Palazzo der venezianischen Spätgotik, die *Ca' d'Oro* (→ S. 113), macht heute noch auf beeindruckende Weise deutlich, wie harmonisch die Profanarchitektur des 14. und 15. Jh. gotische und orientalische Formen und Motive miteinander vereinigte. In dieser Zeit, die von einer umfangreichen Bautätigkeit gekennzeichnet war, wurde der ursprünglich zweigeschossige venezianische Palazzo um ein Geschoss erhöht. Am *Canal Grande,* dem Prachtkanal Venedigs, gibt es noch zahlreiche beispielhafte Uferpalazzi im venezianisch-gotischen Stil zu bewundern. Die beiden Kirchen des dominikanischen und des franziskanischen Bettelordens, *Santi Giovanni e Paolo* (→ S. 144) und *Santa Maria Gloriosa dei Frari* (→ S. 131), sind die repräsentativsten venezianischen Kirchenbauten der Spätgotik.

Renaissance

Ebenso wie die Gotik erreichte die Renaissance Venedig mit erheblicher Verspätung. Als in Florenz bereits ohne jeden gotischen Anklang gebaut wurde, entstand in Venedig gerade die spätgotische *Ca' d'Oro.* Erst Ende des 15. Jh. setzte sich die Renaissance, die damals ganz Europa begeisterte, auch in Venedig durch. Die Venezianer drückten auch diesem nach antiker Symmetrie strebenden Stil ihren lokalen Stempel auf, indem sie der klassischen Harmonie die Heiterkeit des Ornamentalen hinzufügten. Vor allem *Pietro Lombardo* (1435–1515), der 1498 zum ersten Architekten der Stadtrepublik ernannt wurde, verlieh der venezianischen **Frührenaissance** ihr unverwechselbares Gesicht. Seine *Architettura lombardesca* galt bei Zeitgenossen als edel wie der griechische Stil, erhaben wie der römische und glänzend wie der orientalische.

Ein herausragender Sakralbau, der nach Plänen von Pietro Lombardo errichtet wurde, ist *Santa Maria dei Miracoli* (→ S. 159). Diese klassisch proportionierte Kirche ist vollständig mit farbigem Marmor verkleidet, und in Marmor ist auch die üppige Innenausstattung gearbeitet. Ein anderer Architekt, der die venezianische Frührenaissance ebenso prägte, war *Mauro Coducci* (1440–1504). Die Fassaden der Kirchen *San Zaccaria* (→ S. 141) und *Santa Maria Formosa* (→ S. 143), die er gestaltete, verlieren ihre klassische Strenge durch die Verwendung halbkreisförmiger Abschlüsse und Rundungen.

Im Palazzo Vendremin Calergi residiert heute das Spielkasino

Beide Architekten setzten auch maßgebliche Akzente im Um- und Neubau des venezianischen Palazzo. Die Einführung von großen Doppelbogenfenstern und die aufwendigere Gestaltung der Eingangsbereiche sowie das Festhalten am üppigen Ornament waren u. a. typische Merkmale des Palazzo der Frührenaissance. Ein Vorzeigebau dieser Zeit ist der *Palazzo Vendremin Calergi* (→ S. 115) am Canal Grande. Auch die Portalgestaltung Venedigs entwickelte sich in der Frührenaissance meisterlich; beispielhaft dafür ist das prächtige Portal des *Arsenale* (→ S. 145) sowie einige Eingangsportale der *Scuole Grandi.*

Die **Hochrenaissance,** die sich Mitte des 16. Jh. durchsetzte, passte so gar nicht zum eleganten Stil der venezianischen Architektur. Für viele Kunsthistoriker vollzieht sich in dieser Bauperiode gar ein Traditionsbruch, denn die Hochrenaissance betonte das Monumentale. Die Leichtigkeit, das Schwerelose war dahin. Die Schaufassade an der Wasserseite genügte nicht mehr, die Neubauten sollten jetzt nach allen Seiten strahlen und Grandezza zeigen wie ihre Vorbilder in Florenz und Rom. Die wuchtigen Palastbauten des 16. Jh. überschritten erstmals die bis dahin einheitliche Höhe und wurden komplett aus massivem Stein gebaut, was wiederum eine stabilere Fundamentierung notwendig machte. Gebäude wie etwa die *Libreria Vecchia di San Marco* (→ S. 99) stehen auf ungefähr einer Million Baumstämmen.

Jacopo Sansovino (1486–1570) war der bedeutendste Architekt der venezianischen Hochrenaissance, dem es bei vielen seiner Prachtbauten gelang, die neue Monumentalität so abzumildern, dass sie sich in das architektonisch geschlossene Stadtbild fügten. Zu den mehr als zahlreichen unter Sansovino entstandenen Großbauten gehört z. B. der *Palazzo Corner della Ca' Grande* (→ S. 106). Ein anderer Architekt der Zeit, *Antonio da Ponte* (1512–1597), machte seinem Namen alle Ehre, indem er die schönste Hochrenaissancebrücke Venedigs errichtete, nämlich die *Rialtobrücke* (→ S. 112).

Palladio und sein Erbe

1570 wurde der für seine grandiose Landhaus- und Villenarchitektur berühmte *Andrea Palladio* (1508–1580) zum offiziellen Architekten der Serenissima ernannt. Entgegen seiner Vorliebe für die antikisierende Palastarchitektur (→ "Villa Foscari", S. 211), realisierte er in Venedig ausschließlich Sakralbauten. Er schuf die eindrucksvollen Kirchen *San Giorgio Maggiore* (→ S. 177) und *Il Redentore* (→ S. 178). Außerdem hinterließ er einen Entwurf für die Rialtobrücke, der auf einem Gemälde von *Francesco Guardi* zu sehen ist – leider hängt das Bild in einem Museum Lissabons. Palladios Vorschlag wurde damals abgelehnt, weil seine Bogenbrücke mit dem monumentalen Aufbau zu schwer war und praktische Nachteile hatte.

Der auch als Architekturtheoretiker bekannte Palladio veröffentlichte 1570 in Venedig seine Abhandlung "Quattro libri dell'architettura", in der er sich vor allem mit dem architektonischen Erbe der Antike sowie dem römischen Architekturtheoretiker *Vitruv* auseinander setzte. Dieses Lehrbuch löste in der Folgezeit eine als **Palladianismus** bezeichnete klassizistische Strömung in der europäischen Architektur aus, die in Venedig ihre ersten Vertreter hatte. *Vincenzo Scamozzi* (1552–1616) nahm die Lehre des Meisters sofort bereitwillig auf und machte sie zu einem verbindlichen Regelwerk seiner venezianischen Schaffensperiode. Er vollendete einige Großbauten (u. a. die *Libreria Vecchia di San Marco)* und schuf mehrere Palazzi am Canal Grande.

Im Volksmund "Kirche mit den Ohren" genannt: Santa Maria della Salute

Barock

Die neuen Stilelemente des Barock (breite Gesimse, große Voluten, Bossenwerk, monumentale Treppenhäuser etc.) brachten eine neue Lebendigkeit in die fast schon streng gewordene venezianische Architektur des späten 16. und frühen 17. Jh. Aber bevor die barocke Formensprache die Venezianer so richtig begeistern konnte, setzte die fürchterliche Pest von 1630 erst einmal eine Zäsur und legte das öffentliche Leben über Jahre hinweg nahezu lahm.

Mit dem bedeutendsten venezianischen Barockarchitekten *Baldassare Longhena* (1598–1682) kam dann eine Zeit, in der die charakteristischen Barockbauten Venedigs entstanden, allen voran die wuchtige *Santa Maria della Salute* (→ S. 170). Dieser gewaltige, aber dennoch harmonische Kirchenbau mit den gedrehten Voluten, den krönenden Skulpturen und der imposanten Zentralkuppel symbolisierte für die Venezianer gleichsam die Überwindung der Pest. Longhena arbeitete noch an weiteren Kirchen Venedigs (z. B. die *Chiesa Santa Maria di Nazareth),* aber die *Chiesa della Salute,* wie sie auch genannt wird, blieb sein unbestrittenes Meisterwerk und der prächtigste Sakralbau des venezianischen Barock. Auch in der Profanarchitektur, wo er die ganze Stilpalette des Barock ausschöpfte, setzte Longhena Maßstäbe. Zu den schönsten und größten seiner Wohnbauten gehören die Uferpalazzi *Belloni Battagia, Ca' Pesaro* und *Ca' Rezzonico* am Canal Grande.

Von der Idee des barocken Gesamtkunstwerks im städtebaulichen Maßstab, wie sie in Rom und Neapel umgesetzt wurde, war Venedig jedoch weit entfernt. Es blieb bei vereinzelten, aber herausragenden Barockbauten v. a. Longhenas, die später einmal als "die einzige hochrangige Alternative zum römischen Barock" (R. Wittkower) bezeichnet wurden.

Die neoklassizistische Fassade der Chiesa San Stae

Klassizismus

Die venezianische Architektur des 18. Jh. knüpfte wieder an die klaren, antikisierenden Vorstellungen des Palladianismus an und hatte in *Domenico Rossi* und *Giorgio Massari* (1687–1766) ihre bedeutendsten Vertreter. Obwohl der Stadtadel in dieser Zeit deutlich zu verarmen begann, entstanden einige aufwendige Um- und Neubauten im monumentalen Stil des Klassizismus – der in Italien übrigens **Neoclassicismo,** also Neoklassizismus genannt wird.

Die frühesten Bauwerke stammen vom Rossi. Er entwarf u. a. die grandiose Fassade der *Chiesa San Stae* (→ S. 129) sowie die Prachtfassade der stattlichen *Ca' Corner della Regina,* beide am Canal Grande. Massari realisierte seinerseits die herrliche Säulenfassade der *Chiesa dei Gesuati* (→ S. 171), die er streng nach Palladios Vorstellungen entwarf. Mit dem imposanten *Palazzo Grassi* (→ S. 120) schuf Massari sein Meisterwerk und einen klassizistischen Prachtbau par excellence.

Kurz bevor sich die politischen Ereignisse überschlugen (Einmarsch Napoleons und Auflösung der Republik Venedig) entstand 1792 mit dem mittlerweile legendären *Opernhaus La Fenice* (→ S. 121) einer der letzten Neubauten im klassizistischen Stil und einer der letzten Bauten des alten Venedig überhaupt.

19. und 20. Jahrhundert

In den vergangenen zwei Jahrhunderten beschränkten sich die Bauvorhaben mit wenigen Ausnahmen auf die der Lagunenstadt vorgelagerten Lidi sowie auf die stadtnahe Insel *La Giudecca,* wo im späten 19. Jh. sogar eine kleine Industrielandschaft heranwuchs. In Venedig selbst entstanden so unrühmliche Bauten wie das Bahnhofsgebäude oder die Pavillons auf dem Gelände der *Biennale* (→ S. 148). Ansonsten konzentrierten sich alle städtebaulichen Anstrengungen auf den Erhalt der historischen Bausubstanz. Doch bis es dazu kam, musste der schleichende Verfall der historischen Gebäude erst einmal offensichtlich werden und weltweite Betroffenheit auslösen, d. h. erst nachdem die fürchterliche Flutkatastrophe von 1966 die Weltöffentlichkeit geschockt hatte, wurden ernsthafte **Restaurierungsbemühungen** unternommen. Seitdem fließen jährlich Millionensummen für den Erhalt der einzigartigen Lagunenstadt. Das Geld kommt von der nationalen Behörde für Denkmalschutz sowie von zahlreichen ausländischen und internationalen Organisationen, Komitees und Firmen. *Consorzio Venezia Nuova* nennt sich das italienische Konsortium, das die Restaurierungsarbeiten vor Ort fachmännisch leitet und koordiniert. Häufig werden die einzelnen Projekte in Form von sogenannten Patenschaften durchgeführt, damit man die jeweiligen Hilfs- und Sponsorengelder auch konkreten Restaurierungsmaßnahmen zuordnen kann. Zahlreiche Projekte konnten bereits bis zum *Heiligen Jahr 2000* erfolgreich abgeschlossen werden, und die Wiedereröffnung des *Gran Teatro La Fenice,* das 1996 einem Großbrand zum Opfer fiel, ist für das Frühjahr 2002 avisiert.

Venedigs müder Untergrund

Die weit verbreitete Annahme, die Lagunenstadt sei vollständig auf Holzpfählen gebaut und unter den Häusern fließe Wasser, ist falsch. In Wahrheit steht Venedig zum größten Teil auf dem ton- und kieshaltigen Sandboden von über hundert kleinen Inselchen. Dazwischen jedoch, an den schlammigen Ufern der zahlreichen Wasserwege, die das verzweigte Kanalnetz der Stadt bilden, sorgen unzählige Holzpfähle für Halt. Erst seit ungefähr 20 Jahren, seitdem die Kanäle der Stadt systematisch gereinigt und die Unterbauten der Häuser, Kirchen, Uferwege und Brücken sichtbar werden, hat man auch eine exakte Vorstellung von der ursprünglichen **Fundamentierungstechnik** der Venezianer: Zunächst wurde der Baugrund trockengelegt und an den Ufern mit ca. 3 m langen und mindestens 15 cm dicken Baumstämmen verstärkt. Für diese kanalseitige Befestigung benötigte man je nach Größe des Baus und der Bodenbeschaffenheit Zehntausende von Baumstämmen (in der Regel Eichen), die senkrecht in den Boden gerammt wurden. Auf diesem dichten Wald aus Pfählen, der auch bei Ebbe vollständig unter Wasser liegen musste, befestigte man eine dicke Schicht aus Lärchenplanken. Dann folgte ein gemauertes Ziegelsteinfundament auf dem ein mindestens 30 cm hoher Sockel aus massivem Kalkstein ruht. Dieses *Basamento,* das bis knapp über den höchsten Wasserstand (Flutpegel) reicht, war als wasserdichte Horizontalsperre gedacht und sollte das Mauerwerk sowie die Fassaden der Häuser vor aufsteigender Feuchtigkeit schützen.

Jahrhunderte lang standen die Bauwerke an den Kanälen fest und solide, denn ihre kompakten Holzfundamente wurden im salzhaltigen Lagunenwasser eisenhart. Doch seitdem sich die **Gezeiten** in der Lagune verändert haben, das Hochwasser immer höher steigt und das Niedrigwasser immer tiefer fällt, sind die Holzfundamente vermehrt der Luft ausgesetzt und beginnen zu faulen. Hinzu kommt der erhöhte Sauerstoffgehalt des Wassers, den die Schiffsmotoren verursachen. Etliche Fundamente der Prachtbauten am Canal Grande sind bereits erheblich geschwächt und müssen dringend saniert werden. Zum Teil versucht man, sie mit notdürftigen **Zementeinspritzungen** zu stabilisieren. Und dort, wo die Basamenti bereits ständig durchnässt sind und zerbröckeln, da hilft nur eine vorsichtige hydraulische Anhebung der Gebäude in Verbindung mit einem neuen Fundament.

Diese und andere erfolgreiche Instandsetzungsarbeiten können jedoch nicht darüber hinwegtäuschen, dass Venedigs Untergrund müde geworden ist und umfassendere Sanierungsmaßnahmen verlangt. Das nötige Geld und Know-how dazu wäre sogar vorhanden. Aber da den Venedig-Touristen eine jahrelange Großbaustelle nicht zugemutet werden soll, wird weiterhin portionsweise saniert. – Etwa so lange, bis der erste Palazzo kopfüber in den Canal Grande stürzt, wie es vor einigen Jahren bei der *Ca'Foscari* beinahe der Fall gewesen wäre?

Das Guggenheim Museum, ein Genuss für Liebhaber der klassischen Moderne

Die großen venezianischen Maler

Ab Mitte des 11. Jh. übten Mosaizisten und Ikonenmaler aus Byzanz ihr Handwerk in Venedig aus und prägten auch die Anfänge der bildenden Kunst. Dieser stilistische Einfluss war bis ins 14. Jh. hinein bestimmend. Als *Giotto* (1266–1337) Anfang des 14. Jh. in Padua, vor den Toren Venedigs, die westliche Kunstwelt mit seiner revolutionären Malerei und ihren ausdrucksstarken Figuren in den Bann zog, war Venedigs Kunstgeschmack noch ganz dem Osten verhaftet. Damals hieß es "Giotto verändert die Malkunst vom Griechischen zum Lateinischen und verwandelt sie ins Moderne". Einige Jahrzehnte sollte es jedoch dauern, bis **Paolo Veneziano** (tätig 1333 bis um 1360) die venezianische Malerei zaghaft in die neue, westliche Richtung lenkte und damit eine Synthese zwischen der venezianisch-byzantinischen Tradition und der modernen spätgotischen Malerei herstellte. Doch die ruhmreiche Größe der venezianischen Malerei entfaltete sich erst in der Frührenaissance, ab 1430, mit *Jacopo Bellini,* dem Vater einer ganzen Malerfamilie (s. u.). Seitdem hat die venezianische Malerschule durch alle Stilepochen hindurch einzigartige Malerpersönlichkeiten hervorgebracht, die jeder für sich die jeweilige Stilrichtung auf eine unverkennbare, individuelle Art virtuos beherrschten. Im Folgenden finden Sie eine kurze Vorstellung der wichtigsten Protagonisten von der Frührenaissance bis in die zweite Hälfte des 18. Jh.

Jacopo Bellini (um 1400–1470/71)

Er ist unzweifelhaft der Vater der venezianischen Malerei, auch wenn nur sehr wenige seiner Werke erhalten sind, vor allem keine der wirklich bedeutenden wie z. B. die Tafelbilder, die er im Auftrag der großen Bruderschaftshäuser von San Marco und San Giovanni gemalt hatte.

Jacopo war der Sohn eines Zinngießers und als junger Mann seinem Lehrmeister *Gentile da Fabriano* nach Florenz und Rom gefolgt, wo er fundierte Kenntnisse in der Perspektivmalerei erwarb, die er nahezu intuitiv beherrschte. Später widmete er sich auch dem Studium der Antike und der Porträtmalerei. Aufschluss über seinen Phantasiereichtum und seine Beobachtungsgabe geben heute vor allem die von ihm erhaltenen Zeichnungen. Neben Studien zur Mythologie, Szenen aus dem Leben der Heiligen oder Geschichten aus dem Alten und Neuen Testament stößt man hier auch auf Skizzen von Tieren und gewöhnlichen Alltagsszenen. Ebenso finden sich in Jacopo Bellinis Nachlass Ansichten von Kanälen und Brücken sowie Architekturskizzen, in denen er venezianische Gebäude mit antiken Stilelementen dekorierte. In den eleganten Akten, die ihm besser gerieten als seine bekleideten Figuren, ist deutlich der Geist der Renaissance zu spüren.

Die gelehrigsten Schüler in Jacopo Bellinis vielseitiger Werkstatt waren seine beiden Söhne *Gentile* und *Giovanni;* während der ältere Gentile von seinem Vater vor allem das Talent zur Historienmalerei erbte, war Giovanni ein genialer Meister aller übrigen Gattungen.

Gentile Bellini (1429–1507)

Obwohl Gentile Bellini die Prinzipien der Perspektive ziemlich eigenwillig anwendete und in gewissen Einzelheiten sogar den gotischen Gestaltungsprinzipien treu blieb, brachte er es zum ersten Staatsmaler der Republik Venedig.

1479 sandte die Republik den Künstler an den Hof *Mohammeds II.* nach Konstantinopel, denn der Sultan wollte sich von dem besten Porträtisten Venedigs malen lassen. Ein Bildnis Mohammeds II. befindet sich heute in der National Gallery von London; es zeigt den Herrscher mit rotem Mantel und weißem Turban, dessen blutloses Gesicht mit den müden Augen und dem gierigen Mund viel Sinnlichkeit verrät.

Gentile Bellini verdanken wir die ersten authentischen Stadtansichten von Venedig, die noch heute einen unvergleichlichen, beinahe märchenhaften Zauber ausüben. In seinem Hauptwerk "Errettung des Wahren Kreuzes aus dem Wasser" *(Galleria dell'Accademia* → S. 167) schildert Gentile ein perfekt inszeniertes Szenario mit aufmerksamen und disziplinierten Zuschauern, die die ihnen zugewiesenen Plätze an einem venezianischen Kanal nach strenger hierarchischer Ordnung eingenommen haben und die wie in einem modernen Theater das Parkett, die Ränge und die Logen besetzt halten und ihre Aufmerksamkeit auf die in den Mittelpunkt des Bildes gerückte wundersame Errettung der Reliquie richten.

Auf einem anderen Bild, "Prozession auf dem Markusplatz" (ebenfalls in der Galleria dell'Accademia), dient die Markuskirche als Kulisse für eine festliche Prozession. Auf dieser detailgenauen Ansicht sind mit größter Genauigkeit auch die später verloren gegangenen Außenmosaiken an der Fassade von San Marco wiedergegeben.

Gentile Bellini wurde mit großen Ehren in der Dominikanerkirche *Santi Giovanni e Paolo* (→ S. 144) beigesetzt ebenso wie sein genialer Bruder Giovanni.

Giovanni Bellini (um 1430–1516), gen. Giambellino

Als Maler der Muttergottes, die Giovanni im Lauf seiner Künstlerkarriere nahezu hundert Mal darstellte, brachte er es zu einer wahren Meisterschaft. Facettenreich wie keiner vor und nach ihm drückte er den geläuterten Schmerz Marias aus.

Als der Sizilianer *Antonello da Messina* um 1475 die neue niederländische Technik der Ölmalerei in Venedig einführte, nahm Giovanni sie sofort auf. Die ölgebundenen Farben bereicherten die Palette um viele Nuancen und inspirierten Giambellino zu einer transparenteren Malweise. Er begann nun, die Landschaft nicht mehr als bloßen Hintergrund zu behandeln, sondern zum wesentlichen Bildbestandteil zu machen. Auf einigen seiner Landschaftsbilder mit Heiligenszenen sammelt sich das Himmelslicht so verdichtet um die Hauptgestalten, dass diese auch ohne Heiligenschein göttlich erscheinen.

Der Umstand, dass Giovanni Bellini bei öffentlichen Aufträgen und offiziellen Ehrungen immer hinter seinem älteren Bruder *Gentile* rangierte, obwohl er der bessere Maler war, liegt an seiner niedrigeren Stellung als vermutlich unehelicher Sohn. Doch als der (Halb-)Bruder 1479 von der Serenissima nach Konstantinopel entsandt wurde, schlug Giambellinos Stunde. Er bekam den Auftrag, an Stelle von Gentile die Arbeiten am Dogenpalast fortzuführen. Sein Ruf wuchs nun rasch. 1483 avancierte er zum offiziellen Staatsmaler der Republik und arbeitete außerdem für die größten Bruderschaften Venedigs sowie für zahlreiche Auftraggeber aus den Nachbarstädten.

Es ist überliefert, dass die Arbeiten am *Dogenpalast* unter Giambellinos Leitung mit geradezu beunruhigender Langsamkeit voranschritten, woraufhin die Regierung einen Beamten damit beauftragte, täglich den Großen Saal des Palastes aufzusuchen, um nachzusehen, ob sich die Maler auch tatsächlich arbeiteten; andernfalls sollte ihnen das Honorar gekürzt werden. – Von den großen Historiengemälden im Dogenpalast, an denen die besten venezianischen Talente von Gentile bis Tizian gearbeitet hatten, blieb keines beim großen Brand von 1577 verschont. Es gibt leider auch keine Kopien, Zeichnungen und Stiche, welche uns heute eine Vorstellung von den Kompositionen vermitteln könnten, die damals jahrelang Giambellinos Schöpferkraft in Anspruch genommen haben.

Giovanni Bellinis erhaltenes Werk, das nahezu die gesamte Zeit der Renaissance umspannt, umfasst Altarbilder, Bildnisse, Allegorien und Landschaften, die allesamt von einer außergewöhnlichen Ausdruckskraft und lebendigen Ausstrahlung gekennzeichnet sind. Sein Zeitgenosse *Albrecht Dürer,* der Giambellino persönlich gekannt hat, bezeichnete ihn als den Besten in der Malerei. In der *Galleria dell'Accademia* (→ S. 167) befindet sich eine repräsentative Auswahl seiner Werke.

Vittore Carpaccio (um 1455 bzw. 1465–1526)

Die genaue Herkunft und das Geburtsjahr des Malers sind unbekannt; außerdem gibt es keinen Beleg seiner künstlerischen Tätigkeit vor 1490. Da man auch nichts Gesichertes über seine Ausbildung weiß, wird Carpaccio in der Kunstwissenschaft gemeinhin als Einzelgänger bzw. Autodidakt bezeichnet, der ausschließlich seiner schöpferischen Phantasie folgte. Ähnlichkeiten mit den unterschiedlichen Malstilen der Bellini-Werkstatt sind jedoch auffällig. Von *Jacopo Bellini* lernte Carpaccio, seine Figuren in Architekturlandschaften zu stellen, während er von *Gentile Bellini* einen Hang zum Orientalischen übernahm, der einigen Kunsthistorikern sogar Anlass zu der Vermutung gab, Carpaccio habe Gentile auf seiner Reise nach Konstantinopel begleitet. Mit *Giovanni Bellini* hingegen verbindet ihn die konsequente Ablehnung von Pathos und Monumentalität in der Malerei, insbesondere in den Pietà-Darstellungen.

Carpaccio arbeitete ebenso wie die Brüder Bellini am Dogenpalast sowie für die großen Bruderschaften der Stadt. In den Bruderschaftsbildern, in denen er ganze Zyklen heiliger Geschichten malte, schilderte er zugleich das Leben in seiner Heimatstadt mit solcher Hingabe und Phantasie, dass seine Bilder zu regelrechten Hymnen auf Venedig gerieten. In seinem 1495 beendeten Hauptwerk, einer Bilderreihe mit Szenen aus dem "Leben der Heiligen Ursula" *(Galleria dell'Accademia* → S. 167), lässt er in märchenhaften Szenerien farbenprächtig gekleidete Personen auftreten. Von 1502 bis 1508 widmete sich Carpaccio dem Gemäldezyklus der *Scuola di San Giorgio degli Schiavoni* (→ S. 145), der ebenfalls noch vollständig erhalten ist. Aus späterer Zeit, als in Venedig bereits die Malergenies *Giorgione* und *Tizian* dominierten, arbeitete Carpaccio dann in Istrien und Dalmatien.

Galleria dell'Accademia, Venedigs Kunsttempel

Giorgione (1477/78–1510)

Der großartige *Giovanni Bellini* hatte in Giorgione einen Schüler, der ihn mehr als überholte. Lange nach Giovanni geboren, starb Giorgione jedoch mehrere Jahre vor seinem alten Meister. Eine Richtung innerhalb der Giorgione-Forschung nimmt an, dass auch der begnadete *Leonardo,* der im Jahr 1500 in Venedig weilte, einen starken Einfluss auf die Malerei Giorgiones ausgeübt hat. Es gibt nicht allzu viele gesicherte Werke von ihm, und in Venedig selbst nur ganz wenige, darunter jedoch sein berühmtestes, "Das Gewitter" (s. u.).

Giorgiones Schaffenszeit war kurz, aber fruchtbar, und seine Botschaft war revolutionär. Mit ihm vollzog sich im ersten Jahrzehnt des 16. Jh. ein grundlegender Wandel in der Malerei Venedigs, der die weitere Entwicklung der Kunst in ganz Europa entscheidend beeinflussen sollte, und zwar sowohl im Hinblick auf die Maltechnik als auch auf den Bildinhalt. In der Ölmalerei brachte Giorgione die Darstellung erstmals direkt auf die Leinwand, ohne zuvor eine Skizze *(Disegno)* anzufertigen. Darüber hinaus steigerte er die harmonische Farbgebung und Leuchtkraft durch die unmittelbare Verbindung von Licht und Farbe auf eine vor ihm nicht erreichte Art. In fundamentaler Weise innovativ waren auch Giorgiones Bildinhalte und die Kompositionen, wobei die Landschaft ein ganz wesentliche Rolle spielt.

"Das Gewitter" in der *Galleria dell'Accademia* (→ S. 167) verkörpert in Form und Inhalt die neue Malerei Giogiones am brillantesten. Der Bildgegenstand ist nicht eindeutig, aber durch die Komposition wird die Landschaft zum Mittelpunkt des Bildes erklärt. Indem die Figuren an beide Seiten gerückt werden, steht die Natur im Mittelpunkt. Der von Blitzen zerrissene Himmel, die Personen, der Bach, die Ruinen, die ferne Ortschaft – alles ist Teil einer großen Einheit, die sich in unablässiger Veränderung und ewigem Wandel befindet. Alle Gegenstände verlieren dabei ihre spezifische Bedeutung und werden ausschließlich zu malerischen Elementen.

Tiziano Vecellio (1477–1576), gen. Tizian

Tizian stammte aus der norditalienischen Provinz und wurde bereits mit 9 Jahren in die Lehre geschickt. Er arbeitete in der Werkstatt der Brüder *Bellini,* aber sein großes Vorbild war *Giorgione,* mit dem er zusammen an den Fassadenfresken des *Fondaco dei Tedeschi* (→ S. 113) arbeitete. Nach Giorgiones frühem Tod avancierte Tizian zum wichtigsten Maler der jungen Generation in Venedig. Seine außergewöhnlichen Fähigkeiten und seine lange Schaffenszeit (er wurde 99 Jahre alt!) bescherten ihm den ehrenvollen Beinamen "König der Maler". Man muss schon halb Italien und Europa bereisen, um sein Gesamtwerk halbwegs kennen zu lernen; es ist fast unüberschaubar.

Seinen ersten ganz großen Triumph in Venedig feierte Tizian am 19. Mai 1518 mit der Enthüllung der "Assunta" (Mariä Himmelfahrt) in der Kirche *Santa Maria Gloriosa dei Frari* (→ S. 131). Mit diesem riesigen Altarbild von nie da gewesenem Ausmaß (es ist fast 7 m hoch), begründete Tizian einen neuen monumentalen Stil, mit dem er gegen die Werke Michelangelos und Raffaels in Rom antreten wollte. In dieser großformatigen Komposition ist alles in Bewegung, die Madonna wird von einem Wirbel von Engeln in den Himmel getragen, während unten die Gruppe der Apostel voller Überraschung über das Ereignis hin und her wogt. Mit der "Assunta" veränderte Tizian auch das Genre Altarbild, indem er der Phantasie mehr Raum gab und neu festlegte, was man von einem solchen Bild zu erwarten hatte.

Als Porträtmaler war Tizian unerreichbar in der Lebendigkeit des Ausdrucks und der Psychologie. Er porträtierte Päpste, Kaiser, Könige und sämtliche Dogen seiner Zeit. Zu seinen wichtigsten Bildnissen gehört das Porträt Karls V. (München, Alte Pinakothek). Außerdem schuf Tizian faszinierende poetische Allegorien, so das Gemälde "Himmlische und irdische Liebe" (Rom, Galleria Borghese), das zu den Höhepunkten der Malerei überhaupt gezählt wird.

In den späten 50er Jahren des 16. Jh. setzte in seiner Malerei ein Prozess der Formenzerlegung, der Auflösung in breite Pinselstriche ein, der schließlich dazu führte, dass Tizians Spätwerke wie mit zuckenden Pinselstrichen aus der Tiefe einer mit dramatischer Kraft aufgeladenen Farbmaterie gemalt scheinen. Sein Altersstil teilt das Schicksal der späten Werke Rembrandts und Goyas; sie wurden von den meisten Zeitgenossen nicht mehr verstanden. Erst viel später erkannte man die Bedeutung der vornehmlich mit malerischen Mitteln erreichten Bildwirkung.

Trotz jahrelanger Abwesenheit war Tizian von 1514 bis zu seinem Tod offizieller Staatsmaler der Republik. Venedig selbst ist zwar eher arm an Werken Tizians, dennoch kommt seine neue Auffassung von Malerei in den Werken aller venezianischen Maler nach ihm zum Ausdruck.

Jacopo Robusti (1518–1594), gen. Tintoretto

Er verbrachte sein gesamtes Leben ausschließlich im eng begrenzten Stadtbezirk von Venedig; nur eine Reise, die ihn 1580 nach Mantua führte, ist sicher belegt. Aus der Werkstatt seines Lehrers *Tizian* zog er sich bald zurück, um einen eigenständigen Weg zu gehen. Tintoretto war geradezu besessen von der Malerei, er wurde zu einem der produktivsten Maler überhaupt. Ohne künstlerisch oder persönlich zu schmeicheln, nahm er alle Aufträge an, derer er habhaft werden konnte. Nicht selten arbeitete er zum Selbstkostenpreis oder sogar darunter. Er brachte es weder zu Reichtum, noch hatte er Freunde unter den Malerkollegen seiner Zeit. Seine Auftraggeber waren die Stadt, die großen Bruderschaften, die Kirchen und venezianische Privatleute. Mit dem Bilderzyklus der *Scuola Grande di San Rocco* (→ S. 132), der Geschichten aus dem Alten und Neuen Testament erzählt, schuf sich Tintoretto selbst ein Museum.

Sein Frühwerk lässt eine gewisse Verehrung von *Michelangelo* erkennen, denn die dramatischen Körperdrehungen und kraftvollen Figuren sind ganz im Stil dieses Meisters gehalten. 1548 erregte Tinoretto mit dem "Wunder des Heiligen Markus" *(Galleria dell'Accademia* → S. 167) erstmals Aufsehen. Das Bild folgt einer Legende: Ein Sklave sollte Augen und Hände verlieren, weil er seinen Herrn in Alexandria verlassen hatte, um am Sarg des Hl. Markus zu beten. Als man das Urteil vollstrecken wollte, bewirkte der Heilige, dass die Henkerswerkzeuge zerbrachen. Architektur- und Landschaftsmotive definieren klar den Bildraum. Das virtuose Markuswunder stellt eine perfekte Umsetzung des Leitspruchs des jungen Tintoretto dar, den er sich an die Wand seines Ateliers geschrieben haben soll: "die Zeichnung Michelangelos und die Farben Tizians". Überliefert ist auch die sehr eigenwillige Arbeitsweise Tintorettos: Wenn er einen großen Auftrag für einen bestimmten Ort erhielt, untersuchte er die Raum- und Lichtverhältnisse und konstruierte dann eine kleine Bühne, auf die er selbst geformte Wachsfiguren stellte. Erst nachdem er sich penibel vorbereitet und seine Wachskompositionen in verschiedenen Varianten skizziert hatte, begann er zu malen – das aber oftmals allzu schnell und flüchtig.

Das Wohnhaus des heimatverbundenen Tintoretto

Kein Thema wurde von Tintoretto so häufig behandelt wie das Abendmahl. Jenes "Abendmahl", das er 1592–1594 für die Kirche *San Giorgio Maggiore* (→ S. 177) malte, stellt den Höhepunkt seines Spätwerks dar.

Paolo Caliari (1528–1588), gen. Veronese

Paolo Caliari, der nach seiner Geburtsstadt Verona den Beinamen Veronese erhielt, repräsentiert zusammen mit *Tizian* und *Tintoretto* die Blütezeit zwischen Renaissance und Barock. Als Autodidakt und früh vollendeter Maler kam er 1553 nach Venedig, nachdem er bereits in Verona und Mantua nachhaltige Spuren seines Könnens hinterlassen hatte.

In seinen Darstellungen biblischer Gastmähler, wie das "Gastmahl im Hause des Levi" *(Galleria dell'Accademia* → S.

Dogenpalast – Innenhof mit Monumentalstatuen

167), die in klassizistischen und zum Teil schon manieristischen Phantasiearchitekturen angesiedelt sind, porträtierte Veronese die aristokratische Gesellschaft im zeitgenössischen Venedig. Ganz anders als Tintoretto war Veroneses Kunst dem Geschmack der vornehmen Aristokratie zugewandt. In diesen Kontext passt auch der Skandal um das "Gastmahl im Hause des Levi". Für dieses Gemälde musste sich Veronese dem Tribunal der Inquisition stellen und rechtfertigen, warum er in einer heiligen Szene Narren, Mohren, Betrunkene, Papageien, Zwerge und ähnliche Skurrilitäten untergebracht hatte. Mit unschuldigem Freimut antwortete: "Wir Maler nehmen uns dieselben Freiheiten, die sich Dichter und Verrückte nehmen." – Für diese mutige Verteidigung künstlerischer Freiheit bezeichnete ihn *Paul Cézanne* drei Jahrhunderte später als Bahnbrecher der reinen Kunst.

In der *Libreria Vecchia di San Marco,* in der Kirche *San Sebastiano* und im *Dogenpalast* hinterließ Veronese seine repräsentativsten und umfangreichsten Gemäldezyklen. Sein "Raub der Europa" (Dogenpalast) mit dem wunderschönen Landschaftshintergrund ist eine der erfrischendsten und lebhaftesten Schöpfungen des Malers.

Giovanni Battista Tiepolo (1696–1770)

Nachdem das 17. Jh. eher mittelmäßig verlaufen war, erlebte Venedig im 18. Jh. eine neue Blüte der Malerei, deren herausragender Protagonist Giovanni Battista Tiepolo war. Da ihm seine Zeitgenossen nicht genug herausforderten, beschäftigte er sich intensiv mit dem Werk Veroneses und kopierte sogar dessen "Gastmahl im Hause des Levi" (s. o.). In allen Bereichen der Malerei talentiert, kannte Tiepolos Schaffenskraft keine Grenzen, er brachte Fresken, Ölgemälde, Zeichnungen und Radierungen hervor, deren Umfang und Themenvielfalt schier unüberschaubar sind. Außerdem gehört er zu den ganz großen Humoristen und Spöttern der Malerei. Einzigartig blieb die Palette der Pastelltöne in seiner helltonigen Malerei. In Tiepolo hatte die spätbarocke Malerei ihren Höhepunkt.

1717 erschien sein Name erstmals in den Verzeichnissen der venezianischen Malervereinigung. Doch sein Ruhm ging schon bald über die Grenzen Venedigs hinaus, später rissen sich die Fürsten Europas gar um Tiepolo. Nach ständigen Arbeiten in Venedig und Norditalien bekam er 1736 den ersten Auftrag aus dem Ausland. König Friedrich von Schweden suchte einen Künstler für die Ausmalung seines Schosses in Stockholm. Tiepolo wurde nach Schweden eingeladen, lehnte die angebotene Arbeit jedoch ab, weil ihm die Bezahlung zu gering erschien.
1750 ging Tiepolo mit seinen Söhnen *Giandomenico* und *Lorenzo* nach Würzburg, wo er ungefähr drei Jahre lang im Dienst des Fürstbischofs Karl Philipp von Greiffenklau blieb, dessen Residenz er meisterlich ausschmückte. Zurück in Venedig, wurde er 1756 zum ersten Präsidenten der neu gegründeten *Accademia di Pittura e Scultura* ernannt. 1762 reiste er mit seinem Sohn *Giandomenico* nach Madrid. Am Hof Karls III. verbrachte er die letzten Jahre seines Lebens mit der Ausführung bedeutender Fresken im spanischen Königspalast.

In der *Galleria dell'Accademia* befinden sich mehrere repräsentative Werke Tiepolos, darunter das illusionistische Deckenrundbild "Auffindung des Wahren Kreuzes", dessen bravouröse Perspektive den Betrachter förmlich aufsaugt.

Antonio Canal (1697–1768), gen. Canaletto

Der anti-barock eingestellte Venezianer Canaletto, der zunächst als Theatermaler arbeitete, wurde durch seine akribischen Ansichten von Venedig berühmt. Er bediente sich der Camera obscura, um die Perspektive der Ansichten exakt wiederzugeben. Seine fotografisch genauen, fast pedantischen Venedig-Veduten waren zu jener Zeit sehr begehrt, vor allem bei Ausländern. Mit Aufträgen überhäuft, beschäftigte Canaletto bald eine große Zahl von Mitarbeitern. Auch die Zahl der Nachahmer und Fälscher war groß, weshalb die Accademia später zum Teil Schwierigkeiten hatte, Canalettos Werk von dem der Kopisten abzugrenzen. Die meisten seiner Bilder befinden sich heute in ausländischen Sammlungen, nur einige sind in Venedig geblieben *(Accademia und Ca' Rezzonico).*

Pietro Longhi (1702–1785)

Die amüsanten, kleinformatigen Genrebilder Longhis spiegeln das heitere Leben im Venedig des 18. Jh. wider. Hinter den banalen Szenen und der vorgetäuschten Arglosigkeit stecken viel Witz und Ironie. Alles zu harmlos, ohne satirische Schärfe, sagen seine Kritiker. Der bedeutendste zeitgenössische Dramatiker, *Carlo Goldoni,* hingegen war hingerissen, er bezeichnete Longhis Pinsel als die Schwester seiner Feder.

Francesco Guardi (1712–1793)

Ein ausgesprochen vielseitiger Maler, der sich vor allem mit Venedig- und Lagunen-Veduten einen Namen gemacht hat. In jungen Jahren stand Guardi unter Canalettos Einfluss, von dessen perspektivisch genauer Darstellung er sich jedoch bald radikal löste zugunsten einer bewegten, betont atmosphärischen Malweise, die bereits impressionistische Züge hatte. Das schönste Kompliment hat ihm seinerzeit *Carlo Goldoni* gemacht: "Ein kühner Pinselstrich Guardis lässt den Untergang der Republik vergessen." Guardis weitaus weniger talentierter Sohn *Giacomo Guardi* malte ebenfalls Veduten der venezianischen Lagune, deshalb immer auf den Vornamen schauen, wenn man ein Guardi-Bild vor sich hat (besonders im *Museo Correr)!*

Die Karnevalszeit beschert Venedig einen regelrechten Ausnahmezustand

Carnevale & Co. – die wichtigsten Stadtfeste

Carnevale di Venezia

Der venezianische Karneval ist das absolute Hauptfest der Stadt. Er beginnt am Freitag, 12 Tage vor dem Aschermittwoch (dem Anfang der österlichen Fastenzeit) und geht in seinen Ursprüngen weit in die Geschichte Venedigs zurück. 1797, im tragischen Jahr der Auflösung der unabhängigen Republik, verbat Napoleon den venezianischen Karneval und nahm der eroberten Stadt damit auch symbolisch die Freiheit. In den 30er Jahren des 20. Jh. wurde das traditionelle Fest der Masken zaghaft im Rahmen des Theaterfestivals wiederbelebt. Aber als ausgelassenes Straßenfest – wie wir es heute kennen – wird es erst wieder seit 1979 gefeiert. Mittlerweile gehört Venedig zu den internationalen Hochburgen des Karnevals und zieht Heerscharen von Schaulustigen und Karnevalisten aus aller Welt an. Für viele Venezianer ist das überschäumende Kostüm- und Maskenspektakel jedoch alljährlich ein Grund zur Flucht aus der Stadt. Und Touristen, die kein spezifisches Interesse am Karnevalstreiben haben, sollten es ihnen unbedingt gleichtun.

Karnevalisten aber werden ihre große Freude haben. Sie erwartet in den zehn Festtagen ein überwältigendes Programm mit historischen Umzügen, Maskenbällen, Straßenfesten, Feuerwerken und künstlerischen Darbietungen; ganz zu schweigen von den unzähligen spontanen und privaten Aktivitäten überall in der Stadt. Jedes Jahr steht ein neues Motto im Mittelpunkt des Karnevals, das die Organisatoren und Teilnehmer immer wieder zu neuen Inszenierungen, Dekorationen, Verkleidungen und Masken anregen soll. Im Jahr 2000 stand der Karneval beispielsweise unter dem Motto "Die unsichtbaren Städte", das von der gleichnamigen Erzählung *Italo Calvinos* inspiriert war: Auf sieben verschiedenen Plätzen der Stadt wurden sieben märchenhafte Stadtphantasien inszeniert, die auf Marco Polos Gespräche mit dem Mongolenherrscher *Kublai Khan* anspielten.

Karnevalsinformationen unter ✆ 041/ 2777810 bzw. im Internet unter www.guestinvenice.com.

Zu Recht gilt der venezianische Karneval als das schönste Maskenfest der Welt, denn das alles beherrschende Utensil ist die Maske, und die Vielfalt in der sie alljährlich zu sehen ist, sprengt alle Vorstellungen. Die Maske symbolisiert den Urwunsch des Menschen, sich zu verwandeln, seine Persönlichkeit abzustreifen, in eine andere Rolle zu schlüpfen und dabei unerkannt zu bleiben – und der Karneval lässt diese Vorstellung für eine kurze Zeit Wirklichkeit werden. Phantasievoll, heiter und zum Teil betörend ist der Aufmarsch der Masken zur Karnevalszeit, und wer dran teilnimmt, sollte seine Maske nicht vergessen, sonst muss er sein wahres Gesicht zeigen.

Historische Kostüme

Abgesehen von den unzähligen Phantasiemasken, die man zur Karnevalszeit an allen Ecken bestaunen kann, stößt man auch immer wieder auf die traditionellen Verkleidungen. Eine der klassischen Masken ist die vornehme **Maschera nobile,** die im 17. und 18. Jh. getragen wurde. Sie besteht aus der *Bauta* (schwarzen Kapuze), die das Gesicht freilässt; hinzu kommen ein schwarzer, mit weißen Federn geschmückter Dreispitz *(Tricorno)* sowie ein langer schwarzer Mantel *(Tabarro),* während eine weiße Halbmaske *(Volto)* mit schwarzem Spitzentuch am unteren Rand das Gesicht verdeckt. Getragen wurde die Maschera nobile früher von Männern und Frauen aller Gesellschaftsschichten, und die übliche Anrede für derart Verkleidete lautete "Sior maschera" (Maskierter Herr), ganz unabhängig von Stand, Alter oder Geschlecht – denn die Maske machte alle gleich.

Aus der Zeit der verheerenden Pestepidemien stammt der **Medico della peste** (Pestarzt). Charakteristisch für diese Verkleidung sind der tiefgezogene Schlapphut und die überlange Schnabelmaske, die mit einem Atemschutz aus Baumwollgewebe gefüllt ist. Nach und nach mischten sich dann auch die beliebten Hauptfiguren aus der **Commedia dell'Arte** unter das bunte Karnevalsvolk. Am bekanntesten ist wohl der berühmte *Arlecchino* – wer kennt es nicht, das farbenfrohe Harlekinkostüm mit dem Rautenmuster. Dazu gesellten sich der einfallsreiche **Diener Brighella,** der prahlsüchtige **Capitano** mit der bunt gestreiften Uniform und die kokette Dienerin **Colombina** sowie der geizige Kaufmann und unermüdliche Schürzenjäger namens **Pantalone.** – Und gerade dieser Pantalone, der in der Commedia dell'Arte den Typus des venezianischen Kaufmanns verkörpert, ist es, der am letzten Tag des Karnevals, am Dienstag auf dem Scheiterhaufen verbrannt wird, bevor um Mitternacht das *Concerto delle ceneri* (Aschenkonzert) den Karneval endgültig beendet.

Festa de la Sensa

Diese sogenannte **Hochzeit mit dem Meer,** die am Sonntag nach Christi Himmelfahrt gefeiert wird, erinnert an Venedigs untrennbare Liaison mit dem Meer. Der Ursprung dieses historischen Stadtfestes geht ungefähr auf das Jahr 1000 zurück, als sich die Seerepublik Venedig die Vorherrschaft in der Adria durch Eroberungen an der Küste gesichert hatte. Grund genug für eine feierliche Zeremonie, die bis zur Auflösung der Republik (1797) alljährlich begangen wurde. Am Festtag bestieg der amtierende Doge seine prunkvolle Staatsgaleere, den *Bucintoro,* und ließ sich in Begleitung unzähliger Boote vor den Lido hinausrudern, wo er die Verbindung mit dem Meer bekräftigte, indem er einen goldenen Ring ins Wasser warf und folgende Worte sprach: "wir heiraten dich, oh Meer, als Zeichen echter und dauernder Herrschaft".

Längst ist die Herrschaft der Serenissima dahin, aber der Hochzeitstag hat überlebt. Heute vollzieht der Bürgermeister in Begleitung von Kirchenvertretern und hohen Offizieren die Zeremonie wie einst der Doge. Vom *Riva degli Schiavoni* bewegt sich die historische Flotte hinüber zum Lido, wo heute jedoch an Stelle des goldenen Rings ein Lorbeerkranz ins Wasser geworfen wird. Zum Rahmenprogramm der Festa de la Sensa gehört eine **Ruderregatta** im *Bacino di San Marco* (Markusbecken).

Festa del Redentore

Das **Erlöserfest,** das am dritten Juliwochenende stattfindet, ist bei den Einheimischen wegen seines Volksfestcharakters sehr beliebt. Es hat seine historischen Wurzeln im Jahr 1576, als eine fürchterliche Pestepidemie zu Ende ging. Der Senat gelobte damals die Errichtung einer Erlöserkirche, deren Bau von *Andrea Palladio* ausgeführt wurde. Diese *Chiesa del Redentore* ist alljährlich das Ziel einer feierlichen Prozession, die über den Giudecca-Kanal führt, der extra für diesen Zweck von einer Brücke überspannt wird, die aus Hunderten von festlich geschmückten Pontons besteht. In der Kirche wird dann ein Lichtermeer aus Kerzen angezündet.

Bereits am Vorabend dieser sonntäglichen Prozession findet der eigentliche Höhepunkt des Festes statt. Tausende von Feiernden versammeln sich am Samstagabend an den Ufern des *Giudecca-Kanals* und warten auf das große **Feuerwerk.** Die Zeit bis zum pyrotechnischen Spektakel vertreibt man sich bei einem kollektiven Picknick. Wer ein Boot zur Verfügung hat, macht es sich auf dem Wasser bequem. Nach dem nächtlichen Feuerwerk durchqueren unzählige Boote die Kanäle der Stadt, um sich anschließend am Lido zu treffen, wo die Feier im Morgengrauen ausklingt.

Regata storica

Diese **historische Regatta** wird jedes Jahr am ersten Septembersonntag veranstaltet. Den Auftakt bildet eine prächtige Gondelparade die von einem Nachbau der Prunkgondel *(Bucintoro)* des Dogen angeführt wird. Die festlich geschmückten Begleitgondeln werden von Rudermannschaften in historischen Kostümen gemächlich über den Canal Grande bewegt. Die ansonsten so unbewohnt wirkenden Uferpalazzi sind feierlich beflaggt und an den Fenster- und Balkonbrüstungen zeigen sich die Nobili von heute.

Am Nachmittag beginnen dann die Ruderwettrennen auf dem *Canal Grande,* auch diese werden in historischer Kostümierung ausgetragen. Nacheinander finden eine Jugendregatta, eine Frauenregatta und eine Regatta mit dem Bootstyp *Caorlina* (ein Lagunenboot

Während der Regata storica herrscht selbstverständlich Motorbootverbot auf dem Canal Grande

aus dem venetischen Caorle) statt. Höhepunkt und Abschluss der Veranstaltung bildet die Regatta der kleinen Gondeln *(Gondolini)* mit zwei Ruderern. Die Ziellinie befindet sich zwischen dem *Palazzo Balbi* und der *Ca' Foscari,* wo auch die sogenannte *Machina* verankert ist, eine Holzkonstruktion im Barockstil, auf der die Repräsentanten der Stadt sitzen und die Prämierung der Sieger vornehmen. Nach den Ruderwettrennen geht das Fest mit künstlerischen Darbietungen auf verschiedenen Plätzen der Stadt weiter.

Festa della Madonna della Salute

Dieses letzte große Stadtfest im Jahr findet immer am 21. November statt. Ebenso wie das Erlöserfest beruht es auf einem Gelübde, das am Ende einer Pestepidemie abgelegt wurde. 1630 versprach der Doge *Nicolò Contarini* den Bau einer Kirche zu Ehren der Jungfrau. Erst 56 Jahre später konnte der aufwendige Kirchenbau abgeschlossen werden. Alljährlich findet seitdem eine **Prozession** vom Markusplatz über eine Pontonbrücke zur *Chiesa Santa Maria della Salute* statt. Höhepunkt ist das Lichtermeer aus unzähligen Kerzen vor dem Altar der Madonna.

Festa di San Marco

Das Fest zu Ehren des Stadtpatrons wurde früher mit einer feierlichen Prozession begangen. Heute findet lediglich ein Hochamt in der Markusbasilika statt, an dem alle Würdenträger der Stadt teilnehmen. Da das Patronatsfest auf den Tag der Befreiung, ein gesetzlicher Feiertag (25. April), fällt, hat es etwas an Bedeutung verloren. Brauch ist es an diesem Tag, seiner Angebeteten eine Rosenknospe *(Bocolo)* zu schenken. Außerdem findet nachmittags eine Ruderregatta statt, mit der die Rudersaison eröffnet wird. Und last, not least laben sich die Venezianer an diesem Tag an dem traditionellen Reis-Erbsen-Gericht *Risi e bisi.*

Venedigs Bahnhof, ein architektonischer Schandfleck

Anreise

Auch Venedig verlangt hinsichtlich der verschiedenen Anreisemöglichkeiten einige Vorüberlegungen. Welche Anreiseform ist die beste? Welches Transportmittel bietet die meisten Vorteile? Und im Zeitalter des Massentourismus sollte sich eigentlich auch jeder die Frage stellen: Welche Anreiseform ist die umweltverträglichste?

Der Flug nach Venedig stellt mit Abstand die schnellste und bequemste Form der Anreise dar. Beim Anflug liegt einem die Lagune zu Füßen, und Sondertarife machen den Jet immer attraktiver. Eine Zugfahrt ist im Vergleich dazu wesentlich umweltschonender und obendrein immer noch viel billiger als der preisgünstigste Flug. Von München aus ist man in knapp 8 Stunden da, und wer aus dem hohen Norden Deutschlands anreist, kann den Reisekomfort im Schlaf- bzw. Liegewagen noch erheblich erhöhen. Das eigene Fahrzeug hingegen, so verlockend die Anreise damit für viele auch sein mag, ist in der autofreien Lagunenstadt ein regelrechter Klotz am Bein.

Dokumente: Es genügt der gültige Personalausweis *(Carta d'identità)*. Wer auf Nummer Sicher gehen will, nimmt außerdem eine Kopie des Dokuments mit. Bei Diebstahl oder Verlust des Ausweises hilft die Kopie der *Polizia* bei der Identitätsfeststellung.

Mit dem Zug

So wie Deutschland und die Schweiz ist auch Italien ein ausgesprochenes Bahnland mit Tradition, hervorragend ausgebautem Schienennetz und häufigen Verbindungen. Hinsichtlich der Kosten herrschen allerdings deutliche Unterschiede. Während die Normaltarife in Deutschland, der Schweiz und in Österreich stark zu Buche schlagen, ist das Zugfahren in Italien geradezu billig. Wer im Norden Deutschlands startet, muss also erheblich tiefer in die Tasche greifen als Bayern oder Schwaben. Billiger wird es für die Nordlichter jedoch durch die Sondertarife der Deutschen Bahn. Die Anschaffung italienischer Bahnpässe bringt für die reine Hin- und Rückreise keine Preisvorteile.

Sondertarife der DB: *Sparpreis/ICE-Sparpreis,* zusammenreisende Personen fahren auf langen Inlandsstrecken damit erheblich günstiger als mit einer Normalfahrkarte.

Jungen Leuten unter 26 Jahren bietet das *Twen-Ticket* Ermäßigungen innerhalb Deutschlands.

Im Rahmen der *Europa-Sparpreise* bietet die DB auch günstige Pauschalpreise für die Hin- und Rückfahrt von allen Bahnhöfen in Deutschland nach Italien an.

Preisbeispiel: Hamburg–Venedig in der 2. Klasse, **Italien-Sparpreis** 139,58 € hin/zurück. Liegewagen plus 19,94 €, Schlafwagen plus 58,80 € pro Strecke.

Platzkarten: In der Hauptreisezeit sind die Züge über die Alpen brechend voll. Also rechtzeitig Platzkarten zum Zielbahnhof Venezia/Stazione Santa Lucia sichern. Das ist frühestens 2 Monate vor Abfahrt möglich.

Detailliertere Informationen zur Anreise mit dem Zug erteilen die Reisezentren in den DB-Bahnhöfen sowie alle Reisebüros mit DB-Lizenz. Im Internet informiert die Bahn unter www.bahn.de.

Gondelhaltestelle vor dem Luxushotel Danieli

Endstation Venezia/Santa Lucia

Seit über 150 Jahren ist Venedig durch einen Bahndamm mit dem Festland verbunden. Die moderne *Stazione* liegt direkt am Canal Grande (→ "Il Sestiere di Cannaregio", S. 154). Von hier geht es bequem **weiter mit dem Vaporetto** (→ "Unterwegs in Venedig", S. 63). Im Bahnhof findet man ein Informationsbüro für allererste Auskünfte, eine Gepäckaufbewahrung (pro Gepäckstück ca. 2,50 € für 12 Std.) sowie Erfrischungsräume mit Duschen *(Albergo Diurno,* tägl. 7.30–19.30 Uhr).

Mit dem Flugzeug

Schnelligkeit und Komfort machen das Flugzeug zum attraktivsten Transportmittel. Venedigs internationaler Flughafen, der *Aeroporto Marco Polo,* wird nicht im Charterflugverkehr angeflogen, auf Tiefstpreise spekuliert man also vergeblich. Der Linienflugverkehr u. a. wird von *Alitalia,* der *Lufthansa* und der *Swissair* abgewickelt, wobei nur die beiden letzteren Gesellschaften **Direktflüge** (von Frankfurt, München und Zürich) anbieten. Alitalia wickelt alle Venedig-Flüge über den neuen Flughafen in Mailand ab, d. h. einmaliges Umsteigen ist erforderlich.

Tarife: Hinsichtlich der Preise kommt ein bisschen Bewegung ins Spiel, seitdem die Gesellschaften für bestimmte Zeiträume

Flughafen, Fähranleger: die Shuttle-Boote der Luxushotels sind für Normalsterbliche natürlich tabu

Sondertarife anbieten. Je nach Anbieter und Flughafen schwanken die Preise zwischen 235 und 270 €.

Information/Buchung: Dazu sollten Sie ein IATA-Reisebüro aufsuchen.

Rail & Fly: mit dem Zug zum Flug, die preiswerte Möglichkeit, mit der DB vom Heimatort zum Flughafen und wieder zurück zu reisen. Es gelten entfernungsabhängige Pauschalpreise. Entsprechende Tickets können Sie in Verbindung mit dem Flugticket kaufen.

Ankunft am Aeroporto Marco Polo

Der Flughaften liegt ca. 13 km nordöstlich der Stadt unmittelbar an der Lagunenküste. Eventuelle Fragen zum Rückflug am besten gleich an den Schaltern der Fluggesellschaften klären; außerdem gibt es ein Informationsbüro im Flughafengebäude.

Weiter mit dem Bus: Der öffentliche *ACTV-Bus* (Linie 5) fährt alle halbe Stunde zur Piazzale Roma. Die Fahrtzeit beträgt ca. 30 Min., Tickets (0,77 €) sind am Flughafenkiosk erhältlich. Für größere Gepäckstücke zahlt man ebenfalls 0,77 €. Fast die gleiche Strecke fährt der *ATVO-Bus* für 2,58 € (inkl. Gepäck).

Weiter mit dem Boot: Zwar nicht die preiswerteste, aber immerhin die schönste Einfahrt in die Stadt bietet der **Wasserweg.** Die *Motoscafi* (Shuttle-Boote) der Alilanguna fahren via Murano und Lido zur Anlegestelle am Markusplatz. Die Ablegezeiten sind auf den Flugverkehr abgestimmt. Ticketverkauf (8,78 €) im Flughafengebäude. Die Fahrtzeit beträgt ca. 45 Min.

Weiter mit dem (Wasser-)Taxi: Ein Wassertaxi zum Markusplatz kostet ca. 45 €, ein normales zur Piazzale Roma ca. 20 €.

Mit dem eigenen Fahrzeug

Für die Anreise mit dem eigenen Fahrzeug spricht kaum etwas, denn Venedig ist bekanntlich eine autofreie Stadt. Nur Camper mit Wohnwagen oder Wohnmobil, die ihr Domizil an der *Cavallino-Küste* (→ "Camping", S. 74) aufschlagen und sich ihr Reiseziel von dort aus erschließen wollen, haben einen triftigen Grund, mit dem Auto anzureisen. Gegen das Automobil sprechen außerdem die relativ hohen Autobahngebühren und nicht zuletzt die anfallenden Parkgebühren vor den Toren Venedigs. Wer auf seinen fahrbaren Untersatz dennoch nicht verzichten will, findet im Folgenden einige nützliche Informationen.

Papiere: Mitzunehmen sind der nationale Führerschein *(Patente di guida)*, der Fahrzeugschein *(Libretto di circolazione)* und die grüne Versicherungskarte *(Carta verde)* – letztere ist zwar keine Pflicht mehr, hilft aber bei der Schadensregulierung. Und nicht vergessen: das D-Schild ist für Pkw-Reisende ohne das neue Euro-Nummernschild Pflicht.

Schnellste Route: Autobahn Brenner–Verona–Venedig, ca. 300 km. Alternative: Die A 22 in Rovereto-Nord verlassen und die landschaftlich schöne S 46 in Richtung Vicenza nehmen. Bei Thiene wieder auf die Autobahn (A 31).

Geschwindigkeitsregelung in Italien: innerhalb geschlossener Ortschaften 50 km/h, auf Landstraßen für Pkw und Motorräder 90 km/h, Pkw mit Anhänger 70 km/h. Auf Autobahnen für Pkw 130 km/h, mit Anhänger 80 km/h. Motorräder bis 149 ccm verboten (bis 349 ccm nur 110 km/h). Bei Geschwindigkeitsüberschreitung sind hohe Bußgelder fällig.

Tankstellen: an Autobahnen Tag und Nacht geöffnet. Bleifrei Super, 95 Oktan *(Benzina senza piombo)* ca. 1,02 €/Liter; Diesel *(Gasolio)* ca. 0,81 €/Liter.

Pannenhilfe: Notrufsäulen stehen in Abständen von 2 km an den Autobahnen. Den Straßenhilfsdienst des *italienischen Automobilclubs ACI* erreicht man in ganz Italien rund um die Uhr unter ✆ 116. Pannenhilfe ist für alle Fahrzeuge mit nicht-italienischem Kennzeichen mittlerweile kostenpflichtig. Nur Inhabern eines Euroschutzbriefes wird im Rahmen der Vertragsbedingungen kostenlos geholfen.

Polizeinotruf/Unfallrettung: ✆ 112, in ganz Italien rund um die Uhr (auch übers Handy). Deutschsprachige **Notrufstation des ADAC** in Mailand, ganzjährig 24 Std., ✆ 02/661591.

Parken vor Venedig

Die zentralsten Großparkplätze und Parkhäuser befinden sich gleich hinter dem Straßendamm (Ponte della Libertà) nach Venedig auf der Parkinsel *Tronchetto* (über 3.500 Plätze) und auf der *Piazzale Roma* (über 2.000 Plätze). Die Gebühren liegen bei 15,50–31 € pro Tag. Die Vaporetto-Anlegestellen sind bequem zu Fuß zu erreichen.

Preisgünstigere Dauerparkplätze gibt es im *Fusina Park Terminal* (südlich von Mestre) und im *ACI Park Punta Sabbioni* (Südspitze der Landzunge von Cavallino). Von dort verkehren Pendelfähren nach Venedig. Empfehlenswert ist außerdem das Parkhaus am Bahnhofsplatz von *Mestre* (ca. 5,15 € pro Tag). Häufige Zugverbindungen nach Venedig (10 Min.).

Wer hingegen auf dem *Lido* logiert, kann sein Fahrzeug dorthin mitnehmen. Zwischen der Parkinsel Tronchetto und dem Lido verkehrt eine kleine Autofähre.

Gondolieri, eine aussterbende Zunft – lediglich ca. 400 gibt es noch

Unterwegs in Venedig

Als Wasserstadt verstößt Venedig zwar gegen alle Regeln des Städtebaus, aber hinsichtlich der innerstädtischen Mobilität handelt es sich um eine Stadt der Zukunft: In Venedig ist das Automobil natürlicherweise tabu, man bewegt sich zu Fuß und mit öffentlichen Verkehrsmitteln.

Während andere italienische Städte für mehr autofreie Sonntage kämpfen, herrscht in Venedig der autofreie Dauerzustand. Spätestens auf der *Piazzale Roma* ist Endstation für Automobilisten. Weiter kommt man von dort nur noch auf umweltfreundliche Art: entweder per Pedes oder mit dem fast schon legendären Wasserbus, dem *Vaporetto*. Und diese beiden Fortbewegungsmittel prägen auch den Alltag der Stadt ganz wesentlich mit. Unermüdlich sieht man Menschen auf den Hauptverbindungswegen durch die Stadt eilen, während die Vaporetti so häufig auf dem Canal Grande verkehren, dass zum Ein- und Aussteigen kaum genügend Zeit bleibt. Kurzum, in Venedig geht man zu Fuß oder steigt in den Wasserbus!

Zur Orientierung

Zugegeben, abseits der Hauptverbindungswege, die durch altersschwache Wegweiser (gelbe Schilder mit schwarzer Schrift) gekennzeichnet sind, erweist sich die Stadt bald als ein verworrenes Gassenlabyrinth mit unscheinbaren Durchgängen und Sackgassen, die plötzlich an einem schwarz glänzenden Kanal enden. Ganz anders als die Einheimischen findet der ortsunkundige Tourist auch mit einem guten Stadtplan in der Hand nicht immer die Ideallinie. Dabei ist die Stadt rein theoretisch doch ganz übersichtlich geordnet: Es gibt sechs *Sestieri,* die historischen Stadtviertel *San Marco, San Polo, Santa Croce, Cannaregio, Castello* und *Dorsoduro.* Alle Straßen, Gassen, Uferwege, Kanäle und Plätze tragen Namen, während alle Gebäude fortlaufend nummeriert sind. Doch eine praktische Orientierungshilfe ist das noch lange nicht. Im Gegenteil, das Nummerierungssystem (von 1 bis ca. 5.000) verstehen letztlich nur Postboten, und die Bezeichnungen auf den Straßenschildern *(Calle, Salizzada, Ramo, Rio Terrà* etc.) korrespondieren selten mit den im Stadtplan eingetragenen Bezeichnungen.

Tatsächlich ist die Verwirrung groß, und irgendwann verläuft sich jeder einmal im venezianischen Dickicht. Normalerweise endet ein solcher Rundkurs damit, dass die freundlichen Venezianer den Verirrten zum Glück den richtigen Weg weisen. Dennoch rate ich dazu, die Not zur Tugend zu machen und Folgendes zu beherzigen: Nur wer sich so richtig verläuft, lernt Venedig wirklich kennen, oder – es gibt nichts Schöneres und Romantischeres, als sich in Venedig zu verlaufen.

Sprachlos im Labyrinth? Grundbegriffe für Orientierungslose

Calle	Gasse
Campo	Platz, im Mittelalter ein ungepflastertes Feld, meist vor einer Kirche. Ein Teil davon war der Campo santo, der Friedhof.
Campiello	kleiner Platz
Corte	Hof, er kann öffentlich oder privat sein
Cortile	kleiner Hof
Fondamenta	Kai, befestigter Uferweg
Merceria	Geschäftsgasse
Piazza	nur der Markusplatz wird so bezeichnet!
Piazzetta	Nur der Platz zwischen dem Markusplatz und dem Uferweg (Molo) heißt so.
Ponte	Brücke
Ramo	Seitengasse, meist eine Sackgasse
Rio	Kanal
Rio Terrà	zugeschütteter ehemaliger Kanal
Riva	Uferpromenade
Ruga	Einkaufsgasse
Salizzada	Hauptweg eines Stadtviertels (Sestiere)
Sottoportico, Sottoportego	Durchgang, Teil des öffentlichen Wegenetzes
Strada, Via	Straße, nur die Strada Nuova (Cannaregio) und die Via Garibaldi (Castello) werden so bezeichnet

Vaporetto

Seit über 120 Jahren verkehren die öffentliche Wasserbusse *(Vaporetti)* auf den Wasserstraßen Venedigs und sorgen für einen reibungslosen Stadtverkehr. Turbulente Hauptverkehrsader ist der *Canal Grande.* Außerdem sind alle wich-

Großer Gondelparkplatz an der Piazetta

tigen Laguneninseln durch regelmäßigen Schiffsverkehr mit der Stadt verbunden. Die ehemaligen Dampfschiffe – auf Italienisch "Vaporetto" – sind heute mit umweltfreundlichen Dieselmotoren und modernster Technik ausgestattet. Aber ein nostalgisches Gefährt ist das Vaporetto allemal geblieben, und ein sehr nützliches obendrein. Es verkehrt häufig und ist außerdem erstaunlich pünktlich. Das Liniennetz ist übersichtlich (Plan → Umschlagklappe hinten), und wer die Benutzung öffentlicher Verkehrsmittel gewohnt ist, wird keinerlei Schwierigkeiten haben.

Die Verkehrsgesellschaft heißt abgekürzt **ACTV** und den unverzichtbaren Fahrplan *(Orario Servizio Navigazione)* besorgt man sich am besten gleich in einem der Informationsbüros. Die Vaporetti verkehren etwa zwischen 5 und 23 Uhr im 10- bis 20-Minuten-Takt. Auf den wichtigsten Strecken sind sie auch nachts unterwegs. Für Fragen zum Nahverkehr hat die ACTV ein Infotelefon eingerichtet: ✆ 041/5287886.

Während die wendigen Vaporetti im Nahverkehr, d. h. auf dem Canal Grande **(Linee Centrocittà)** und um die Stadt herum **(Linee Giracittà),** zum Einsatz kommen, bewältigen die wesentlich größeren, doppelstöckigen *Motonavi* (Fährschiffe) den Linienverkehr zwischen den weiter entfernten Laguneninseln und der Stadt **(Linee Lagunari).** (Liniennetzplan → Umschlagklappe hinten).

Tickets/Preise: Hinsichtlich der Fahrpreise für öffentliche Verkehrsmittel nimmt Venedig weltweit vermutlich die Spitzenposition ein. Ein Einzelticket 2*(Corsa semplice)* kostet 3,10 €, eine Tageskarte *(24 ore)* 9,30 €, eine Dreitageskarte *(72 ore)* 18,08 € und eine Wochenkarte *(7 giorni)* 30,99 €. Die Tickets gelten für alle Linien und sind an den meisten Anlegestellen erhältlich. Einzeltickets muss man vor Fahrtantritt selbst entwerten (stempeln), während Tages- und Wochenkarten bereits entwertet verkauft werden. Kinder bis 4 Jahre fahren umsonst. Für ein großes Gepäckstück (Koffer) und den Hund müssen jeweils Einzeltickets gelöst werden. **Ermäßigungen** gibt es nur in Verbindung mit dem *Rolling-Venice-Pass* (→ S. 82). Wer ohne Ticket zusteigt, muss sich sofort ans Personal wenden und ein *Biglietto di Bordo* lösen (gleicher Preis). Schwarzfahrer müssen mit hohen Bußgeldern rechnen.

Gondola, gondola ...

Die Gondel gehört untrennbar zu Venedig, sie ist zum Wahrzeichen der Wasserstadt geworden. Waren es einst über 10.000 Gondeln, die die venezianischen Wasserstraßen befuhren, so sind es heute lediglich an die 400 – gerudert von ebenso vielen *Gondolieri,* die schon immer eine eigene Zunft bildeten. Nach wie vor übertragen die Gondolieri die Kunst des Gondelfahrens samt Lizenz bevorzugt auf ihre Söhne, die erst nach jahrelanger Lehrzeit selbst ans Ruder dürfen.

Mehr oder weniger phantasievolle Vergleiche musste die venezianische *Gondola* schon viele über sich ergehen lassen: *Edgar Allan Poe* nannte sie einen "schwarz gefiederten Kondor", *Mark Twain* einen "Leichenwagen", nur *Jean-Paul Sartre* konnte sich nicht so recht entscheiden: "Von außen sieht die Gondel aus wie ein von Picasso gemaltes Musikinstrument, man weiß nicht so recht, wo man die Saiten anbringen soll, wahrscheinlich vom Bug zum Heck. Sitzt man darin und fährt, ist es ein Schlittschuh. Sie gleitet, fast ohne es aufzuritzen, über ein Wasser wie aus Glas".

Schwarz sind die Gondeln übrigens erst seit 1562. Vorher waren – zumindest die der reichen Venezianer – farbenprächtig und aufwendig verziert, bis der amtierende Doge allen Gondeln im Rahmen der Luxusgesetzgebung einen schwarzen Anstrich verordnete, damit ja kein Neid aufkam. Das führte jedoch dazu, dass die Innenausstattung der kleinen Holzkabine *(Felze),* die damals gegen Wind und Wetter schützte, umso prachtvoller und luxuriöser ausfiel.

Die hohe Kunst des **Gondelbaus** ist so gut wie ausgestorben, Gondelwerften *(Squero)* gibt es nicht mal mehr eine Handvoll. Die Nachfrage ist zu gering und der Preis mit 15.000 € und mehr zu hoch. Die traditionelle Gondel besteht aus 280 Einzelteilen, acht verschiedenen Hölzern und ist asymmetrisch gebaut (auf der rechten Seite 24 cm schmaler), 10,15 m lang und 1,40 m breit. Ihr Leergewicht liegt bei 350 kg. Die asymmetrische Bauweise verleiht der Gondel einen leichten Rechtsdrall und erhöht die Manövrierfähigkeit. Der Vordersteven ist mit einem schweren Bugeisen *(Ferro)* verziert, das das Gewicht des Gondoliere ausgleicht, der hinten links steht. Die sechs scharfen Zacken des Eisens symbolisieren Venedigs sechs historische Stadtteile, die *Sestieri.* Das Herzstück der Gondel ist die spezielle Rudergabel *(Forcula),* die hinten rechts angebracht ist. Diese kunstvoll gearbeitete Holzdolle ist exakt auf die Körpermaße des Gondoliere abgestimmt und garantiert die enorme Wendigkeit in den engen Kanälen.

Das Einzige, was Ortsansässige angeblich niemals tun, ist Gondelfahren. Haben die Venezianer etwa keine romantische Ader mehr, ist es ihnen schlicht zu teuer oder wollen sie nicht für Ausländer gehalten werden? Die Gondelfahrt ist heute jedenfalls eine rein touristische Angelegenheit geworden – zudem eine recht kostspielige, denn der 50-minütige Gondeltrip durch die Kanäle des historischen Zentrums kostet tagsüber offiziell 61,98 € (ab 20 Uhr 77,48 €). Grundsätzlich verlangen die Gondolieri jedoch mehr, gewissermaßen ein Zwangstrinkgeld (bestehen Sie immer auf den offiziellen Tarif). Ganz abgesehen vom Preis soll es Menschen geben, die sich genieren, dieses seltsame Gefährt zu besteigen – wie etwa *Jean-Paul Sartre,* der es so formulierte: "In den schmalen Kanälen begegnet man sich von Tourist zu Tourist in der Gondel, und jeder findet den anderen leicht lächerlich."

Für alle, die ihren Mittouristen gegenüber toleranter sind: In der Dunkelheit ist eine Gondelfahrt ungleich romantischer als tagsüber. Maximal sechs Personen können zusteigen – eine Besetzung, die garantiert jeden Gondoliere missmutig stimmt. Den Preis unbedingt vorher festmachen. In der Regel kommt man zum Ausgangspunkt zurück. Das Ständchen mit Musikbegleitung kostet selbstverständlich extra.

Gondelankerplätze: Bacino Orseolo (am Markusplatz, Nordwest-Ecke), Trinità (Campo San Moisé), San Marco und Hotel Danieli (Riva degli Schiavoni), Dogana (San

Marco Vallaresso), Santa Maria del Giglio (Canal Grande, Unterlauf), San Tomà (Canal Grande, San Polo), Rialto (Riva del Carbon), Santa Sofia (Canal Grande, Cannaregio), Ferrovia (Bahnhof, Ponte Scalzi), Piazzale Roma.

Traghetti (Gondelfähren)

Eine sehr nützliche und zugleich spaßige Einrichtung. Bei den *Traghetti* handelt es sich um spezielle Gondeln, die von zwei Gondolieri gerudert werden. Sie haben keine andere Aufgabe, als zwischen den beiden Uferseiten des Canal Grande hin und her zu pendeln. Obendrein ist ihre Benutzung spottbillig, eine Einzelfahrt kostet 0,36 €. Gab es in den 50er Jahren des 20. Jh. noch ca. 30 dieser Liniengondeln auf dem Canal Grande, so sind es heute nur noch 8. Eine städtische Verordnung verpflichtet die Zunft der Gondolieri zu diesem Fährdienst, der vor allem für die Einheimischen von Bedeutung ist, denn er erspart ihnen zum Teil lange Umwege. Für Touristen ist es die preiswerteste Möglichkeit, eine echte venezianische Gondel zu besteigen und sich von einem Profi-Gondoliere rudern zu lassen. Bis zu 12 Personen finden stehend Platz und an folgenden Anlegestellen kann man zusteigen:

Traghetti-Haltepunkte:

San Marco Vallaresso–Fondamenta Dogana, tägl. ca. 9–12.30 und 14–18 Uhr.

Santa Maria del Giglio–San Gregorio, tägl. ca. 8–19 Uhr.

Campo San Samuele–Ca' Rezzonico, werktags ca. 8–13 Uhr.

Ca' Garzoni–San Tomà, tägl. ca. 8–20 Uhr.

Riva del Carbon–Riva del Vin, werktags ca. 8–14 Uhr.

Campo Santa Sofia–Pescheria, tägl. ca. 7–20 Uhr.

Campo San Marcuola–Fondaco dei Turchi, werktags ca. 8–14 Uhr.

Bahnhof–Fondamenta San Simone, tägl. ca. 8–14 Uhr.

Taxi acquei (Taxiboote)

Das am wenigsten geliebte Gefährt auf Venedigs Wasserstraßen. Abgesehen davon, dass sich die Gondolieri und die Wassertaxichauffeure aus Konkurrenzgründen spinnefeind sind, sind die flinken Taxiboote Gift für die Lagunenstadt. Mit ihren hochtourigen Schrauben reichern sie das Wasser in den Kanälen besonders stark mit Sauerstoff an und tragen so zur Bildung von Fäulnisbakterien bei, die die uralten Holzfundamente langsam zersetzen. Umweltschädlicher kann man sich in Venedig kaum fortbewegen. Außerdem sind die Fahrpreise exorbitant hoch. Mit einem Taxameterstand von 13,95 € beginnt jede Fahrt und im 15-Sekunden-Takt kommen 0,36 € hinzu, ganz abgesehen von den diversen Zuschlägen. Bedenken Sie, dass auch Taxiboote nicht überall anlegen dürfen und sich an die Geschwindigkeitsvorschriften halten müssen! **Taxi-Halte- und Anlegeplätze:** Bahnhof, Piazzale Roma, Rialto, San Marco/Riva degli Schiavoni, Lido und Flughafen.

Taxi-Ruf: ✆ 041/5222303.

Bus

Die automobile Realität holt jeden Venedigbesucher auf dem Lido wieder ein. Aber das hat auch Vorteile, denn dort verkehren die öffentlichen Inselbusse der **ACTV**. Mehr dazu im Lido-Kapitel (→ S. 199) und unter "Anreise mit dem Flugzeug/Weiter mit dem Bus" (→ S. 60).

Zimmer mit Kanalblick – eine romantisch-teure Angelegenheit

Übernachten

Hinsichtlich der Quartiere geht es den Touristen nicht besser als den Einheimischen. Während die Venezianer die hohen Mieten kaum noch bezahlen können und sich nicht selten für eine preiswertere Wohnung auf dem Festland entscheiden, klagt der Venedig-Tourist über die hohen Hotelpreise und ist geneigt, ebenfalls aufs Festland auszuweichen.

Doch das ist das Schlimmste, was man sich antun kann! Wer aus Kostengründen beabsichtigt, sein Quartier in Mestre bzw. Marghera aufzuschlagen und zwischen den hässlichen Industriestädten und der romantischen Lagunenstadt hin und her zu pendeln, für den könnte der Venedig-Urlaub angesichts der krassen Kontraste schnell zum Alptraum werden. – Am besten man findet sich gleich damit ab, dass die Hotelpreise in Venedig erheblich über dem Landesdurchschnitt liegen und tröstet sich damit, dass eine Unterkunft in der einzigartigen Wasserstadt eben ihren einzigartigen Preis hat.

Hotels (Alberghi)

In Venedig ist das Hotelangebot breit gefächert. Insgesamt gibt es rund 200 Hotels in der Stadt. Ein vollständiges Unterkunftsverzeichnis erhalten Sie bei den italienischen Fremdenverkehrsämtern (→ "Informationen", S. 84). Von der Luxusherberge am Canal Grande bis zur einfachen Locanda am Stadtrand sind alle Kategorien vertreten. Ein Doppelzimmer mit Bad ist jedoch unter 50 € kaum zu finden. Hinzu kommt, dass in Venedig fast durchgehend Hochsaison herrscht und eine rechtzeitige Reservierung deshalb zu

Vom Feinsten: Hotel Bauer-Grünwald

jeder Jahreszeit notwendig ist. Besonders in der gefragten 2- bis 3-Sterne-Kategorie, in der sich das Preisniveau bei 80–180 € bewegt, muss mit einem freundlichen "Tutto completo" gerechnet werden, wenn man nicht mindestens 2 Monate vorher anfragt. In den Wintermonaten hingegen purzeln die Hotelpreise leicht, aber das ist auch die Jahreszeit, in der viele Hoteliers eine Auszeit nehmen.

Hotelkategorien: In Italien werden die Hotels von den regionalen Behörden in fünf Kategorien (1–5 Sterne) unterteilt. Wir haben die weiter unten aufgelisteten Hotelempfehlungen nach Sternen geordnet, obwohl sie nicht immer etwas über die Qualität und den Preis des Hauses aussagen. Es kommt vor, das z. B. ein stilvolles Drei-Sterne-Hotel in San Marco teurer ist als ein Vier-Sterne-Hotel in der Bahnhofsgegend von Cannaregio.

Die im Folgenden angegebenen Preise beziehen sich auf eine Übernachtung für zwei Personen im Doppelzimmer (DZ) mit Bad. Die Preisspannen (z. B. 93,50–186 €) erfassen die Preisdifferenzen, die sich aufgrund unterschiedlicher Zimmerqualitäten (Größe, Kanalblick, Ausstattung etc.) ergeben bzw. auf Saisonermäßigungen (im Winter) zurückzuführen sind.

Frühstück (Colazione): Im Zimmerpreis ist das Frühstück nicht unbedingt enthalten, deshalb immer vorher klären, ob ein Aufpreis berechnet wird. Zum Teil sind die Frühstückspreise unverschämt hoch, wobei das Gebotene selbst sehr bescheiden ausfallen kann. Grundsätzlich gilt: Frühstück darf nur serviert werden, wenn der Gast es wünscht. Bei unseren Hotelempfehlungen haben wir die jeweiligen Frühstücksaufpreise angegeben.

Reservierung: Extreme Engpässe gibt es vor allem in der Osterwoche, der Karnevalszeit sowie um Weihnachten und Neujahr, aber auch für den Rest des Jahres sollte man unbedingt reservieren. Die sicherste und einfachste Form der Reservierung ist diejenige per Fax. Fragen Sie zunächst telefonisch an, ob zum gewünschten Termin etwas frei ist und wickeln Sie die verbindliche Reservierung dann per Fax ab. In der Regel wird die Angabe der Kreditkartennummer bzw. eine Anzahlung (EC-Scheck) verlangt.

Zimmervermittlung und **Last-Minute-Buchung:** Wer sich kurzfristig für einen Venedig-Trip entscheidet, kann sich zwecks Zimmervermittlung auch direkt an die örtliche Hotelvereinigung *Associazione Veneziana Albergatori* wenden, ✆ 041/5238032. Eine Last-Minute-Buchung ist unter ✆ 041/5222264 möglich. Wer erst vor Ort auf Zimmersuche gehen will, kann die gebührenfreie

Numero verde des Hotelverbands wählen, ✆ 800/843006, oder die Vermittlungsstelle im Bahnhof aufsuchen.

Internet: Hotelinformationen lassen sich auch via Internet unter *www.veniceinfo.it* abrufen. Online-Buchungen sind ebenfalls möglich.

Pauschalangebote: Wer sein Hotel im heimischen Reisebüro zusammen mit dem Flug bucht, kann unter Umständen einiges sparen. Auch die *Ameropa-Reisebüros* der DB bieten Bahnreisenden relativ günstige Hoteltarife an (allg. Informationen im Internet unter www.ameropa.de; keine Buchung).

Hotels – von edel bis einfach

Die folgenden Hotelempfehlungen sind nach Stadtteilen geordnet. Die genaue Lage der jeweiligen Hotels ist den Stadtteilplänen zu entnehmen (blaue Ziffer). Nicht vergessen, die Telefon- und Fax-Vorwahl für Venedig lautet ✆ (0039) 041.

Sestiere di San Marco (→ S. 118/119)

***** **Gritti Palace (30),** nostalgische Nobelherberge am Canal Grande. Der gotische Palazzo stammt aus dem 16. Jh. und gehörte seinerzeit dem Dogen Andrea Gritti. Stilvoll und luxuriös bis ins Detail. Vornehmes Restaurant. DZ ab 362 €, Frühstück 28,40 €. Campo Santa Maria del Giglio 2467. ✆ 794611, Fax 5200942. Anlegestelle Santa Maria del Giglio.

**** **Luna Baglioni (32),** das älteste Hotel Venedigs (1128!). In unmittelbarer Nähe der Piazza San Marco gelegen. Altehrwürdiger Palazzo mit prunkvoller Ausstattung und höchstem Komfort. Hoch gelobtes Restaurant. DZ 325–682 € inkl. Frühstück. Calle dell'Ascensione, 1243. ✆ 5289840, Fax 5287160. Anlegestelle San Marco Vallaresso.

*** **Flora (31),** beliebtes Mittelklassehotel, familiär geführt. Im unmittelbaren Einzugsbereich der noblen Einkaufsmeile Calle Larga XXII Marzo gelegen. Idyllischer Innenhof mit viel Grün. Liebevoll eingerichtete, aber zum Teil etwas enge Zimmer. DZ 124–207 € inkl. Frühstück. Calle Bergamaschi, 2283. ✆ 5205844, Fax 5228217. Anlegestelle Santa Maria del Giglio.

*** **Bel Sito (28),** schöne Lage im Herzen des Markusviertels vis-à-vis der Kirche Santa Maria del Giglio. Leicht verwitterte Hotelfassade, angenehme Atmosphäre und gemütliche Zimmer. DZ 93–186 € inkl. Frühstück. Campo Santa Maria del Giglio, 2517. ✆ 5223365, Fax 5204083. Anlegestelle Santa Maria del Giglio.

*** **Santo Stefano (17),** schmales, unscheinbares Stadthaus. An einem der stimmungsvollsten *Campi* des Viertels gelegen. Kleine, aber· ansprechend möblierte Zimmer. DZ 103–217 € inkl. Frühstück. Campo Santo Stefano, 2957. ✆ 5200166, Fax 522440. Anlegestelle Accademia.

** **San Maurizio (23),** kleines, zentral gelegenes Albergo mit familiärer Atmosphäre. Nähe Campo San Maurizio. Sehr unterschiedlich ausgestattete Zimmer mit und ohne Bad. DZ 46–134 €, ohne Bad 33,50–87 €, Frühstück 8,80 €. Calle Zaguri, 2624. ✆ 5289712, Fax 5289712. Anlegestelle Santa Maria del Giglio.

* **Locanda Fiorita (13),** hübsche kleine Pension in ruhiger Lage. Unweit der Kirche Santo Stefano. Einfache, saubere Zimmer. Vorgarten und Dachterrasse. DZ 82–108,50 € inkl. Frühstück. Campiello Nuovo, 3457. ✆ 5234754, Fax 5228043. Anlegestelle San Samuele.

* **Al Gazzettino (5),** alteingesessene, kleine Herberge mit angeschlossenem Restaurant. Etwas versteckte, aber schöne Lage am Rio della Fava. Einige Zimmer mit Kanalblick. DZ 62–113,50 € inkl. Frühstück. Calle delle Acque, 4971. ✆ 5286523, Fax 5223314. Anlegestelle Rialto.

Sestiere di Castello (→ S. 136/137)

***** **Danieli (19),** Traditionsherberge vom Allerfeinsten. Viel bestaunter Blickfang an der Uferpromenade. Der gotische Marmorpalazzo der Dogenfamilie Dandolo wurde bereits 1822 in ein Luxushotel umgewandelt. Seitdem logieren hier Gäste mit allerhöchsten Ansprüchen. Die beiden angrenzenden Palazzi gehören ebenfalls dazu. Vornehmes Restaurant mit Dachterrasse. DZ 335–878 €, Frühstück 50,60 €. Riva degli Schiavoni, 4196. ✆ 5226480, Fax 5200208. Anlegestelle San Zaccaria.

****** Gabrielli Sandwirth (26),** altehrwürdiger Uferpalazzo, stilvoll ausgestattet. Herrlicher Lagunenblick. Gehobener Komfort, aber nicht wirklich luxuriös. Hotelrestaurant. DZ 145–387 € inkl. Frühstück. Riva degli Schiavoni, 4110. ✆ 5231580, 📠 5209455. Anlegestelle San Zaccaria.

***** Savoia e Jolanda (21),** gepflegtes Mittelklassehotel an der Uferpromenade mit gleichnamiger **Dependenz** am ruhigen Campo San Zaccaria. DZ 129–335 € inkl. Frühstück. Riva degli Schiavoni, 4187. ✆ 5206644, 📠 5207494. Anlegestelle San Zaccaria.

***** Locanda Remedio (8),** etwas versteckt in West-Castello gelegen. Bürgerpalazzo mit ruhigem Innenhof. Gemütlich eingerichtete Zimmer. Gut geführt. DZ 67–155 € inkl. Frühstück. Calle Remedio, 4412. ✆ 5206232, 📠 5210485. Anlegestelle San Zaccaria.

**** Paganelli (22),** ein weiteres empfehlenswertes Uferhotel. Wie das benachbarte Savoia hat auch das Paganelli eine **Dependenz** am nahe gelegenen Campo San Zaccaria. DZ 114–180 €, ohne Bad 67–114 € inkl. Frühstück. Riva degli Schiavoni, 4182. ✆ 5224324, 📠 5239267. Anlegestelle San Zaccaria.

**** Casa Fontana (15),** schöne und zentrale Lage, im Rücken des Riva degli Schiavoni. Freundlicher Familienbetrieb. Ordentliche und saubere Zimmer. DZ 77,50–155 € inkl. Frühstück. Campo San Provolo, 4701. ✆ 5220579, 📠 5231040. Anlegestelle San Zaccaria.

**** La Residenza (23),** stattlicher Palazzo an einem ruhigen Campo im östlichen Castello. Herrschaftliche Gemeinschaftsräume mit Stuck, Gemälden und historischem Mobiliar. Die Zimmer sind eher schlicht eingerichtet. DZ 82–144,50 € inkl. Frühstück. Campo Bandiera e Moro, 3608. ✆ 5285315, 📠 5238859. Anlegestelle Arsenale.

Locanda Casa Querini (10), kleine Pension mit nur wenigen Zimmern. Tolle Lage in West-Castello. Ohne Sterne, aber mit Charme. DZ 93–144,50 € inkl. Frühstück. Campo San Giovanni Nuovo, 4388. ✆ 2411294, 📠 2414231. Anlegestelle San Zaccaria.

*** Doni (16),** kleiner spätgotischer Palazzo in West-Castello, direkt am Kanal gelegen. Recht ordentlicher Gesamteindruck. DZ 67–98 €, ohne Bad 49–72,50 € inkl. Frühstück. Fondamenta del Vin, 4656. ✆/📠 5224267. Anlegestelle San Zaccaria.

*** Toscana-Tofanelli (27),** einfache Herberge in Ost-Castello, am Anfang der Via Garibaldi. Preiswerte, schlichte Zimmer ohne Bad, DZ ca. 40 €. Frühstück ist nicht vorgesehen. Calle Formenta, 1650. ✆ 5235722. Anlegestelle Arsenale.

Sestieri di San Polo e Santa Croce (→ S. 130/131)

***** San Cassiano (3),** in der herrschaftlichen Ca' Favretto am Canal Grande, schräg gegenüber der Ca' d'Oro. Beliebt wegen des nostalgischen Flairs. Zimmer von sehr unterschiedlicher Qualität. DZ 62–232,50 € inkl. Frühstück. Calle della Rosa, Santa Croce 2232. ✆ 5241768, 📠 721033. Anlegestelle San Stae.

***** Locanda Sturion (23),** stattlicher Palazzo am Canal Grande unweit der Rialtobrücke. Nur wenige Zimmer mit Kanalblick. Insgesamt recht komfortabel. DZ 82,50–175 € inkl. Frühstück. Calle Storione, San Polo 679. ✆ 5236243, 📠 5228378. Anlegestelle San Silvestro.

**** Iris (17),** tolle Kanallage im südlichen San Polo. Sympathischer Familienbetrieb mit angeschlossenem Restaurant. Die Zimmer mit Blick auf den Rio della Frescada sind natürlich die teuersten. DZ 51,50–124 €, ohne Bad 31–88 € inkl. Frühstück. Fondamenta Forner, San Polo 2910. ✆/📠 5222882. Anlegestelle San Tomà.

**** Falier (14),** stattlicher Palazzo im südwestlichen San Polo. Ruhige Lage, kleiner Garten, gemütliche Zimmer. Ideal für Autoreisende, die auf der Piazzale Roma parken. DZ 77,50–155 € inkl. Frühstück. Salizzada San Pantaleon, San Polo 130. ✆ 710882, 📠 5206554. Anlegestelle San Tomà.

*** Casa Peron (13),** ebenfalls im südwestlichen San Polo, aber einfacher und preiswerter als das Falier. Gemütliche Dachterrasse. Schnell vom Bahnhof aus zu erreichen. DZ 64,50–93 €, ohne Bad 51,50–67 € inkl. Frühstück. Salizzada San Pantaleon, San Polo 85. ✆ 710021, 📠 711038.

*** Alex (18),** bescheidene kleine Herberge im Einzugsbereich der Frari-Kirche. Beliebt bei jungen Leuten. Zusatzbetten möglich. DZ 49–85 €, ohne Bad 36–61 € inkl. Frühstück. Rio Terrà dei Frari, San Polo 2606. ✆ 5231341, 📠 5231341. Anlegestelle San Tomà.

Stilvolles Belle-Epoque-Strandhotel mit viel Charme – Hotel des Bains (Lido)

Sestiere di Cannaregio (→ S. 152/153)

***** **Palazzo dei Dogi (3),** 1998 eröffnet und damit das jüngste Luxushotel Venedigs. Ehemaliger Klosterkomplex, etwas abseits gelegen. Höchster Komfort, aber preiswerter als die namhafte Konkurrenz. DZ 217–387 € inkl. Frühstück. Fondamenta Madonna dell'Orto, 3500. ✆ 2208111, ℻ 722278. Anlegestelle Madonna dell'Orto.

*** **Malibran (21),** zentrale Lage in einem ruhigen Hinterhof, im angrenzenden Haus soll Marco Polo im 14. Jh. gelebt haben. Insgesamt recht komfortabel, mit gutem Hotelrestaurant. DZ 98–175,50 € inkl. Frühstück. Corte del Milion, 5864. ✆ 5228028, ℻ 5239243. Anlegestelle Rialto.

*** **Tintoretto (12),** gepflegtes Haus im Einzugsbereich der quirligen Strada Nova. Zimmer von unterschiedlicher Größe und Qualität. DZ 62–152 € inkl. Frühstück. Santa Fosca, 2316. ✆ 721522, ℻ 721791. Anlegestelle Ca' d'Oro.

** **Bernardi Semenzato (19),** zentrale Lage in unmittelbarer Nähe des belebten Campo Santi Apostoli. Gut geführt und recht ordentlich ausgestattet. DZ 57,50–102 €, ohne Bad 40–71 €, Frühstück 6,20 €. Calle dell'Oca, 4363. ✆ 5227257, ℻ 5222424. Anlegestelle Ca' d'Oro.

* **Rossi (5),** relativ preiswerte Herberge in Bahnhofsnähe. Im Gegensatz zu einigen Bahnhofshotels dieser Kategorie sehr gepflegt. DZ 44–85 €, ohne Bad 36–70 € inkl. Frühstück. Calle Procuratie, 262. ✆ 715164, ℻ 717784.

Sestiere di Dorsoduro (→ S. 164/165)

*** **Accademia Villa Maravege (12),** prächtiger Palazzo aus dem 17. Jh. an der Mündung des Rio Trovaso in den Canal Grande. Beliebtes Mittelklassehotel mit viel nostalgischem Charme. Idyllischer Garten. DZ 113,50–217 € inkl. Frühstück. Fondamenta Bollani, 1058. ✆ 5210188, ℻ 5239152. Anlegestelle Accademia.

*** **American (20),** ruhige und schöne Lage am Rio San Vio. Gepflegter Palazzo, stilvoll eingerichtet. Zimmer mit winzigem Balkon und Kanalblick. DZ 103–232,50 € inkl. Frühstück. San Vio, 628. ✆ 5204733, ℻ 5204048. Anlegestelle Accademia.

*** **La Calcina (21),** altehrwürdiges Haus an der Uferpromenade. Gründlich renoviert und geschmackvoll ausgestattet. Herrliche Dachterrasse. DZ 93–155 € inkl. Frühstück. Zattere dei Gesuati, 780. ✆ 5206466, ℻ 5227045. Anlegestelle Zattere.

** **Seguso (22),** dem benachbarten La Calcina an Alter und nostalgischem Charme überlegen. Antikes Mobiliar, Gästebibliothek und angenehme Atmosphäre. Viele Zimmer mit Kanalblick, entweder auf den Canale della Giudecca oder den Rio San Vio. Gutes Hotelrestaurant. DZ 82,50–160 €, ohne Bad 67–142 € inkl. Frühstück. Zattere dei Gesuati, 779. ✆ 5286858, ℻ 5222340. Anlegestelle Zattere.

** **Agli Alboreti (18),** gepflegtes Haus mit lauschigem Garten gleich hinter der Galleria dell'Accademia. Zum Teil kleine, aber recht gemütliche Zimmer. Angeschlossenes Restaurant. DZ 119–139,50 € inkl. Frühstück. Rio Terrà Foscarini, 884. ✆ 5230058, ℻ 5210158. Anlegestelle Accademia.

** **Alla Salute da Cici (24),** verwitterter Palazzo am Kanal. Mit viel Charme außen wie innen. Saubere Zimmer. DZ 82,50–129 €, ohne Bad 67–93 € inkl. Frühstück. Fondamenta Ca' Balà, 222. ✆ 5235404, ℻ 5222271. Anlegestelle Santa Maria della Salute.

** **Casa Messner (25),** ruhige Lage im östlichen Dorsoduro. Sympathischer und kinderfreundlicher Familienbetrieb. Kleiner Garten und sehr ordentliche Zimmer. DZ 93–129 €, ohne Bad 77,50–124 € inkl. Frühstück. Etwas preiswerter ist die **1-Stern-Dependenz** in unmittelbarer Nachbarschaft, DZ 62–103 €, ohne Bad 49–77,50 € inkl. Frühstück. Rio Terrà dei Catecumeni, 216. ✆ 5227443, ℻ 5227266. Anlegestelle Santa Maria della Salute.

Lido (→ S. 202/203)

**** **Des Bains (4)**, stilvolles Belle-Epoque-Strandhotel mit viel Charme. Thomas Mann schrieb hier seinen berühmten "Tod in Venedig" und Luchino Visconti machte das Des Bains zum Schauplatz seiner ebenso berühmten Verfilmung dieser Novelle. Höchster Komfort mit Badefreuden vor der Tür. Vornehmes Restaurant. DZ 325,50–609,50 €, Frühstück 38,70 €. Lungomare Marconi, Lido 17. ✆ 5265921, ℻ 5260113.

*** **La Meridiana (3),** herrschaftliche Gartenvilla aus den 30er Jahren mitten im Lido-Ort gelegen. Ruhig und gepflegt. Zimmer von unterschiedlicher Qualität. Hotelstrand. DZ 44–196 € inkl. Frühstück. Via Lepanto, Lido 45. ✆ 5260343, ℻ 5269240.

** **Rivamare (2),** Strandhotel mit familiärer Atmosphäre im Schatten des mondänen Excelsior-Hotels gelegen. DZ 51,50–129 €, ohne Bad 41,50–82,50 € inkl. Frühstück. Lungomare Marconi, Lido 44. ✆ 5260352, ℻ 5269011.

Weitere Übernachtungsmöglichkeiten auf den Inseln: siehe dort (Murano, Burano, Torcello, Sant' Erasmo, Lido).

Unter freiem Himmel

In den vergangenen Jahren hat Venedig immer wieder für Negativschlagzeilen im Umgang mit den *Saccopelisti* (Rucksacktouristen) gesorgt. Anlass waren die nächtlichen Belagerungen des Bahnhofs, der mangels billiger Quartiere immer wieder zum öffentlichen Schlaflager wurde. Die Stadtverwaltung griff hart durch und ordnete die nächtliche Schließung des Bahnhofsgebäudes aus "hygienischen Gründen" an. Von 0.30 bis 3.45 Uhr wird jetzt rigoros abgeschlossen, und vor dem Bahnhof patrouillieren Ordnungshüter. Im Gegenzug ist die Stadt bemüht, den Rucksacktouristen billige Unterkünfte in Schlafsälen zu vermitteln, wenn die Jugendherberge auf La Giudecca bereits voll ist. Also, wer keinen Strafzettel wegen Campierens unter freiem Himmel riskieren will, sollte sich im Informationsbüro des Bahnhofs (bis 19 Uhr) nach Übernachtungsmöglichkeiten erkundigen.

Ostelli (Jugendherbergen und Gästehäuser)

In Venedig gibt es eine offizielle Jugendherberge, die dem internationalen Jugendherbergsverband IYHF angehört. Mit ca. 13 € pro Person handelt es sich um die günstigste Übernachtungsmöglichkeit in der Lagunenstadt. Zwar muss man im Besitz des internationalen Jugendherbergsausweises sein (Kauf vor Ort für 15,50 € möglich); eine Altersbegrenzung besteht allerdings nicht. Abgesehen von diesem *Ostello di Venezia* gibt es mehrere Klosterherbergen und private Gästehäuser in der Stadt, die, teils ganzjährig, teils nur in den Sommermonaten, preiswerte Zimmer anbieten. Ein komplettes Verzeichnis der *Ostelli* erhält man bei den Fremdenverkehrsämtern (→ S. 84). Da diese Quartiere gut ausgelastet sind, muss auch dort unbedingt rechtzeitig reserviert werden.

Ostello di Venezia (4 → Karte S. 178/179), Jugendherberge, an der Uferpromenade von La Giudecca. Modernisierter Palazzo mit Blick auf das historische Zentrum. 260 Betten, kleine Schlafsäle, gute Sanitäranlagen. Internationale Atmosphäre. Anmeldung 15.30–22 Uhr, Schließzeit 23.30 Uhr. Übernachtung ca. 13 € pro Pers. inkl. Frühstück, Mittag- bzw. Abendessen ca. 7,50 €. Ganzjährig geöffnet, 2. Januarhälfte geschlossen. Fondamenta Zitelle, Giudecca 86. ✆ 5238211, ℻ 5235689. Anlegestelle Zitelle.

Istituto Canossiano (2 → Karte S. 178/179), kleine Klosterherberge auf La Giudecca, nur für Mädchen, von Nonnen geführt. 35 Betten, Übernachtung ca. 13 € pro Pers., Frühstück ist nicht vorgesehen. Ganzjährig geöffnet, Anmeldung 7.30–12 und 16–22.30 Uhr. Ponte Piccolo, Giudecca 428. ✆/℻ 5222157. Anlegestelle Santa Eufemia.

Domus Civica (6 → Karte S. 130/131), Gästehaus eines katholischen Instituts, in unmittelbarer Nähe der Kirche San Rocco gelegen. 1- bis 4-Bett-Zimmer, Übernachtung ca. 22 € pro Pers., Frühstück ist nicht vorgesehen. 20 % Ermäßigung mit dem *Rolling-Venice-Pass* (→ S. 82). Geöffnet von Juli bis September. San Polo, 3082. ✆ 721103, ℻ 5227139.

Jugendherberge in toller Lage

Foresteria Valdese (6 → Karte S. 136/137), ehemaliges Gästehaus der Waldenserkirche, zentral gelegen, Nähe Campo Santa Maria Formosa. DZ ca. 49 €, Mehrbettzimmer ca. 15,50 € pro Pers inkl. Frühstück. Ganzjährig geöffnet, Anmeldung 9–13 und 18–20 Uhr. Castello, 5170. ✆ 5286797.

Archie's House (6 → Karte S. 152/153), privates Ostello mitten in Cannaregio. DZ und Mehrbettzimmer, spartanisch eingerichtet, manchmal überbelegt. Übernachtung ca. 18 € pro Pers., kein Frühstück. Rio Terrà San Leonardo, 1814. ✆ 720884.

Apartments und Mitwohngelegenheiten

Bei einem längeren Aufenthalt lohnt es sich u. U., ein Apartment zu mieten. Insgesamt ist die Auswahl jedoch recht bescheiden. Auch die Venedig-Angebote in den Katalogen der auf Italien spezialisierten Reisebüros sind recht spärlich – und obendrein sehr teuer. Eine Alternative bietet die Mitwohnzentrale in Venedig, bei der es sich übrigens um die älteste (und damit erfahrendste) Italiens handelt.

Mitwohnzentrale Venezia (7 → Karte S. 118/119), vermittelt rund 150 Objekte (steigende Tendenz) in der Stadt und auf den Inseln, vom einfachen Zimmer mit Familienanschluss bis zur stilvollen Wohnung am Canal Grande. Preise für EZ ab 36,50 €, DZ ab 52 € pro Tag (Mindestaufenthalt 4 Tage), Apartments ab 645 € pro Woche. Mitbegründerin der Agentur ist die Deutsche Helga Groß, Sprachprobleme gibt es also nicht. Adresse: Calle San Antonio, Castello 5448. ✆ 041/5231672, 📠 5208818. E-Mail: helga.g@flashnet.it.

Cuendet und **Interhome,** die Fewo-Kataloge dieser Agenturen enthalten auch einige Apartments in Venedig. Die Kataloge finden Sie in allen größeren Reisebüros bzw. im Internet, wo Sie auch gleich buchen können (www.cuendet.com u. www.interhome.com).

Camping (Campeggio)

Venedig- und Campingurlaub, geht das überhaupt? Das geht sogar ausgezeichnet! Ein idealer Standort ist die **Landzunge von Cavallino,** die man mit dem Auto bequem über *Eraclea* und *Jesolo* erreicht. Die Cavallino-Halbinsel mit ihren kilometerlangen Sandstränden und schattigen Pineta-Wäldern ist ein regelrechtes Campingparadies mit insgesamt 25 gut ausgestatteten Plätzen. Die besten Plätze (für Venedigurlauber) liegen an der Südspitze **Punta Sabbioni,** denn von dort aus verkehren stündlich Linienschiffe nach Venedig (Linie 14). Im Hochsommer müssen auch Campingplätze unbedingt rechtzeitig reserviert werden!

** **Miramare,** großer gepflegter Platz mit 640 Stellplätzen direkt an der Punta Sabbioni und nur 500 m von der Anlegestelle der Linienschiffe entfernt. Einkaufsmöglichkeiten, Restaurant etc. 2 Erw., 1 Kind, Zelt bzw. Wohnmobil 16,50–29,50 € pro Tag. Von April bis Oktober (und zur Karnevalszeit!) geöffnet. ✆ 041/966150, 📠 5301210.

*** **Ca' Savio,** riesiger komfortabler Platz mit über 5.000 Stellplätzen im Strandort Ca' Savio kurz vor der Punta Sabbioni gelegen. Sport- und Einkaufsmöglichkeiten etc. 2 Erw., 1 Kind, Zelt bzw. Wohnmobil 20–36 € pro Tag. Von Mai bis September geöffnet. ✆ 041/966017, 📠 5300707.

* **Valle d'Oro,** einfacher kleiner Platz im Strandort Ca' Savio. 200 Stellplätze. 2 Erw., 1 Kind, Zelt bzw. Wohnmobil 15–28,50 € pro Tag. Von Mai bis September geöffnet. ✆ /📠 041/966386.

Camping auf der Landzunge von Cavallino

Mangiare all'Aperto – im Freien speisen

Essen und Trinken

Keine andere als Venedig war es, die erstmals aromatischen Geschmack in die europäische Küche brachte, diese alte Metropole des Gewürzhandels mit den exotischsten Märkten des Mittelalters, auf denen der Pfeffer mit Gold aufgewogen wurde!

Auch die erste Gabel, die man in Europa zu Gesicht bekam, war jene, mit der die byzantinische Gemahlin des Dogen Domenico Selvo im 11. Jh. zu speisen pflegte. Zucker, so heißt es in der Handelschronik, brachten venezianische Schiffe zum ersten Mal 996 aus der Levante mit. Kaffee hingegen, der anfänglich als Medizin Verwendung fand, war ein Importschlager des 17. und 18. Jh. Und das erste Kochbuch druckten die Venezianer bereits Ende des 15. Jh.

Abgesehen von den wenigen Filialen internationaler Fastfoodketten ist die venezianische Gastronomie überraschend bodenständig und der regionalen Tradition verhaftet geblieben. Ganz den Gegebenheiten einer Wasserstadt entsprechend, ist die authentische venezianische Küche, die **Cucina veneziana**, in erster Linie eine Meeresküche. Nirgendwo anders in Italien werden solche Mengen an Fisch und Meeresfrüchten verzehrt wie in der Lagunenstadt. Und wer sich vormittags auf den Rialtomarkt begibt, wird von der Größe und Vielfalt des dortigen Fischmarkts beeindruckt sein. Die frische Ware, die dort zentnerweise umgesetzt wird, kommt zwar längst nicht mehr ausschließlich aus heimischen Gewässern, aber in den abgedeichten Becken *(Valli)* der Lagune hat die Fischzucht nach wie vor Konjunktur. – Fazit: In der venezianischen Küche bilden Fisch und Meeresfrüchte die wichtigste Grundlage.

Und die vielen lokalen Spezialitäten, die daraus gezaubert werden, sind äußerst schmackhaft. Liebhaber einer vielfältigen, deftigen Fischküche kommen also voll auf ihre Kosten, andere müssen sich mit dem begnügen, was sonst noch so auf der Speisekarte steht. Da sind vor allem die leckeren Früchte (Artischocken, Auberginen, Tomaten, Salate, Spargel etc.) von den Gemüseinseln der *Laguna veneta* zu nennen, die das Antipasto- und Contorno-Angebot erheblich bereichern.

Frühstück (Colazione)

Das italienische Frühstück wird in einer **Bar,** möglichst mit angeschlossener **Pasticceria** (Konditorei), eingenommen. Man sucht sich in der Glasvitrine seine *Pasta* (Gebäck) aus; das kann eine Brioche bzw. ein mit Marmelade bzw. Creme gefülltes *Cornetto* (Hörnchen) sein. Wer seinen Geschmacksorganen morgens nichts Süßes zumuten mag, findet eine große Auswahl an *Panini* (belegten Brötchen) und *Tramezzini* (dreieckige Weißbrotschnitten) vor. Dazu bestellt man sich den ersten *Cappuccino* des Tages oder gleich einen *Caffè* (Espresso) – und das italienische Frühstück ist komplett.

Das **Hotelfrühstück** fällt hingegen zumeist "international" aus; je nach Hotelkategorie kann man sich an einem üppigen Büfett bedienen oder wird ganz bescheiden mit Zwieback und Marmelade abgespeist. Auch der Hotelkaffee hat in der Regel keine Bar-Qualität.

Bàcari, Ombre und Cicheti – eine venezianische Leidenschaft

Schon vormittags herrscht in den *Bàcari,* den venezianischen Weinschenken, reger Betrieb. Vor allem die volkstümlichen *Bàcari* am Rialtomarkt sind regelrechte Institutionen, in denen sich die Einheimischen bei jeder sich bietenden Gelegenheit zu einem Gläschen Wein *(Ombra bzw. Ombretta)* treffen. *Andar per ombra* nennen die Venezianer ihren Gang an die Weintheke, wo eine wirklich beachtliche Auswahl an regionalen und anderen italienischen Weinen zu finden ist. Die Wendung "Andar per ombra", in den Schatten gehen, stammt aus der Zeit, als die fliegenden Weinhändler ihren offenen Wein im wandernden Schatten des Glockenturms von San Marco verkauften, um ihn möglichst kühl zu halten. Zum Wein, der bereits ab 0,50 € in 0,1-l-Gläsern ausgeschenkt wird, isst man beliebig viele Appetithäppchen, sog. *Cicheti,* die es in allen nur erdenklichen Variationen gibt auf der Basis von Fisch, Meeresfrüchten, Wurst, Käse, Fleisch, Eiern und Gemüse. Normalerweise handelt es sich um mehrschichtige Häppchen, die, stets frisch und mit einem Zahnstocher aufgespießt, in Glasvitrinen bereitgehalten werden. Einen einfachen *Cicheto* gibt es ab 0,25 €, während ein opulent mit Fisch belegter durchaus ein Vielfaches kosten kann. Aber nur zum Essen und Trinken gehen die Venezianer nicht in den *Bàcaro;* ganz abgesehen von *Ombre* und *Cicheti* ist die Weinschenke ein Ort der Geselligkeit. Hier wird über alles Mögliche palavert und diskutiert, jeder unterhält sich mit jedem, und soziale Unterschiede scheinen dabei keine Rolle zu spielen. Touristen, die ein authentisches Stück venezianischer Lebensfreude im Zeichen des Bacchus kennen lernen wollen, sollten unbedingt einmal einkehren: "Andar per ombra!"

Tische am Kanal unbedingt rechtzeitig reservieren

Mittag- und Abendessen

Auf **Pranzo** (Mittagsessen, ab 13 Uhr) und **Cena** (Abendessen, ab 20 Uhr) wird in Italien großer Wert gelegt – und Venedig bildet da keine Ausnahme. Es handelt sich jeweils um reichhaltige Mahlzeiten mit mehreren Gängen, wobei das Abendessen im Vergleich etwas üppiger ausfällt. Im Lokal beginnt eine komplette Mahlzeit mit der Vorspeise *(Antipasto)*, die oftmals in großer Auswahl auf Vitrinentischen im Lokal steht. Danach geht's weiter mit dem *Primo Piatto* (erster Gang), entweder einem Nudelgericht *(Pasta)*, einem Reisgericht *(Risotto)* oder einer Suppe *(Minestra)*. Der anschließende *Secondo Piatto*, Fisch *(Pesce)* oder Fleisch *(Carne)*, wird durch eine extra zu bestellende Beilage *(Contorno)* ergänzt. Käse *(Formaggio)* schließt bekanntlich den Magen. Der Nachtisch, Obst *(Frutta)* oder eine Süßspeise *(Dolce)*, setzt den Schlusspunkt. Danach helfen nur noch *Caffè* und *Grappa!*

Wem das alles zu viel ist, der sollte gezielt kombinieren, etwas Individualität wird toleriert. Der Gast kann z. B. auf Vorspeise, Beilage und Nachspeise verzichten. Eine zweite Version wäre, den ersten Gang zu überspringen und die Nachspeise zu streichen. Wer es jedoch mit der Reduzierung übertreibt, vielleicht sogar auf das Hauptgericht verzichten will, der bekommt das in einigen Lokalen zumindest andeutungsweise zu spüren.

Il conto, per favore: Mit diesen Worten bittet man nach dem Essen um die Rechnung. Der Preis für eine ausgiebige Mahlzeit mit Getränken wird dabei in Venedig kaum unter 30 € liegen. Je nach Speiselokal und Qualität geht es natürlich auch teurer. Darin sind 15 % Bedienung *(Servizio)* sowie eine Pauschale (1–2,50 €) für Brot und Gedeck *(Pane e Coperto)* enthalten; beides wird auf der Rechnung in der Regel extra aufgeführt. Trinkgeld *(Mancia)* gibt nur ein zufriedener Gast (ca. 10 %). Die

Rechnung *(Ricevuta)* muss unbedingt mitgenommen und eine Weile aufbewahrt werden, um sie bei eventuellen Kontrollen der Finanzpolizei vorzeigen zu können.

Eine durchaus passable Alternative zum teuren Mittag- bzw. Abendessen à la carte bietet das **Menu turistico,** das in vielen einfacheren Restaurants schon ab 15 € angeboten wird. Es besteht zumeist aus drei Gängen und einem Getränk. Zuviel an Qualität darf man zwar nicht erwarten, aber wer sparen muss, verschafft sich so zumindest eine reelle Mahlzeit zu einem moderaten Pauschalpreis, in dem in der Regel auch tatsächlich alles inbegriffen ist.

Die **venezianischen Restaurantpreise** gehören mit zu den höchsten in ganz Italien, aber das bedeutet keineswegs, dass man in Venedig nicht gut und preislich angemessen essen gehen kann. Diejenigen Speiselokale, in denen das Preis-Qualitäts-Verhältnis weitgehend stimmt, liegen natürlich nicht im unmittelbaren Einzugsbereich des Markusplatzes, wo man diesbezüglich eher unangenehme Überraschungen erlebt, sondern zumeist in den weniger touristischen Ecken der einzelnen *Sestieri.* In den jeweiligen Stadtteil-Kapiteln dieses Buches finden Sie unsere Empfehlungen unter der Rubrik "Essen und Trinken". Die dort aufgelisteten *Ristoranti, Trattorie, Osterie, Pizzerie* und *Bàcari* sind neben dem Preis-Leistungs-Aspekt auch nach atmosphärischen Kriterien (Gemütlichkeit, Freundlichkeit etc.) ausgewählt worden. Und nicht zuletzt danach, ob sie von den Einheimischen bevorzugt werden, was wohl das sicherste Indiz für den Standard eines Lokals ist.

Venezianische Spezialitäten

Aus der Backstube (Forno) oder der Konditorei (Pasticceria)

Fritole	Karnevalskrapfen mit Rosinen und Pinienkernen, gibt's nicht nur zur Faschingszeit
Baicoli	eine Art süßer, sehr dünner Zwieback
Sfoglie	Blätterteigschnitten bzw. -taschen, zumeist mit Creme
Strudel	die venezianische Variante des Wiener Pendants, mit Pinienkernen statt Mandeln

Antipasti

Sarde in saor	gebratene Sardinen in Öl und Weinessig mit Zwiebeln, Rosinen und Pinienkernen eingelegt
Antipasto di mare	Vorspeisenteller mit Fisch und Meeresfrüchten
Peoci salati	Miesmuscheln mit Knoblauch und Petersilie
Carpaccio	hauchdünne mit Öl und Zitrone beträufelte rohe Rindfleischscheiben, mit Ruccola und Parmesan serviert. Eine venezianische Kreation (→ "Harry's Bar," S. 123), benannt nach dem venezianischen Maler Carpaccio.
Castraure	kleine Artischockenherzen in Öl mit Knoblauch

Primi

Bigoli in salsa	dicke Vollkornspaghetti mit pikanter Sardellensoße
Linguine alla granseola	dünne Bandnudeln mit dem Fleisch der Meeresspinne, eine echte Delikatesse
Risotto nero bzw. alle seppie	Reisgericht mit Tintenfisch samt Tinte, daher die schwarze Farbe
Spaghetti bzw. Risotto caparossoli	Spaghetti bzw. Reis mit Venusmuscheln
Brodetto di pesce	Fischsuppe
Broèto di anguille	Aalsuppe
Pasta e fagioli	ein deftiger Eintopf aus dicken Bohnen, kurzen Nudeln, Gemüse und Kräutern
Risi e bisi	Reisgericht mit jungen Erbsen, Schinken, Sellerie und Zwiebeln
Risotto al radicchio	Reisgericht mit Radicchio, eine in Venedig beliebte Spezialität aus Treviso

Secondi

Bacalà mantecato	Stockfischmus, auf einer Scheibe Polenta serviert
Fritto misto	kleine frittierte Fische und Meeresfrüchte
Anguilla alla griglia	gegrillter Aal
Coda di rospo ai ferri	gegrillter Seeteufelschwanz
Sepie nere con Polenta	Tintenfisch samt Tinte mit Maisbrei serviert
Sogliola alla casseruola	gedünstete Seezungenfilets
Moleche	Meereskrebse (zur Zeit des Panzerwechsels gefangen) mit Kräutern in Öl gebraten bzw. im Teig frittiert
Fegato alla veneziana	Kalbsleber mit Zwiebeln in Wein, wird mit Maisbrei serviert

Contorni

Polenta	Maisbrei (z. T. auch gestockt, in Scheiben geschnitten u. gegrillt)
Radicchio	Radicchio in Öl und Pfeffer gebraten

Dolci

Tiramisù	Mascarponecreme mit likörgetränkten Biskuits und Kakaopulver. Diese ursprünglich venezianische Spezialität ist heute sicherlich die bekannteste italienische Süßspeise.
Buranelli	trockene Plätzchen, die zum Dessertwein gegessen werden, eine Spezialität der Insel Burano.

Wein und andere Getränke

Rustikal-gemütliche Osteria

Zum guten Essen gehört selbstverständlich der einheimische Wein. Und der kommt in Venedig aus dem Hinterland der Region Venetien, einem ausgesprochenen Weinbaugebiet. Nach Apulien und Sizilien ist Venetien der drittgrößte Produzent Italiens und in der Erzeugung von Qualitätsweinen (DOC) liegt die Region sogar an der Spitze. Weiß- und Rotweine sind in Venetien gleichermaßen stark vertreten, aber aufgrund der ausgeprägten Fischküche sind in Venedig vor allem die Weißweine beliebt. Auf den offenen Wein *(Vino della casa)*, der in den Speiselokalen ausgeschenkt wird, kann man sich weitgehend verlassen, da er in der Regel mit Sachverstand ausgewählt wurde. Die beste Möglichkeit, sich in Venedig durch die immense Vielfalt der regionalen Weine und Rebsorten zu probieren, bieten die traditionellen Weinschenken, die **Bacàri** (→ Kasten S. 76). Auf einen spritzigen, weißen Schaumwein, den mittlerweile auch zu Hause beliebten **Prosecco,** der aus der gleichnamigen Traube gekeltert wird, sei besonders hingewiesen.

Ein typisch venezianischer Aperitif ist der sog. **Spriz/Spritz**. Er wurde zur Zeit der österreichischen Besatzung aus Weißwein, Campari und Mineralwasser kreiert und ist auch nach dem Habsburger-Intermezzo ein beliebtes Mixgetränk geblieben. Eine weitere venezianische Kreation heißt **Bellini.** Dieser Cocktail wird aus Prosecco und Pfirsichmark gerührt, und sein Erfinder ist der Mitbegründer von Harry's legendärer Bar. Außerdem kommen Liebhaber des **Grappa** in Venedig nicht zu kurz, denn der hochprozentige Tresterschnaps wird ebenso wie der Wein in allerbester Qualität aus Venetien bezogen.

Caffè (Espresso): Der *Caffè italiano* ist ein Lebensgefühl! Es gibt ihn in der Standardversion, schlicht und einfach als *Caffè* (klein und schwarz), als *Caffè doppio* (doppelt), als *Caffè ristretto* (besonders stark), als *Caffè lungo* bzw. *alto* (mit etwas mehr Wasser), als *Caffè macchiato* (mit einem Schuss Milch), als *Caffè hag* (koffeinfrei), als *Caffè corretto* (mit einem Schuss Schnaps) und natürlich als *Cappuccino* (mit Milchschaum).

Geduldiges Warten auf die Gondelfähre über den Canal Grande

Wissenswertes von A bis Z

Ärztliche Hilfe

Zwischen Deutschland und Italien sowie Österreich und Italien besteht ein Sozialversicherungsabkommen, d. h. wer in einer gesetzlichen Krankenkasse ist kann auf Auslandskrankenschein behandelt werden. Im Krankheitsfall muss dieser Schein beim staatlichen italienischen Gesundheitsdienst *Unità Sanitaria Locale* (U.S.L.) gegen einen italienischen Krankenschein eingetauscht werden. Damit werden Sie in staatlichen Krankenhäusern und anerkannten Arztpraxen kostenfrei behandelt. Realität ist jedoch, dass die meisten Ärzte nur gegen Bares behandeln. Gegen Vorlage einer Rechnung *(Ricevuta)* erstattet Ihnen die heimische Krankenversicherung die Behandlungskosten dann (wenigstens teilweise) zurück. Deshalb ist es ratsam, eine private Reisekrankenversicherung abzuschließen, die schon ab ca. 8 € zu haben ist.

Bei ernsten Beschwerden empfiehlt es sich, eines der **Krankenhäuser** aufzusuchen:

Ospedale Civile, Campo Santi Giovanni e Paolo, Castello.

Ospedale Fatebenefratelli, Fondamenta Madonna dell'Orto, Cannaregio 3458.

Ospedale al Mare, Lungomare D'Annunzio, Lido.

> Der **ärztliche Notruf (Pronto Soccorso)** ist landesweit erreichbar unter ✆ 118 oder unter ✆ 041/5230000 (Ospedale Civile).

Apotheken (Farmacie)

Die mit einem grünen Kreuz gekennzeichnete *Farmacia* kann bei kleineren Beschwerden den Arzt ersetzen. Viele Medikamente sind rezeptfrei erhältlich, darunter auch einige Antibiotika. Die jeweiligen **Nachtapotheken** (Farmacie

di Turno) stehen im Infoheft "Un ospite di Venezia" (→ S. 85) und im Schaufenster.

Apotheken-Öffnungszeiten: Mo–Fr 8.30–12.30 u. 15.30–19.30 Uhr, Sa nur vormittags.

> Deutsch wird z. B. in der Farmacia Internazionale, Via XXII Marzo (Nähe Campo San Moisè), San Marco 2067, gesprochen.

Baden

In den Sommermonaten haben die 12 km langen Sandstrände des **Lido di Venezia** Konjunktur. Sie werden allerdings weitgehend von den kostenpflichtigen *Stabilimenti balneari,* den Strandbädern, kurz *Bagni* genannt, eingenommen. Breite Sandstrände findet man außerdem an der **Punta Sabbioni,** die gut mit der Fähre zu erreichen ist. Da das Wasser im Golf von Venedig nicht immer sauber ist, sollte man es mit dem Baden nicht übertreiben. Informieren Sie sich beim **ADAC-Sommerservice** über die aktuelle Wasserqualität unter ✆ 0180/5232221(25. Mai bis 1. Oktober; 0,12 €/Min.).

Diplomatische Vertretungen

In Notfällen können sich Urlauber an die diplomatische Vertretung ihres Landes wenden.

Deutsches Honorarkonsulat, Campo Santa Sofia, Cannaregio 4201. ✆ 041/5237675. Mo–Sa 9–12.30 Uhr.

Österreichisches Honorarkonsulat, Fondamenta Condulmer, Santa Croce 251. ✆ 041/5240556. Mo–Fr 9–12 Uhr.

Schweizer Generalkonsulat, Campo Sant' Agnese, Dorsoduro 810. ✆ 041/5225996. Mo–Fr 9–12 Uhr.

Ermäßigungen

Die ermäßigten Eintrittspreise für **Museen** gelten für Schüler und Studenten von 15 bis 29. Schüler- bzw. Studentenausweis also nicht vergessen. Auch EU-Bürger über 65 Jahre kommen zum Teil in den Genuss von Ermäßigungen, sie erhalten z. B. das Ticket für die Galleria dell'Accademia zum reduzierten Preis. Bei den anderen Museen immer nachfragen, da es keine einheitliche Regelung gibt.

Rolling Venice: Diesen Pass gibt es für alle im Alter von 14 bis 29 Jahren gegen Vorlage des Ausweises und eines Passbildes. Kostenpunkt 2,58 €. Man erhält damit Ermäßigungen für öffentliche Verkehrsmittel, in Museen und Theatern sowie in einigen Hotels und Restaurants. Erhältlich ist der Pass im *Assessorato alla Gioventù,* Corte Contarina, San Marco 1529, ✆ 041/2747645, Mo–Fr 9–13 Uhr. Der Pass ist immer bis zum Ende des jeweiligen Jahres gültig. Eine weitere Verkaufsstelle befindet sich im Bahnhof, die *Agenzia Transalpino.*

Venezia Pass: Mehrere 2- bis 4-Sterne-Hotels haben sich zu einer Initiative zusammengeschlossen und vergeben vom 1. Juli bis 31. August bei der Buchung von mindestens 2 Übernachtungen den Venezia Pass, der verschiedene Preisnachlässe vorsieht (Museen, Gastronomie, öffentliche Verkehrsmittel). Alle Hotels dieser Initiative finden Sie im Internet unter www.veneziapass.com.

Feiertage

Am 15. August, an Mariä Himmelfahrt, wird in ganz Italien **Ferragosto** gefeiert. Dieses Hauptfest der Marienverehrung ist außerdem das größte Familienereignis Italiens und Höhepunkt der Urlaubssaison – daran denken, dass an diesem Tag fast alles geschlossen hat! Mehr zu den Stadtfesten finden Sie auf S. 54.

Gesetzliche Feiertage: Weihnachten *(Natale)*, Neujahr *(Capodanno)* und Dreikönigstag *(Epifania)* wie in der Heimat.
Karfreitag *(Venerdì santo)* ist kein Feiertag, Ostermontag *(Lunedì di Pasqua)* jedoch wie gewohnt.
25. April, Tag der Befreiung von der deutschen Wehrmacht *(Anniversario della Liberazione)*.
1. Mai, selbstverständlich auch hier *Festa del Lavoro*.
Pfingsten *(Pentecoste)*, nur Sonntag.
6. Juni, Republikgründung *(Fondazione della Repubblica)*.
15. August, *Ferragosto* (s. o.)!
1. November, Allerheiligen *(Ognissanti)* wie bei uns.
8. Dezember, Marias unbefleckte Empfängnis *(Festa dell'Immacolata)*.

Die Stadtfeste im Überblick: *Carnevale di Venezia*, die letzten 12 Tage vor Aschermittwoch.
Festa di San Marco, 25. April.
Festa de la Sensa, Sonntag nach Christi Himmelfahrt.
Festa del Redentore, 3. Juliwochenende.
Regata storica, 1. Septembersonntag.
Festa della Madonna della Salute, 21. November.

Finanzen

Als Mitglied der europäischen Währungsunion schafft es Italien, seine Nullen wegzuzaubern – jetzt ist es für den Urlauber endgültig aus mit dem Millionärsgefühl.

Geldwechsel (Cambio), bis zur Einführung des € und für Reisende aus der Schweiz. Man sollte immer bei Banken tauschen. Hotelrezeptionen und private Wechselstuben tauschen zwar auch Bargeld und Schecks ein, jedoch zu einem schlechterem Kurs bzw. gegen hohe Wechselgebühren.

Sior Maschera

Öffnungszeiten der Banken, sie sind landesweit einheitlich geregelt, Mo–Fr 8.30–13.30 Uhr.

EC-Geldautomaten (Bancomat) gibt es in Venedig genügend. Mit EC-Karte und Geheimnummer kann man auch an Wochenenden problemlos Bargeld bis zu 250 € bekommen – vorausgesetzt, die Apparate funktionieren und weisen das EC-Zeichen auf. Zu Hause werden Fremdgebühren berechnet.

> Bei **Verlust der EC-Karte** sofort das Konto sperren lassen. Von Italien aus wählen Sie ✆ 0049/69/740987 (24 Std.).

Bei **finanziellen Notfällen** ist die telegrafische Postüberweisung das beste Mittel (→ "Post").

Die gängigen **Kreditkarten** werden in vielen Geschäften, Hotels und zunehmend auch Restaurants akzeptiert; verbreitet sind *Eurocard* und *Visa*. Geldautomaten können mit der Kreditkarte ebenfalls benutzt werden, wenn sie das entsprechende Symbol ausweisen.

Gepäckträger

An den drei Hauptankunftspunkten *Stazione Santa Lucia*, *Piazzale Roma* und *San Marco Vallaresso,* stehen in der Regel uniformierte Gepäckträger mit ihren Karren bereit. Deren Dienste sind so teuer wie anderswo ein Taxi. Für ein Gepäckstück werden entfernungsunabhängig ca. 10 € berechnet, für jedes weitere ca. 5 €. Man muss den Gesamtpreis unbedingt vorher aushandeln.

Hochwasser (Acqua alta)

Eine spiegelglatte Wasserfläche bedeckt den Markusplatz, und das trübe Salzwasser macht auch vor dem Portal der Markuskirche und den Arkaden der angrenzenden Prachtbauten nicht Halt. Touristen bewegen sich auf schmalen Laufstegen oder schieben sich in Gummistiefeln durch die Fluten. – Bilder, die jeder kennt! Was den Touristen bisweilen sogar Freude macht, ist für die Venezianer längst zur traurigen Realität geworden. Überflutungen der Stadt sind so alt wie Venedig selbst, doch sie ereignen sich immer häufiger.

Trotz intensiver Bemühungen gibt es bisher keinen wirksamen Hochwasserschutz (→ "Ist Venedigs Lagune noch zu retten?", S. 15). Vor allem wenn der Schirokko-Wind das Meerwasser mit Wucht in die Lagune drückt, schwillt die Flut nicht selten um das Doppelte an. Dann fühlt man sich an die historische Sturmflut von 1966 erinnert, als der tief liegende Markusplatz 1,24 m unter Wasser stand und der **Wasserpegel (Medio mare)** 1,94 m über Normalnull lag. Seitdem gibt es eine Flutwarnzentrale in der Stadt, die den zu erwartenden Wasserstand täglich errechnet und die Bevölkerung mit Sirenengeheul warnt, wenn er eine bedrohliche Höhe erreichen sollte. Das ist ungefähr bei einem Medio-Mare-Stand von 1,10 m der Fall. Dann beginnt das Wasser zunächst an den tiefsten Punkten der Stadt aus den Abflussöffnungen zu sprudeln und breitet sich von dort immer weiter aus. Einige Wege werden so nach und nach unpassierbar, und nicht selten steht der ahnungslose Tourist plötzlich vor einer beachtlichen Pfütze, die man trockenen Fußes nicht mehr überqueren kann. Dann heißt es trockene Umwege suchen, was besonders abends in abgelegeneren Ecken der Stadt nicht ohne Tücken ist.

Wer in den Wintermonaten nach Venedig reist, sollte seine Gummistiefel einpacken, denn gegen nasse Füße gibt es keinen besseren Schutz. Den zu erwartenden Medio-Mare-Stand des Tages erfährt man u. a. beim *Centro maree* unter ✆ 041/5206344.

Information

http:// . . . Venedig-Infos im Internet

www.doge.it
www.enit.it
www.labiennale.org
www.meetingvenice.it
www.provincia.venezia.it
www.virtualvenice.net
www.wel.it/Welcome/Veneto/Venezia

Information von zu Hause aus: Für erste Anfragen wenden Sie sich am besten telefonisch an das staatliche italienische Fremdenverkehrsamt *ENIT (Ente Nazionale Italiano per Il Turismo).* Es unterhält in Deutschland drei Niederlassungen, in der Schweiz und in Österreich je eine. Lassen Sie sich allgemeine Informationen über Venedig, einen Stadtplan und bei Bedarf das Unterkunftsverzeichnis schicken. In Deutschland kann unter der gebührenfreien ✆ 0080000482542 Prospektmaterial zu allen Regionen Italiens angefordert werden.

ENIT in Deutschland, Kaiserstr. 65, 60329 Frankfurt/M., ✆ 069/237434, 📠 232894, E-Mail: Enit.ffm@t-online.de

Karl-Liebknecht-Str. 34, 10178 Berlin, ✆ 030/2478397, ✆ 2478399, E-Mail: Enit-berlin@t-online.de
Goethestr. 20, 80336 München, ✆ 089/531317, ✆ 534527, E-Mail: Enit-muenchen@t-online.de

ENIT in Österreich, Kärntnerring 4, 1010 Wien, ✆ 01/5051630, ✆ 5050248, E-Mail: delegation.wien@aon.at

ENIT in der Schweiz, Uraniastr. 32, 8001 Zürich, ✆ 01/2117917, ✆ 2113885, E-Mail: Enit@bluewin.ch

Information in Venedig: Das städtische Fremdenverkehrsamt *Azienda di Promozione Turistica (APT)* unterhält mehrere Informationsbüros. In diesen Informationsbüros kann man sein Prospektmaterial beliebig aufstocken und gezielte Fragen stellen. Gratis erhältlich ist außerdem die Infobroschüre "Un ospite di Venezia", die einen relativ vollständigen Veranstaltungskalender enthält; sie erscheint 14-tägig und ist zweisprachig (Italienisch/Englisch). Das ebenfalls zweisprachige, kostenlose Stadtmagazin "Leo" erscheint alle 3 Monate und enthält ebenfalls einen Veranstaltungskalender ("Leo Bussola").

Piazza San Marco, im Napoleonischen Flügel (Ala Napoleonica), Mo–Sa 9–19 Uhr, ✆ 041/5298711, ✆ 5230399.

Palazzina dei Santi, im Pavillon der Giardini Reali, Nähe Anlegestelle San Marco Vallaresso, Mo–Sa 9–12.30 und 14.30–18 Uhr.

Stazione Santa Lucia, im Bahnhof, tägl. 9–19 Uhr, ✆ 041/5298727.

Aeroporto Marco Polo, im Flughafengebäude, ✆ 041/2609260.

Lido di Venezia, Gran Viale Elisabetta 6, Mo–Sa 8–14 Uhr, ✆ 041/5265721.

Kino

Zur Stadt des Films avanciert Venedig jedes Jahr Ende August/Anfang September, wenn auf dem Lido das **internationale Filmfestivalal** (→ S. 200) stattfindet. Ebenfalls im August und September wird auf dem *Campo San Polo* ein **Freilichtkino** installiert, in dem die neuesten internationalen Filme (italienisch synchronisiert) gezeigt werden. Während

Jedes Jahr gibt es neue Souvenir-Kreationen

des Filmfestivals gibt es dort auch einige ausgewählte Festivalfilme zu sehen.

Ansonsten bieten die **Programmkinos** aktuelle internationale Filme (z. B. das *Cinema Giorgone,* Rio Terrà dei Franceschi, Cannaregio 4612 oder das *Cinema Ritz,* Calle dei Specchieri, San Marco 617). Das Tagesprogramm aller Kinos entnimmt man am besten der Tageszeitung "Il Gazzettino", der Eintrittspreis liegt bei etwa 6 €.

Kulturelle Veranstaltungen

Am bedeutendsten sind sicherlich die internationale Kunstausstellung **Biennale di Venezia** (→ S. 148) und das **Filmfestival am Lido** (→ S. 200).

Das ganze Jahr über bietet Venedig die Gelegenheit, klassische Konzerte, Opern, Theateraufführungen, Musicals und andere kulturelle Veranstaltungen zu besuchen. Eine vollständige Übersicht der Veranstaltungsorte kann hier nicht gegeben werden. Wer ins venezianische Kulturleben eintauchen möchte, besorgt sich am besten die Stadtmagazine, Infobroschüren und Veranstaltungskalender, die in den städtischen *APT-Informationsbüros* (→ S. 85) kostenlos erhältlich sind. Die Tageszeitung "Il Gazzettino" ist ebenfalls eine gute Informationsquelle.

Zwei besondere Höhepunkte der Musik- und Theatersaison bilden das **Festival di Musica Contemporaneo** und das **Festival del Teatro** im September/Oktober (Infos unter www.labiennale.org).

Für Venedig-Besucher, die in klassischer Kunst schwelgen möchten, sei auf drei Veranstaltungsorte hingewiesen, die ein nachhaltiges Kulturerlebnis versprechen:

Gran Teatro La Fenice: Ein Besuch dieses renommierten Opernhauses mit der tragischen Geschichte (→ S. 121) lohnt sich allein schon wegen des großartigen Interieurs. Hier finden voraussichtlich ab Frühjahr 2002 wieder klassische Konzerte, Opern und Ballette statt. Bis dahin fungieren das **Theaterzelt Pala Fenice** auf der Parkinsel Tronchetto sowie das **Teatro Malibran** (Corte San Giovanni Crisostomo, Cannaregio 5870) als Ersatzspielstätten.

Programm/Reservierung: im Internet unter www.teatrolafenice.it.

Theaterferien: im August.

Eintrittspreise: von 15,50 bis 41,30 €.

Vorverkauf: im Hauptsitz der städtischen Sparkasse *Cassa di Risparmio.* Campo San Luca, San Marco. Mo–Fr 8.30–13.30 Uhr. ✆ 041/5210161.

Teatro Carlo Goldoni: Ein äußerlich nicht besonders ansprechendes, aber traditionsreiches Theater, in dem vorwiegend Komödien gespielt werden, darunter auch diejenigen des Namengebers. Calle Goldoni, San Marco 4650, ✆ 041/5205422, E-Mail: teatrogo@.it.

Vorverkauf: an der Theaterkasse, tägl. 10–13 und 18–19 Uhr.

Chiesa Santa Maria della Pietà: Antonio Vivaldis Kirche, in der noch heute seine Musik erklingt, vorgetragen zum Teil in historischen Kostümen (→ "Sestiere di Castello", S. 142).

Literatur

Venedig ist keine Heimatstadt der Literaten, denn Schriftsteller von besonderem Format hat sie nur ganz wenige hervorgebracht: Der Dramatiker *Carlo Goldoni (1707–1793)* und der umtriebige Schriftsteller und Abenteurer *Giacomo Casanova (1725–1798)* sind beinahe die einzigen, die immer wieder genannt werden, wenn es um das literarische Erbe Venedigs geht. Aber im Gegensatz dazu haben sich viele namhafte ausländische Schriftsteller von der morbiden Schönheit der Lagunenstadt zu Höchstleistungen inspirieren lassen. Entsprechend groß ist die Auswahl an literarischen Werken, deren Handlung in Venedig angesiedelt ist. Hinzu kommt eine regelrechte Flut an Anthologien, Sachbüchern und Reisebeschreibungen älteren und jüngeren Datums. Publikationen zur Stadtgeschichte, Kunst- und Kulturgeschichte sowie zur Architektur bilden dabei einen besonders großen Anteil. Und an opulenten Bildbänden fehlt es ebenfalls nicht.

Eine neuere und obendrein sehr populäre Sparte stellt der **Venedig-Krimi** dar. Ein Genre das in erster Linie von der in Venedig lebenden amerikanischen Bestsellerautorin *Donna Leon* beherrscht wird (→ S. 156). Zweifellos ist das venezianische Labyrinth der geeignete Ort, um detektivischen Spürsinn walten zu lassen und komplexe Verwicklungen zu inszenieren. Donna Leons

Kostbares Murano-Glas

sympathischer Commissario Guido Brunetti führt seine Leser jedenfalls in die verstecktesten Winkel der Stadt. Und ganz nebenbei wimmelt es in den Leon-Krimis von interessanten und detaillierten Milieuschilderungen mit Wiedererkennungseffekt.

Im Folgenden einige Klassiker der Venedig-Literatur und ein paar persönliche Lesetipps:

Brodsky, Joseph: Ufer der Verlorenen. Der russische Dichter (1972 ausgebürgert) reiste jedes Jahr nach Venedig – im Winter. Seiner Liebe zu Venedig gibt er in diesem Buch wortgewaltig Ausdruck. 1996 wurde Brodsky auf der Friedhofsinsel San Michele beigesetzt. Hanser.

James, Henry: Die Flügel der Taube, erzählt die Geschichte einer unheilbar kranken Frau, die in Venedig den Tod sucht. Ein psychologischer Roman (1997 verfilmt) mit tief schürfenden inneren Monologen und erhellenden Begegnungen. Ullstein.

Mann, Thomas: Der Tod in Venedig, das Venedig-Werk schlechthin (1970 verfilmt). Der verarmte, aber hoch angesehene Professor Aschenbach begibt sich in Venedig auf eine leidvolle Suche nach dem Schönen. Fischer.

Highsmith, Patricia: Venedig kann sehr kalt sein, ein psychologischer Kriminalroman mit viel winterlicher Venedig-Atmosphäre. Diogenes.

Calvino, Italo: Die unsichtbaren Städte, in den erdachten Gesprächen zwischen Marco Polo und Kublai Khan werden märchenhafte Städteporträts entworfen, die sich alle irgendwie auf Venedig beziehen. Dtv.

Sartre, Jean-Paul: Königin Albemarle oder der letzte Tourist, nach Abschluss seines Buchs über Genet fährt Sartre nach Venedig und ergeht sich dort in subjektiven Betrachtungen über die Stadt. Fragmentarische Gedanken und Reflexionen mit Tiefgang. Rowohlt.

Heller, Kurt: Venedig, diese 900-seitige (und 2 kg schwere!) Abhandlung über Recht, Kultur und Leben in der Republik Venedig (697–1797) hat akademisches Niveau und lässt kaum eine Frage zur Geschichte der Republik unbeantwortet. Böhlau

Notruf- und Beschwerdenummern

Allgemeiner Notruf/Polizei (Polizia Soccorso Pubblico): ✆ 113.

Pannenhilfe/ADAC-Notrufnummer (deutschsprachig) → "Anreise", S. 61.

Stadtpolizei (Vigili urbani): ✆ 041/2747070.

Für **Beschwerden jeglicher Art** ist eine kostenfreie *Numero verde* der Stadt eingerichtet worden: ✆ 800/355920 (Band). Diesen Beschwerden wird offiziell nachgegangen.

Post

Die italienische Post genießt nicht gerade den besten Ruf. Die Urlaubskarte dauert ihre Zeit. Briefe laufen etwas schneller. Die italienischen Briefkästen sind rot.

Briefmarken/Porto: *Francobolli* kauft man nicht bei der Post, sondern in autorisierten Tabacchi-Läden und -Bars. Das Porto für eine Postkarte bzw. einen Standardbrief in EU-Länder beträgt derzeit 0,41 €. In die Schweiz sind es 0,52 €.

Telegrafische Postüberweisung: bei finanziellen Engpässen ist der *Valido telegrafico* der schnellste Draht zur Heimat. Zu Hause anrufen und bitten, die gewünschte Summe per telegrafischer Postanweisung unter Angabe des Empfängernamens ans Hauptpostamt von Venedig zu schicken. Diese Transaktion kostet eine Gebühr von ca. 15,30 € (vom Absender zu zahlen) und dauert max. 48 Std.

Venedigs Hauptpostamt ist im *Fondaco dei Tedeschi* (→ S. 113) an der Rialtobrücke untergebracht. Öffnungszeiten: Mo–Sa 9–19 Uhr, So 9–12 Uhr.

Rollstuhlfahrer

Rollstuhlgerechte Hotels stehen im offiziellen Unterkunftsverzeichnis, das Sie bei den Fremdenverkehrsämtern (→ S. 84) anfordern können. Es wird zwischen Behindertenzugänglichkeit mit und ohne Begleiter unterschieden.

In der Stadt stellen vor allem die vielen Kanalbrücken zum Teil unüberwindbare Hindernisse dar. In dem ebenfalls bei den Fremdenverkehrsämtern erhältlichen Stadtplan *Venezia per tutti* sind alle für Rollstuhlfahrer zugänglichen Wege und Brücken eingezeichnet sowie die behindertengerechten Toiletten und auch die besonders günstig gelegenen Hotels. Die *Vaporetti* mit der Mittelplattform können problemlos von Rollstuhlfahrern benutzt werden.

Informationen für Rollstuhlfahrer vor Ort unter ✆ 041/5341700.

Sport und Sportereignisse

Während es in Venedig selbst kaum Möglichkeiten gibt, sich sportlich zu betätigen, findet man auf dem Lido allerlei Gelegenheiten dazu.

Fitnessstudio: *Fitness Point,* Calle del Pestrin, Castello 6141, Nähe Campo Santa Maria Formosa. ✆ 041/5209246, Mo–Fr 9–22 Uhr, Sa 9–17 Uhr.

Golf: Kontakt über den *Circolo Golf Venezia,* Lido, ✆ 041/731015.

Jogging: In der Stadt bietet sich lediglich die Uferpromenade *Riva degli Schiavoni* zum Laufen an sowie die anschließenden Parkanlagen. Jedes Jahr an einem Sonntag Ende März/Anfang April findet ein Volkslauf mit über 10.000 Teilnehmern durch die historischen Stadtviertel von Venedig statt (3, 10 und 14 km Distanz). Dann heißt es "Su e zo per i ponti" (die Brücken rauf und runter). Die Teilnehmergebühr beträgt ca. 2,50 €, Informationen unter ✆ 041/5904717. Der **Venedig-Marathon** im Oktober gehört zu den schönsten internationalen Marathonveranstaltungen. Er führt über die Ponte della Libertà und endet am Markusplatz.

Reiten: Kontakt über den *Circolo Ippico Veneziano,* Lido, ✆ 041/5261820.

Radfahren: → "Lido di Venezia" (S. 199) und "L'Isola di Sant'Erasmo" (S. 195).

Tennis: Mietplätze auf dem Lido bietet z. B. der *Tennis Club Venezia,* Lungomare Marconi 41, ✆ 041/5260335.

Wassersport: Infos dazu im IAT-Büro des Lido di Venezia.

Stadtpläne

Wem der Gratisstadtplan des Fremdenverkehrsamtes sowie die Karten und Pläne im vorliegenden Reisehandbuch nicht ausreichen, sollte auf keinen Fall irgendeinen beliebigen Stadtplan am nächstbesten Kiosk kaufen, denn die taugen nicht besonders viel. Empfehlenswert ist lediglich der Venedig-Stadtplan (mit Lido und nördlicher Lagune) der *Litografia Artistica Cartografica* (LAC). Er heißt **Venezia e le isole**

della Laguna und ist im Maßstab 1:6.000 für 4,40 € vor Ort erhältlich; im deutschen Buchhandel kostet er 9,10 €.

Telefonieren

Von fast allen öffentlichen Telefonen Venedigs kann man problemlos ins Ausland telefonieren. Und seitdem das *Telefonino* (Handy) Einzug gehalten hat, gibt es auch keine Warteschlangen mehr vor den Apparaten. Wer selbst mit dem Handy unterwegs ist, wird keine Verbindungsprobleme haben, denn das italienische Mobilfunknetz arbeitet nahezu flächendeckend.

Für **Ferngespräche** am besten nur die orangeroten Apparate mit Digitalanzeige nehmen, die mit magnetischen Telefonkarten funktionieren. Diese *Carta telefonica* kauft man für 2,58 bzw. 5,16 € in Tabacchi-Läden. Wenn die Karte leer ist, kann man ohne Unterbrechung weitertelefonieren, wenn man eine neue nachschiebt.

Die **Tarife** für Gespräche von Italien nach Deutschland sind höher als umgekehrt. Am billigsten telefoniert man werktags nach 22 Uhr und sonntags.

Internationale Vorwahlen: Von Italien nach Deutschland ✆ 0049, nach Österreich ✆ 0043, in die Schweiz ✆ 0041. Nach Italien aus Deutschland, Österreich und der Schweiz ✆ 0039.

Wichtig: neues Vorwahlsystem!
Die italienische Telecom hat ihr Vorwahlsystem geändert, jetzt zählt die Null immer mit! Die Ortsvorwahl muss mit der 0 beginnen, auch wenn man aus dem Ausland anruft. Im städtischen Fernsprechbereich gilt die neue Regelung ebenfalls, die komplette Vorwahl muss immer mitgewählt werden – also Ortsgespräche innerhalb Venedigs immer mit ✆ 041 vorweg.

Toiletten

Angesichts der Touristenscharen stellt der chronische Mangel an öffentlichen Toiletten *(Bagno* bzw. *Gabinetto)* wirklich ein Problem dar. Die Restauranttoiletten sind selbstverständlich nur den zahlenden Gästen vorbehalten, und längst nicht jede Bar verfügt über ein Klo. Wohin also?

An folgenden Plätzen findet man **öffentliche Toiletten:** Bahnhof, Piazzale Roma, Markusplatz, Accademia, Rialtobrücke (Rialtomarkt und Campo San Bartolomeo), Ponte delle Guglie (Cannaregio), Arsenale-Eingang und Via Garibaldi (Ost-Castello).

Tausende von Tagesbesuchern strömen in die Markusbasilika

La Piazza di San Marco – Venedigs altes Herrschaftszentrum

Die einmalige, prunkvolle Kulisse der Piazza San Marco ziert Venedigs meerseitiges Entree. Wer hier ankommt, hat den attraktivsten Einstieg in die Lagunenstadt gewählt und kann sich sogleich in den Bann der atemberaubend schönen Platzanlage ziehen lassen. Einen wirklich überwältigenden Anblick bieten die beiden orientalisch anmutenden Prachtexemplare der venezianischen Zuckerbäckerarchitektur, die Markuskirche und der Dogenpalast.

Auf die besondere Bedeutung, die der Markusplatz im Stadtbild Venedigs einnimmt, deutet allein schon die exklusive Bezeichnung *Piazza* hin, denn alle anderen Plätze der Stadt heißen – geradezu unterwürfig – *Campo*. Ebenso verhielt es sich lange Zeit mit dem majestätischen Dogenpalast, dem die Stadtoberen den Titel *Palazzo* verliehen, während alle Adelspaläste der Stadt schlicht *Casa* (auf Venezianisch *Ca',* Haus) genannt werden mussten, egal wie prächtig sie waren.

Streng genommen besteht der Markusplatz aus zwei rechtwinklig zueinander stehenden Plätzen, der trapezförmigen Hauptpiazza, etwa 175 m lang und zwischen 56 und 82 m breit, sowie der kleinen Piazzetta, die den eigentlichen Zugang zum angrenzenden *Markusbecken (Bacino di San Marco)* bildet. – Aber wer läuft schon mit dem Zollstock über die weitläufige, mit Marmor gepflasterte Platzanlage, anstatt sich dem Zauber ihrer architektonischen Geschlossenheit ganz und gar hinzugeben?

Doch verwundert wird man sich bald fragen, wie das einzigartige Gebäudeensemble, das den Markusplatz umgibt, angesichts der extrem unterschiedlichen Baustile, eine derartige Harmonie ausstrahlen kann: Byzantinischen Stil verkörpert die Markuskirche, späte Gotik der Dogenpalast, während die Alten Prokuratien der Frührenaissance angehören und der Napoleonische Flügel dem Klassizismus. Aber im Trubel der Tauben fütternden Touristenscharen und der lärmenden Jugendlichen auf Klassenfahrt verflüchtigt sich diese Frage vielleicht ganz schnell und man wird sich brav in den Strom der endlosen Besucherschlangen einreihen und geduldig darauf warten, bis man an der Reihe ist, um einen Blick werfen zu können auf die weltberühmten Goldmosaiken der Basilika, in die prächtigen Säle des Dogenpalasts und von der Glockenstube des Campanile über die ganze Lagunenstadt.

Am Abend, wenn die Kirchen und Museen geschlossen sind und die Tagestouristen die Stadt bereits verlassen haben, dann sollte man noch einmal zum Markusplatz zurückkehren und sich der Magie der Piazza erneut aussetzen. Was muss sich auf dieser anmutigen Piazza, die Napoleon einst als schönsten Salon Europas rühmte, in den glanzvollen Jahrhunderten der Serenissima alles abgespielt haben? Die Gemälde der großen venezianischen Maler zeigen den Markusplatz jedenfalls in einem ständigen Festrausch, geschmückt mit Bannern und Fahnen der eroberten mittelmeerischen Besitzungen, überfüllt mit kostümierten Prozessionsteilnehmern und festlich gekleideten Gesandtschaften, die am Dogenpalast und der Basilika vorbeiziehen und von einem großen Aufgebot an Senatoren und Prälaten empfangen werden, in deren

... und den Dogenpalast

Mitte der Doge seine Position als oberster Vertreter der Stadtrepublik feierlich eingenommen hat. Der Markusplatz war Venedigs Festplatz, alle wichtigen Feierlichkeiten fanden hier statt. Aber er war auch regelmäßiger Marktplatz, auf dem nicht selten turbulente, basarähnliche Märkte abgehalten wurden, zu denen die Händler von weither angereist kamen, um die edelsten Waren anzupreisen. Die eckigen weißen Markierungen auf der Piazza kennzeichnen noch heute, wo die einzelnen Händler ihre Stände und Marktbuden aufbauen durften.

Wie jede italienische Piazza war auch der Markusplatz eine volkstümliche Piazza. In mediterraner Manier versammelten die Venezianer sich hier am Abend, um beim geselligen Beisammenstehen die neuesten Nachrichten auszutauschen, bis die Glocken des

La Piazza di San Marco
Karte S. 118/119

Campanile die Nacht einläuteten. Als dann im 18. Jh. die ersten Kaffeehäuser unter den Arkaden der Prokuratien eröffneten, wurde es so richtig gemütlich und die Piazza erhielt ihre legendäre Salonatmosphäre. Obwohl heute weit mehr Touristen als Einheimische in den altehrwürdigen *Cafés Florian, Quadri* und *Lavena* sitzen, gehört ein lauschiger Abend im Kaffeehausstuhl, wo man seinen Gedanken vor der unvergleichlichen Kulisse der Piazza San Marco freien Lauf lassen kann, immer noch zu den schönsten Venedig-Erlebnissen – auch wenn die Getränke sündhaft teuer geworden sind.

Florian, Quadri und Lavena – Venedigs Kaffeehausklassiker

Als die Venezianer im 17. Jh. erstmals Kaffee aus der Levante importierten, dauerte es nicht lange, bis das anfänglich als Medizin eingenommene schwarze Getränk zum stimulierenden Genussmittel avancierte. Die Mode, bittersüßen Kaffee zu trinken, nahm bald solche Ausmaße an, dass allein unter den Arkaden des Markusplatzes über 20 kleine Kaffeeschenken um Kundschaft buhlten. Im 18. Jh. entwickelten sich einige dieser *Botteghe del caffè* zu eleganten Kaffeehäusern, in denen sich neben venezianischen Lebemännern und Lebenskünstlern vom Schlage eines Giacomo Casanova auch die feine Gesellschaft der Stadt tummelte.

Größter Beliebtheit erfreuten sich die drei heute noch existierenden *Cafés Florian, Quadri und Lavena*. Das berühmteste unter ihnen ist zweifellos das Florian, das ehemalige *Café Venezia Trionfante,* das mit Stolz darauf verweist, einige der namhaftesten Literaten, Musiker und Künstler der letzten drei Jahrhunderte bewirtet zu haben. Politisch brisant wurde es im legendären *Florian* lediglich zur Zeit der österreichischen Besatzung in der ersten Hälfte des 19. Jh., als die Anti-Habsburger-Fraktion dort konspirierte, während die Besatzungsoffiziere im gegenüberliegenden *Quadri* verkehrten.

Alle drei Kaffeehäuser zeichnen sich durch gesalzene Preise aus, haben abends lange geöffnet und wenn draußen ein Orchester aufspielt, muss mit einem Musikzuschlag gerechnet werden.

Caffè Florian (27 → Karte S. **118/119),** 1720 gegründet und damit das älteste Kaffeehaus Italiens. Die stilvolle Einrichtung hat längst Patina angesetzt, und die Liste der illustren Florian-Gäste ist lang. Man sitzt auf roten Samtpolstern zwischen schweren Wandspiegeln und labt sich an erlesenen Köstlichkeiten. Cello- und Geigenspieler sorgen häufig für eine romantische Klangkulisse. Im Winter mittwochs geschlossen. ✆ 041/5285338.

Caffè Quadri (26 → Karte S. **118/119),** vis-à-vis vom Florian, ein halbes Jahrhundert jünger, aber ebenso legendär. Im Stil gleicht es einem Wiener Kaffeehaus samt Backwaren und Walzermusik. In den Sommermonaten wird abends im 1. Stock zum Dinieren eingedeckt, die Restaurantpreise sind allerdings horrend. Im Winter montags geschlossen. ✆ 041/52221.

Caffè Lavena (25 → Karte S. **118/119),** traditionsreiches Kaffeehaus von 1750, ebenfalls unter den Arkaden des Markusplatzes. Angeblich frequentierte der in Venedig verstorbene *Richard Wagner* das Lavena, um *Giuseppe Verdi* aus dem Weg zu gehen, der das gegenüberliegende Florian bevorzugte. Helles Interieur und angeschlossene Pianobar. Im Winter dienstags geschlossen. ✆ 041/5224070.

Nicht jedermanns Geschmack: Kaffeehausmusiker

Sehenswertes

Basilica di San Marco (Markuskirche): Dieser faszinierende Kreuzkuppelbau mit seinem orientalischen Gewand beherrscht die Stirnseite der Hauptpiazza vollständig. Schon auf den ersten Blick wird jedem deutlich, das es sich um kein gewöhnliches Gotteshaus handelt, sondern um die Staatskirche Venedigs, einem Sinnbild venezianischer Macht, Größe und Unabhängigkeit. Mit diesem schillernden Prachtbau verherrlichte Venedig sich selbst, seine glorreiche Geschichte und natürlich auch seinen Stadtheiligen.

Alles begann in der ersten Hälfte des 9. Jh., als venezianische Kaufleute die **Reliquien des Hl. Markus** aus Alexandria raubten und nach Venedig überführten. Man verwahrte die Reliquien zunächst in der Palastkapelle des Dogen und begann wenig später mit dem Bau einer repräsentativen Kirche. Doch von diesem frühen Vorgängerbau der Markuskirche sind kaum noch Spuren vorhanden. – Die Geschichte der heutigen Basilika begann 1063 mit der Initiative des *Dogen Domenico Contarini*. Vorbild des geplanten Neubaus war die Apostelkirche in Konstantinopel, und auch die Architekten und Handwerker stammten vermutlich von dort. Bereits 1094 wurde die im romanisch-byzantinischen Mischstil errichtete Fünf-Kuppel-Basilika geweiht, aber ihre Baugeschichte setzte sich bis ins 16. Jh. fort, und alle Stilepochen drückten ihr einen weiteren Stempel auf. Eigens für die Leitung der Bauarbeiten schuf man ein neues Staatsamt, das der **Prokuratoren von San Marco,** die u. a. anordneten, dass alle venezianischen Seefahrer und Kaufleute wertvolle Bauteile (sog. Spolien) wie Säulen, Kapitelle und Friese aus Marmor, Porphyr und anderen edlen Materialien zur Ausschmückung der Basilika mitzubringen hatten.

Das Äußere von San Marco: Nach der Eroberung Konstantinopels (1204) erhöhte sich die Anzahl der Raub- und Beutestücke drastisch, so dass der ursprüngliche rohe Ziegelbau der Markuskirche nach und nach mit kostbaren Marmorinkrustationen, Skulpturen und anderem Zierrat verkleidet und geschmückt werden konnte. In dieser Zeit gelangten auch die vier antiken Bronzepferde, die **Cavalli di San Marco,** auf die Terrasse über dem Hauptportal. Seit 1982 stehen dort allerdings Kopien, während die Originale im Basilikamuseum (s. u.) zu sehen sind. Die ältesten Spolien, die damals aus dem östlichen Mittelmeerraum nach Venedig gebracht wurden, befinden sich an der Südfassade (Ecke Dogenpalast). Es handelt sich um die beiden frei stehenden, üppig skulptierten Marmorpfeiler, die *Pilastri Acritani* (6. Jh.) sowie die vierköpfige Porphyrskulptur der *Tetrarchen* (4. Jh.), die vermutlich den römischen Kaiser Diokletian und seine Mitkaiser darstellt. Die ältesten **Außenmosaiken** (13. Jh.) befinden sich über dem äußersten linken Portal der Hauptfassade, der *Porta Sant'Alippio,* und zeigen die Ankunft der geraubten Markusreliquien, und zwar vor der Kulisse der Markuskirche, wie sie im 13. Jh. ausgesehen hat. Der Mosaikschmuck an den Außenfassaden deutet die Pracht der byzantinischen Goldmosaiken bereits an, die fast den gesamten Innenraum der Basilika bedecken.

Das Innere von San Marco: Auch der gänzlich mit biblischen Mosaiken geschmückte *Narthex* (Vorhalle), durch den man ins Innere gelangt, gibt einen Vorgeschmack auf die über **4.000 qm große Mosaikfläche,** die wie eine Goldtapete an den Innenwänden und Kuppelgewölben der Basilika klebt. Dieser phantastische Schatz ist die größte zusammenhängende Mosaikfläche der Welt, sie wurde zwischen dem 11. und dem 18. Jh. geschaffen, anfangs von Mosaizisten aus Byzanz und später von venezianischen Künstlern. Der weitaus größte Teil der Fläche war bereits im 14. Jh. fertiggestellt. Der einzigartige Mosaikschmuck von San Marco beeindruckt vor allem durch seine ikonographische Komplexität. Das Programm der erzählenden Bilder erfasst nahezu alle Themen des Alten und Neuen Testaments und kommt einer Bibel in Bildern gleich. Doch trotz des überwältigenden Gesamteindrucks wirkt der Innenraum düster, da die relativ kleinen Fensterflächen nicht genügend Licht hereinlassen.

Auch der Blick nach unten, auf den mittlerweile welligen **Fußboden,** ist ein wahrer Hochgenuss. Wie ein orientalisch gemusterter und ornamentierter Teppichboden bedeckt eine farbige Mosaikfläche aus Marmor, Porphyr und Glas den gesamten Kirchenfußboden. Der obligatorische Rundgang führt zum **Hochaltar,** der durch eine kunstvoll gearbeitete Chorschranke mit Marmorstatuen vom Hauptraum abgetrennt ist. Unter dem Baldachin mit seinen vier reliefverzierten Säulen ruhen die **Markusreliquien** in einem Sarkophag. Durch ein Fenster im Altar kann man sie sehen. Eine absolute Kostbarkeit der byzantinisch-lateinischen Goldschmiedekunst verbirgt sich hinter dem Hochaltar, es handelt sich um die viel bestaunte *Pala d'Oro,* eine große goldene Tafel (140 x 345 cm) die mit über 2.000 Edelsteinen besetzt ist (extra Eintritt, s. u.). Die einzelnen Gold- und Emailleplatten, aus denen dieser Altaraufsatz zusammengesetzt ist, entstanden zwischen dem 10. und 14. Jh. Christus als Pantokrator (thronender Christus) steht im Zentrum dieser Preziose, während am unteren Rand die Geschichte des Evangelisten Markus erzählt wird. Ein weiterer besonderer Kunstschatz verbirgt

Basilika San Marco, Porta Sant'Alippio – dieses Portal-Mosaik zeigt die Überführung der Markusreliquien nach Venedig

sich in der *Capella della Madonna Nicopeia* links vom Hauptaltar; das Andachtsbild der namengebenden **Siegbringenden Madonna,** eine mit Perlen und Juwelen besetzte Ikone aus dem 10. Jh., die als Beutestück aus Konstantinopel hierher gelangte.

In den ersten Jahrhunderten nach ihrer Fertigstellung diente die Markuskirche auch als Grabstätte der Dogen, überall stößt man auf Wandnischen mit Dogengrabmälern. *Andrea Dandolo* war der letzte Doge, der 1354 hier beigesetzt wurde.

Tesoro und Galleria von San Marco: In der Basilika befinden sich noch zwei Museen, der Tesoro (Schatzkammer) im rechten Seitenschiff und die Galleria im Obergeschoss über dem Eingang. Beide Museen geben Einblick in die unermesslichen Kunstschätze der Markuskirche. Der Tesoro beherbergt den Kirchenschatz, der zugleich auch Staatsschatz war. Er besteht größtenteils aus Beutestücken, die die Venezianer aus Konstantinopel mitbrachten, sowie aus späteren Schenkungen und Ankäufen. Zu sehen sind kostbare Reliquienschreine, byzantinische Ikonen, Elfenbeinarbeiten, Messkelche, feine Glasarbeiten u. v. m. Der Aufstieg zur **Galleria** lohnt sich hingegen wegen der dort ausgestellten Originale der antiken Bronzepferde *Cavalli di San Marco.* Außerdem hat man die Mosaiken in Augenhöhe vor sich und darf obendrein die Loggia betreten, um den Blick über die großartige Platzanlage schweifen zu lassen.

Basilica di San Marco: Mo–Sa 9.45–16.30 Uhr, So 14–16.30 Uhr, Eintritt frei. **Pala d'Oro:** 1,55 €, erm. 0,77 €. **Tesoro:** 2,07 €, erm. 1,03 €. **Galleria:** tägl. 9.45–17.30 Uhr, 1,55 €, erm. 0,77 €. Fotografieren verboten.

Palazzo Ducale (Dogenpalast): Majestätisch beherrscht das monumentale Regierungsgebäude der Dogenrepublik die Markus-Piazzetta. Ebenso wie die benachbarte Markuskirche repräsentiert und glorifiziert der Dogenpalast die einstige Weltmacht Venedig. Bis zur Selbstauflösung der Republik im Jahr 1797 beherbergte der Palazzo Ducale sämtliche Amtsräume der Regierungsorgane sowie die Privatgemächer des Dogen und nicht zuletzt auch die berüchtigten Zellen des Staatsgefängnisses.

Seine Baugeschichte reicht bis in die Gründungszeit der Lagunenstadt zurück. Bereits Anfang des 9. Jh. stand an der Stelle des heutigen Dogenpalasts eine Holzzitadelle mit Wehrtürmen, die ringsum von Kanälen geschützt war. Erst im 12. Jh. entstand auf Initiative des *Dogen Sebastiano Ziani* ein Steinbau im byzantinischen Stil, der jedoch aufgrund der steigenden Zahl der Regierungsmitglieder bald einem repräsentativeren Neubau weichen musste, dessen Errichtung 1340 begann. Die Chronik der Baugeschichte, die letztlich bis ins 17. Jh. hineinreicht, verzeichnet mehrere Rückschläge durch verheerende Brände, vor allem die von 1483 und 1577.

Das Äußere des Dogenpalastes: So prächtig und elegant wie heute erstrahlen die rötlich schimmernden Marmorfassaden des Palazzo Ducale seit ihrer Fertigstellung im Jahr 1438. Die Westfassade, die zur Piazzetta zeigt, und die uferseitige Südfassade sind nahezu identisch im Aufbau. Beide Fassaden gelten als Musterbeispiele der venezianischen Spätgotik und dennoch sind sie voll und ganz in den orientalisch-byzantinischen Stil getaucht. Diese perfekt gelungene Stilverschmelzung, die die Außenansicht des Dogenpalasts kennzeichnet, war seinerzeit beispielhaft für die herrschaftlichen Uferpalazzi am Canal Grande.

Die unteren Arkaden mit ihren leicht gedrungenen Spitzbögen, darüber die offenen Loggien mit ihrem filigranen Maßwerk und der zierliche Zinnenrand vor dem flachen Dach lassen diesen Repräsentationsbau monumental und schwerelos zugleich erscheinen. Aus Symmetriegründen befindet sich das Hauptportal, die *Porta della Carta,* am äußersten Rand der Westfassade, wo es außerdem das architektonische Bindeglied zur Markuskirche darstellt. Das Hauptportal heißt deshalb "Papiertor", weil die Bürger, die keinen Zutritt zum Dogenpalast hatten, hier ihre Bittschriften abgeben konnten, und vor diesem Tor wurden ihnen auch die Bekanntmachungen und Gesetze der Republik verkündet. Über dem Tor kniet der *Doge Francesco Foscari* vor dem Markuslöwen.

Das Innere des Dogenpalastes: Der anschließende Bogengang *Arco Foscari* verkörpert stilistisch den Übergang zur Frührenaissance und endet im *Cortile* (Innenhof). Von dort führt die wuchtige *Scala dei Giganti* (Treppe der Giganten) mit den beiden Kolossalstatuen Mars und Neptun hinauf ins Obergeschoss. Auf der obersten Stufe dieser monumentalen Treppe wurden die neugewählten Dogen mit dem *Corno ducale,* der charakteristischen Dogenmütze gekrönt.

Im Mauerwerk des oberen Arkadengangs ist einer der berüchtigten Denunziationsbriefkästen *Bocca di Leone* ("Löwenmaul") zu sehen, die überall in

Das **Museumssammelticket/Biglietto cumulativo** (9,30 €) gilt 90 Tage lang für den Palazzo Ducale, das Museo Correr, das Museo Archeologico und die Biblioteca Marciana sowie für den Palazzo Mocenigo (Sestiere di Santa Croce), das Museo del Vetro (Murano) und das Museo del Merletto (Burano). Ermäßigter Preis (5,16 €) für Schüler und Studenten von 15 bis 29 Jahren. Die Museen Correr, Archeologico und Biblioteca Marciana haben einen gemeinsamen Eingang (Ala Napoleonica).

Licht- und Schattenspiele im Dogenpalast

der Stadt steckten. Mittels eingeworfener Zettel konnte damals jedermann unerkannt seinen Nachbarn beschuldigen und der staatlichen Sicherheitsbehörde melden.

Der Rundgang durch die prunkvollen Säle des Dogenpalasts vermittelt einen anschaulichen Eindruck vom mächtigen Regierungsapparat der Serenissima. Die Räumlichkeiten, mit deren Ausschmückung die namhaftesten Künstler der Stadt über Jahrhunderte hinweg beschäftigt waren, sind von einer derartigen Pracht erfüllt, dass es einem fast die Sprache verschlägt. So muss es damals wohl auch den ausländischen Gesandten ergangen sein, als sie die reich verzierte goldene Treppe **Scala d'Oro** hinauf in die luxuriösen Amtsräume des Obergeschosses geführt wurden. Zunächst gelangt man in die **Sala del Anticollegio,** dem Warteraum für ausländische Gesandte, dessen mythologische Wandgemälde fast alle von *Tintoretto* stammen. Hier befindet sich auch *Paolo Veroneses* Meisterwerk "Raub der Europa".

In der anschließenden **Sala del Collegio,** in der nur die hochrangigen Besucher empfangen wurden, sind die Wände und Decken vollständig mit Gemälden von *Tintoretto, Tizian* und *Veronese* bedeckt, darunter auch Veroneses Wandbild "Sebastiano Venier", in dem er den Oberbefehlshaber der venezianischen Flotte in der Schlacht von Lepanto verherrlichte.

Es folgt der Senatssaal, **Sala del Senato,** in dem das 100-köpfige Gremium der Senatoren zweimal pro Woche tagte. Das Deckengemälde "Venedig als Königin der Meere" stammt von *Tintoretto.* In den anschließenden Räumen *Sala del Consiglio dei Dieci* und *Sala della Bussola* war die gefürchtete Sicherheitsbehörde untergebracht. Nicht ganz unpassend dazu folgt der Waffensaal *(Sala d'Armi)* mit über 2000 zum Teil reichlich martialischen Exponaten zur venezianischen Waffentechnik.

Dogenpalast, Innenhof

Danach steigt man hinunter zum **Sala del Maggior Consiglio,** dem größten und beeindruckendsten Raum des Palazzo Ducale, 54 m lang und 25 m breit). Die verschwenderische Ausschmückung dieses Großen Ratssaals entspricht ganz seiner Bedeutung, denn hier tagte das größte Organ des Staatsapparats mit seinen bis zu 1.800 Mitgliedern. Es war mehr als ein Desaster, als die viel gerühmten Saalausmalungen von Gentile und Giovanni Bellini, Tizian, Carpaccio u. a. dem Großbrand von 1577 nahezu vollständig zum Opfer fielen. Für die erneute bildliche Ausschmückung des Großen Ratssaals und der anderen zerstörten Amtsräume verpflichtete die Regierung u. a. Tintoretto und Veronese. Beide Maler hinterließen hier großartige Beispiele ihrer außergewöhnlichen Begabung. Das riesige Wandbild "Paradies" von *Tintoretto* stellt einen Superlativ der Malerei dar, mit 7 x 22 m ist es weltweit das größte Ölgemälde auf Leinwand. Im Zentrum eines unglaublichen Menschengewimmels thront Christus als Lichtgestalt. Wohl nicht zufällig schmückt gerade dieses gigantische Gemälde die Wand hinter dem Dogenthron. Die übrigen Wandflächen sind mit Bildern ausgestaltet, in denen die großen geschichtlichen Ereignisse der Serenissima verherrlicht werden. Die vergoldete Holzdecke enthält insgesamt 35 Leinwandgemälde, darunter *Paolo Veroneses* beachtenswerte "Apotheose Venedigs", eine Komposition von ungeheurer Leuchtkraft und Perspektive. Im Deckenfries sind die Porträts der ersten 76 Dogen der Republik aneinander gereiht, die seit 697 regierten. Ein Feld ist jedoch schwarz übermalt, der betreffende *Doge Marino Falier* wurde 1355 wegen Hochverrats einen Kopf kürzer gemacht.

Der Rundgang durch den Dogenpalast führt auch in den Bereich der einstigen **Privatgemächer des Dogen,** wo u. a. Bilder von *Giovanni Bellini, Vittore Carpaccio* und *Hieronymus Bosch* zu sehen sind.

Prigioni: Auf früheren Geheimgängen lernt man dann den düsteren Teil des Dogenpalasts kennen. Labyrinthische Gänge und Treppen führen zu den *Antiche Prigioni,* den alten venezianischen Kerkern und Folterkammern, und von dort über die berühmte **Seufzerbrücke (Ponte dei Sospiri)** in das venezianische Staatsgefängnis *Prigioni Nuove,* das erst im 16. Jh. als eigenständiger Bau neben dem Dogenpalast errichtet worden ist. Durch die filigranen Fensteröffnungen der überdachten Seufzerbrücke konnten die Gefangen einen letzten Blick in die Freiheit werfen, bevor sie in den Verliesen schmoren mussten – und in den berüchtigten *Bleikammern (Piombi),* den Zellen direkt unter dem bleiernen Dach, schmorten sie tatsächlich, denn im Sommer war die Hitze dort unerträglich. Ebenso schrecklich waren die *Pozzi,* die nasskalten Brunnen im Erdgeschoss, wo die Feuchtigkeit die Gefangenschaft zur Hölle machte. Einer der prominentesten Insassen der Prigioni war Casanova (→ S. 102), dem unter spektakulären Umständen die Flucht gelang.

Palazzo Ducale: April bis Okt. tägl. 9–19 Uhr, Nov. bis März tägl. 9–17 Uhr. Eintritt nur mit dem **Museumssammelticket/ Biglietto cumulativo** (→ S. 96) zu 9,30 €, erm. 5,16 €. Abgesehen von dieser individuellen Besichtigung können auch **erweiterte Führungen** auf Italienisch und Englisch gebucht werden (12,40 €, Voranmeldung unter ✆ 041/5224951). Für die individuelle Besichtigung empfiehlt sich der handliche **Audioführer** (auch auf Deutsch) für 3,62 €. Im Hof des Palazzo befindet sich eine Cafeteria sowie eine Garderobe.

Colonne di San Marco e San Teodoro (Säulen der Heiligen Markus und Theodor): An der Wasserseite der Markus-Piazzetta markieren zwei Granitsäulen geradezu theatralisch den "Eingang" zur Stadt. Wo heute die Gondolieri auf Kundschaft warten, befand sich einst Venedigs Haupthafen, in dem alle Schiffe, die die Adria heraufkamen, anlegten. Die beiden Säulen gelangten im 12. Jh. aus Tyros (Libanon) als Beutestücke hierher. Eine trägt die heldenhafte Statue des Hl. Theodor, der bis zum Raub der Markusreliquien als oberster Schutzpatron der Stadt verehrt wurde. Auf der anderen Säule reckt sich der Markuslöwe, das Wappentier Venedigs. Dieser geflügelte Säulenlöwe mit der Bibel zwischen den Pranken war einst vergoldet und stammt vermutlich aus Persien, Flügel und Buch erhielt er jedoch erst in Venedig. Laut Volksmund bringt es übrigens Unglück, zwischen den Säulen hindurchzugehen, denn die Stelle diente früher als Hinrichtungsplatz.

Libreria Vecchia di San Marco (Biblioteca Marciana): Vis-à-vis vom Dogenpalast, also an ganz privilegierter Stelle, steht dieses elegante klassizistische Bibliotheksgebäude von *Jacopo Sansovino* und *Vincenzo Scamozzi* aus dem 16. Jh. Es verkörpert Venedigs endgültige Hinwendung zur Renaissancearchitektur und gilt als perfektes Vorbild für fast alle Profanbauten in diesem Stil. Mit lebensgroßen Dachskulpturen und üppigen Verzierungen über den Säulenreihen wird die strenge Symmetrie dieses zweigeschossigen Flachbaus aufgelockert. Zum Gebäudekomplex gehört auch die benachbarte, ehemalige Münze **La Zecca,** ebenfalls ein Bau von Sansovino. Hier befindet sich der Bestand der Markusbibliothek mit seinen über 750.000 Bänden.

Die Piazzetta: Venedigs Säulen-Entree

Die alten Lesesäle der Markusbibliothek beherbergen eine wertvolle Handschriftensammlung sowie zahlreiche Preziosen der Buchmalerei und der Kalligraphie (Schönschreibkunst). Die Wände und Decken sind mit kunstvollen Gemälden ausgeschmückt. Einige Wandporträts der antiken Philosophen im großen Saal stammen von *Tintoretto* (z. B. die beiden links und rechts neben dem Tempelportal). *Veronese* hingegen wird die zweite Deckenbildreihe mit allegorischen Darstellungen der Musik, Arithmetik und Geometrie zugesprochen. *Tizian* hat das Deckenbild im hinteren kleinen Saal angefertigt, eine Allegorie der Weisheit (1560).

Biblioteca Marciana: Öffnungszeiten wie Palazzo Ducale. Eintritt nur mit **Museumssammelticket/Biglietto cumulativo** (→ S. 96) zu 9,30 €, erm. 5,16 €.

Campanile mit Colonna (San Teodoro)

Campanile (Markusturm) und Loggetta (kleine Loggia): In exponierter Lage, am Schnittpunkt von Piazza und Piazzetta, ragt der schwergewichtige Ziegelsteinbau des Campanile 99 m empor. Im 12. Jh. war das Werk vollbracht, seine Pyramidenspitze erhielt der Turm jedoch erst im 15. Jh. Der Stadtrepublik diente er als Leucht-, Wach- und Glockenturm gleichermaßen. Im 16. Jh. wurden hier gar Ehebrecher an den Pranger gestellt – und zwar in einem vergitterten Käfig, der am Turm befestigt war. Am 14. Juli 1902 stürzte der Campanile ohne Vorwarnung in sich zusammen. Die bekannten Fotoaufnahmen, die von diesem Unglück existieren, sind allerdings geschickte Fälschungen. 1912 war der originalgetreue Wiederaufbau beendet. Heute führt ein Fahrstuhl hinauf zur *Glockenstube,* wo früher fünf verschiedene Glocken ertönten – eine rief z. B. die Senatoren in den Dogenpalast. Wer schwindelfrei ist, sollte sich den phantastischen Ausblick von oben nicht entgehen lassen. Beim Schlangestehen kann man die kleine Marmorloggia am Fuß des Turms ausgiebig unter die Lupe nehmen. Sie wurde in der ersten Hälfte des 16. Jh. von *Sansovino* geschaffen. Anfangs diente sie den Regierungsmitgliedern als Treffpunkt, später beherbergte sie die Wache des Dogenpalasts. Die vier Bronzefiguren (Apollo, Merkur, Minerva sowie eine Friedensfigur) stammen ebenfalls von Sansovino.

Campanile: tägl. 9–19.30 Uhr. Eintritt 5,16 €, erm. 2,58 €.

Procuratie Vecchie e Nuove (Alte und Neue Prokuratien (Procuratie Vecchie e Nuove)): Die Längsseiten der Piazza San Marco werden vollständig von den beiden Prokuratien beherrscht, den Verwaltungsgebäuden der Serenissima, in denen die höchsten Beamten (Prokuratoren) ihre Amtsstuben hatten. Die Prokuratoren verwalteten das gesamte Vermögen der Stadtrepublik und waren für alle öffentlichen Bauvorhaben zuständig, in erster Linie aber für die kostspielige Vollendung der Markuskirche.

Das dreigeschossige Gebäude der *Procuratie Vecchie,* an der Nordseite, entwarf *Mauro Coducci* im Stil der venezianischen Frührenaissance. 1517 waren die Arbeiten an diesem Monumentalbau mit seiner 150 m langen Arkadenfassade abgeschlossen. Betreten darf man heute allerdings nur die edlen Geschäfte und altehrwürdigen Kaffeehäuser unter den Arkaden. Vis-à-vis entstanden über ein Jahrhundert später die *Procuratie Nuove*, die den mittlerweile gestiegenen Platzbedarf der Prokuratoren befriedigen sollten. *Baldassare Longhena* stellte diesen dreigeschossigen Bau, den *Vincenzo Scamozzi* 1586 begonnen hatte, Mitte des 17. Jh. fertig. Scamozzi orientierte sich bei seinem Entwurf ganz am benachbarten Gebäude der Libreria Vecchia, nur das dritte Stockwerk ist ein Zugeständnis an die gegenüberliegenden Procuratie Vecchie.

Museo Archeologico in der Procuratie Nuove: Die Räumlichkeiten der Neuen Prokuratie beherbergen u. a. das interessante archäologische Museum Venedigs. Obwohl die Lagunenstadt selbst erst lange nach dem Ende der klassischen Antike entstanden ist, befinden sich hier einzigartige Kunstschätze aus dieser Zeit. Zu den Attraktionen gehören z. B. die Mädchenstatuen (Koren) aus der archaisch-griechischen Epoche und die Steinreliefs aus dem alten Assyrien (8. Jh. v. Chr.). Büsten und Statuen aus der römischen Kaiserzeit sowie Kleinkunst aus Keramik, Bronze und Elfenbein gehört ebenfalls dazu. Insgesamt ein lohnender Besuch, der jedoch kaum etwas mit dem "Thema Venedig" zu tun hat.

Museo Archeologico: Öffnungszeiten wie Palazzo Ducale. Eintritt nur mit **Museumssammelticket/Biglietto cumulativo** (→ S. 96) zu 9,30 €, erm. 5,16 €.

Ala Napoleonica (Napoleonischer Flügel): Wie kein anderes Gebäude macht dieser klassizistische Verbindungsbau zwischen den beiden Prokuratien die architektonischen Eingriffe aus der Zeit der Napoleonischen Okkupation Venedigs deutlich. Ganz abgesehen von den schamlosen Plünderungen, die auch vor dem venezianischen Staats- und Kirchenschatz nicht Halt machten, griff *Napoleon* sogar in die architektonische Gestaltung der Piazza San Marco ein, sein Satz vom "schönsten Salon Europas" hin oder her. Nun weiß man nicht, ob er dies vor oder nach dem Umbau sagte, jedenfalls ließ er zwischen 1807 und 1810 für die Errichtung seiner venezianischen Residenz die an dieser Stelle stehende *Chiesa San Geminiano* aus dem 16. Jh. abreißen. Gegenüber der Markuskirche bildete San Geminiano damals den Abschluss der Piazza. Jetzt hat diese Seite wenigstens ein harmonisches Aussehen – sagen wohlwollende Experten, während andere sich die Kirche zurückwünschen.

Museo Correr: Dieses gut bestückte Museum im Napoleonischen Flügel und den Procuratie Nuove besitzt im Wesentlichen zwei Abteilungen, die umfangreiche Sammlung zur Stadt- und Kulturgeschichte Venedigs und eine Gemäldegalerie mit repräsentativen Werke des 14.–16. Jh.

Etwas überraschend sieht man sich zunächst mit Skulpturen und Reliefs von *Antonio Canova* (1757–1822) konfrontiert. Der eigentliche **Streifzug durch die Geschichte Venedigs** beginnt dann mit alten Stadtansichten und mit Einblicken in die Welt der Dogen. Neben einigen Dogenporträts gibt es auch kostbare Amtstrachten und zwei Exemplare der seltsamen, goldbestickten Kopfbedeckung *Corno ducale* zu sehen, die der phrygischen (kleinasiatischen) Fischermütze nachempfunden ist. Diese krönenden Zipfelmützen der Dogen waren mit Edelsteinen im Wert von ungefähr 200.000 Dukaten besetzt. Auch Numismatiker kommen in dieser Abteilung auf ihre Kosten, sie können sich ausgiebig von der venezianischen Münzkunst des 12.–18. Jh. überzeugen,

Casanova – ein venezianisches Multitalent

Das Licht der Welt erblickte *Giacomo Girolamo Casanova* am 2. April 1725. An seinem Elternhaus in der Calle Malpiero im Markusviertel erinnert eine Gedenktafel daran. Sein Name ist heute zum Synonym des Verführers geworden, doch seine Begabungen waren keineswegs einseitig. In seinen selbst niedergeschriebenen Lebenserinnerungen trifft man ihn als Literaten und Spieler, Advokaten und Spitzel, Humanisten und Abenteurer, Laienprediger, Musiker und Scharlatan. Dass diesem Mann der Schalk im Nacken sitzt, verrät sein Porträt Konterfei jedenfalls auf den ersten Blick. Aufgewachsen in einer Zeit, als die Serenissima ihren endgültigen Untergang in einem karnevalesken Finale zelebrierte, machte Casanova seinem Namen schon in jungen Jahren viel Ehre. Er verkehrte in Adelskreisen, an den Spieltischen der zahlreichen Casinos, in den verruchtesten Bordellen der Stadt und stellte sogar den Nonnen nach. Einflussreiche Gönner halfen ihm immer wieder auf die Beine, wenn er strauchelte, seinen ganzen Besitz z. B. in einer einzigen Nacht verspielte. Doch vor dem Kerker konnte ihn niemand bewahren. Als Opfer einer Denunziation wurde Casanova am 26. Juli 1755 wegen Libertinage und Blasphemie verhaftet. In seinen Memoiren beschrieb Casanova die Situation der Gefangenen des Dogenpalastes recht eindrücklich: "In den *Pozzi* [→ "Prigioni", S. 98] steht das Wasser stets zwei Fuß tief, und wenn der Gefangene nicht den ganzen Tag bis zu den Knien im Salzwasser verbringen will, muss er sich auf ein Holzgerüst setzen, wo er auch seinen Strohsack hat, und wo er am Abend sein Wasser, seine Suppe, und seine Portion Brot entgegennimmt. Dieses muss er gleich essen, bevor es ihm die riesigen Wasserratten aus den Händen reißen." – Die Aussicht, sein Leben unter solchen Bedingungen fortzusetzen, regte Casanovas Phantasie an. In der Nacht des 31. Oktober 1756 gelang ihm nach mühsamen nächtelangen Bohrarbeiten die Flucht aus der Zelle in den Innenhof des Dogenpalasts, wo er einen Nachtwächter übertölpelte, indem er diesem vorspielte, ein fleißiger Beamter zu sein, der Überstunden gemacht habe. Noch in der selben Nacht setzte sich Casanova nach Mestre ab und gelangte von dort über Treviso ins europäische Ausland. Erst 18 Jahre später kehrte er – mittlerweile amnestiert – in seine Heimatstadt zurück, wo er ausgerechnet als Spitzel der venezianischen Geheimpolizei arbeitete. Abermals verleumdet und denunziert, wurde Casanova unwiderruflich aus Venedig verbannt. Als *Chevalier de Seingalt,* wie er sich fortan nannte, trieb es ihn in den verschiedensten Funktionen an die Höfe von Wien, Paris, London und Sankt Petersburg. 1798 verstarb er auf Schloss Dux im nördlichen Böhmen, wo er dem Grafen Waldstein 13 Jahre als Bibliothekar gedient hatte. Eine Stellung, die Casanova auch genutzt hat, um seine berühmten Lebenserinnerungen "Geschichte meines Lebens" zu schreiben, eine Hinterlassenschaft von kulturgeschichtlichem Rang.

sogar Prägemaschinen gehören zu den Exponaten. Die anschließenden Räume widmen sich der Seemacht Venedig; ausgestellt sind u. a. Gemälde von Seeschlachten, darunter natürlich auch die historische Schlacht von Lepanto. Auch einige kunstvolle Überreste des letzten venezianischen *Bucintoro* sind zu sehen. Die Zerstörung dieses Prunkschiffs der Dogen, das auf zahlreichen Gemälden

Die Nummer eins unter den Piazza-Cafés: Caffè Florian

zu bewundern ist, hat übrigens ebenfalls Napoleon zu verantworten. Außerdem zeigt eine umfangreiche Waffensammlung Exponate zur venezianischen Waffentechnik sowie erbeutete türkische Schwerter und Rüstungen.

Die **Gemäldegalerie** befindet sich im zweiten Stockwerk. Sie ist auch deshalb von besonderer Bedeutung, weil sie Werke der venezianischen Malerei des 14. Jh. besitzt, also aus der Zeit vor der bahnbrechenden Bellini-Ära. Tafelbilder von *Paolo* und *Lorenzo Veneziano* sowie *Jacobello del Fiore* zeigen die allerersten Ansätze der venezianischen Maler, sich vom Ikonenstil der byzantinischen Malerei zu lösen. In der kleinen Sektion mit flämischer Kunst des 15. Jh. ist auch *Antonello da Messina* vertreten, der die niederländische Maltechnik nach Norditalien brachte. Ein ganzer Saal ist der Bellini-Familie gewidmet, in dem einige der berühmten Madonnendarstellungen ("Pietà") von *Jacopo* und *Giovanni Bellini* zu sehen sind, während *Gentile Bellini* u. a. mit einem Porträt des "Dogen Giovanni Mocenigo" vertreten ist. Es folgen Werke aus der Früh- und Hochrenaissance, u. a. von *Vittore Carpaccio* und dem Universalgenie *Jacopo Sansovino*.

Eine angeschlossene Sektion des Museo Correr befasst sich mit dem *Risorgimento*, der Zeit der italienischen Unabhängigkeits- und Einigungsbestrebungen im 19. Jh.

Museo Civico Correr: Öffnungszeiten wie Palazzo Ducale. Eintritt nur mit **Museumssammelticket/Biglietto cumulativo** (→ S. 96) zu 9,30 €, erm. 5,16 €.

Torre dell'Orologio (Uhrturm): Dieser prächtige Renaissanceturm rechts neben den Alten Prokuratien ist nach einem Entwurf von *Mario Coducci* errichtet worden. Der Mechanismus der vergoldeten Turmuhr vom Ende des 15. Jh. wurde damals als Wunderwerk betrachtet. Er setzt sich zweimal im Jahr in Bewegung: Am Himmelfahrts- und am Dreikönigstag ziehen die Heiligen Drei Könige ehrfürchtig an der Madonna vorbei. Tagaus, tagein hingegen schlagen die beiden Bronzemohren auf der oberen Terrasse die Stunde. Das große Zifferblatt zeigt nicht nur die Stunde an, sondern auch die Mondphasen und die Bewegung der Sonne in Verbindung mit den Tierkreiszeichen. Wenn die aufwendige Restaurierung des Uhrturms abgeschlossen ist, wird man wohl auch wieder die Dachterrasse betreten können.

Praktische Informationen rund um den Markusplatz finden Sie im Kapitel "Il Sestiere di San Marco (Markusviertel)" ab S. 122.

Der Canal Grande teilt Venedig in zwei Hälften

Il Canal Grande – Venedigs einzigartiger Wasserboulevard

Einen überaus bequemen Streifzug durch das historische Zentrum der Lagunenstadt bietet eine Bootsfahrt auf dem Canal Grande. Die ältesten und schönsten Palastfassaden Venedigs säumen die Ufer zu beiden Seiten dieses Prachtkanals, der sich wie ein spiegelverkehrtes S mitten durch die Stadt schlängelt und sie halbiert: Am rechten Ufer erstrecken sich die Stadtteile Cannaregio, San Marco und Castello, am linken Ufer Santa Croce, San Polo und Dorsoduro.

Der Canal Grande hat im Prinzip einen natürlichen Verlauf, denn es handelt sich um einen ehemaligen Mündungsarm des Flusses Brenta. Die Stadtgründer nannten ihn *Rivus Altus* ("tiefer Fluss") und begannen hier mit der Befestigung ihrer Lagunenstadt. Der Canal Grande, wie er erst viel später genannt wurde, bildet das gekrümmte Rückgrat Venedigs. An seinen Ufern stehen die prächtigsten venezianischen Palazzi, deren Schaufassaden alle zur Wasserseite ausgerichtet sind. *Canalazzo* nennen die Venezianer ihren Prachtkanal treffend, das ist eine Wortschöpfung, in der die Worte "Canal" und "Palazzo" miteinander verschmelzen. Über 200 Palazzi aus der Glanzzeit der Serenissima stehen hier dicht an dicht, und dazwischen ragt ein gutes Dutzend imposanter Kirchenbauten auf, insgesamt eine überwältigende Gebäudeansammlung, die sich vollständig nur vom Wasser aus erschließen lässt. – Steigen Sie am besten in ein *Vaporetto* und fahren den Prachtkanal in voller Länge ab. Sichern Sie sich dabei möglichst einen der begehrten Bugplätze, auf denen die Kanalfahrt im öffentlichen Wasserbus zur gemütlichen Sightseeing-Tour wird.

Vom *Markusbecken (Bacino di San Marco)* bis zum Bahnhof *Stazione Santa Luci)* misst der ca. 5 m tiefe Canal Grande fast 4 km. Seine Breite schwankt zwischen 30 und 70 m, und nur drei Brücken, *Ponte dell'Accademia, Ponte di Rialto und Ponte Scalzi,* überspannen ihn. Das Verkehrsaufkommen steht dem üblichen Cityverkehr auf den Hauptverkehrsadern anderer Städte übrigens in nichts nach. Egal ob Vaporetto, Sportboot oder Mülltransportschiff, der rege Bootsverkehr verursacht einen hohen Wellengang, unter dem die historischen Gebäude erheblich leiden. Deshalb steht eine Sperrung des Kanals für Motorboote seit Jahren zur Debatte. Aber die romantische Vorstellung vom verkehrsberuhigten Canal Grande, auf dem nur noch Gondeln und flache Lagunenboote geräuschlos dahingleiten, scheint sich nicht zu verwirklichen. Bislang versucht man jedenfalls immer noch, den Schaden durch eine vorgeschriebene Höchstgeschwindigkeit von 8 km/h zu begrenzen.

Einmal den Canal Grande rauf und runter kommt einer **Fahrt durch die komplette Architekturgeschichte Venedigs** gleich. Entweder man lässt sich dabei einfach vom Anblick der einzigartigen Prachtfassaden berauschen oder man versucht, die einzelnen Baustile genüsslich auseinander zu halten. Die Palette der Stilelemente reicht jedenfalls vom romanischen Bogengang aus dem 12. Jh. bis zur reinen klassizistischen Fassade aus dem 18. Jh. Nach wie vor ist der *Canalazzo* die allererste Adresse Venedigs, aber viele der herrschaftlichen Kaufmanns- und Adelspaläste haben längst ihre einstige Bestimmung verloren, sie werden nur noch selten von den größtenteils verarmten Nachfahren der alten Patrizier- und Dogengeschlechter bewohnt. Die Besitzer der geschichtsträchtigen Palazzi sind heute in erster Linie Banken, Versicherungen, in- und ausländische Investoren, denn die kostspielige Instandhaltung können sich Privatpersonen kaum noch leisten. Mehrere der historischen Gebäude hat die Stadt aufwendig restauriert und zu Museen, Amts- und Verwaltungssitzen umfunktioniert; außerdem sind einige der begehrtesten Luxushotels am Kanal entstanden. Aber auch die Kehrseite gehört zur Realität: Etliche Uferpalazzi sind gänzlich unbewohnt und marode, so marode wie ihre jahrhundertealten Holzfundamente, deren katastrophaler Zustand bei Niedrigwasser besonders deutlich ins Auge fällt. – Ewiger Glanz und endgültiger Untergang der alten Serenissima liegen am Canal Grande ganz eng beieinander.

Il Canal Grande
Karte S. 108/109

Rundfahrt auf dem Canal Grande

Von San Marco zur Ponte dell'Accademia: Besteigt man am Anleger San Marco Vallaresso bzw. Giardinetti ein Vaporetto (Linie 1 hält überall, Linie 82 nur an einigen Anlegern), erblickt man beim Ablegen die weithin sichtbare Turmspitze des Seezollamtes, auf deren vergoldeter Weltkugel die Glücksgöttin Fortuna balanciert. Nach wenigen Metern Fahrt steht am rechten Kanalufer die prachtvolle Fassade des viergeschossigen *Palazzo Giustinian.* Dieser beispielhafte gotische Bau aus dem 15. Jh. beherbergte im 19. Jh. ein Hotel; heute residiert dort das Organisationskomitee der Kunst-Biennnale (→ S. 148). Schräg gegenüber bildet die Barockkirche *Santa Maria della Salute* (→

S. 170) den geradezu monumentalen Blickfang. Doch aufgepasst, am rechten Ufer schiebt sich bereits der schmale, um 1480 errichtete *Palazzo Contarini Fasan* ins Bild, mit seinen filigran gearbeiteten Marmorbrüstungen ein wirkliches Kleinod der Spätgotik. Diesen Palazzo hat Shakespeare in seinem "Othello" zum Haus der Desdemona gemacht. Ebenfalls rechts, hinter dem Anleger San Marco del Giglio, erhebt sich der wuchtige *Palazzo Corner,* der wegen seiner überragenden Größe auch *Ca' Grande* genannt wird. In diesem Vorzeigebau der Hochrenaissance von Jacopo Sansovino befindet sich heute der Sitz der Stadtpräfektur. Schräg gegenüber fällt der Blick auf die kleine, mit farbigem Marmor verkleidete *Ca' Dario* (→ "Der verfluchte Palazzo", s. u.). Dieser auf den ersten Blick eher unscheinbare Palazzo mit der leichten Schieflage ist ein ideales Studienobjekt, denn er verkörpert den typisch venezianischen Mischstil des späten 15. Jh., in dem orientalische Ornamentik, gotische Grundmuster und Renaissanceformen zu einer harmonischen Einheit verschmelzen. Ein Stück weiter erkennt man den weißen Flachbau des *Palazzo Venier dei Leoni* (18. Jh.), in dem die *Collezione Peggy Guggenheim* (→ S. 169) untergebracht ist, eine außergewöhnlich repräsentative Kunstsammlung der klassischen Moderne. Auf der rechten Uferseite, unmittelbar vor der hölzernen *Accademia-Brücke* (1932 errichtet), stehen die beiden gotischen *Palazzi Barbaro* und *Cavalli-Franchetti.* 1815 erwarb eine Bostoner Familie den Barbaro-Palast, der alsbald zum beliebten Treffpunkt der internationalen Künstler- und Literatenszene avancierte. Gegenüber verdient der *Palazzo Contarini-Polignac* besondere Beachtung. In diesem herrlichen Frührenaissancebau wohnen noch heute Nachfahren der Adelsfamilie Polignac.

Ca' Dario – der verfluchte Palazzo

Mittlerweile möchte niemand mehr diesen kleinen, windschiefen Marmorpalast am Canal Grande geschenkt haben, denn es liegt seit Jahrhunderten ein Fluch auf ihm, der sich auch in jüngerer Zeit noch bemerkbar macht.

Erbauer war im späten 15. Jh. ein hoher Staatsbeamter namens Giovanni Dario, dessen Tochter in die benachbarte Familie Barbaro einheiratete. Über Jahrhunderte bewohnten dann Nachfahren dieser Barbaros das geheimnisvolle Anwesen. Lang ist die Chronik der unheilvollen Ereignisse, die sich hier abgespielt haben sollen: Es ist die Rede von tragischen Selbstmorden, plötzlichen Erkrankungen, Meuchelmorden und Exzessen aller Art.

Unheilbeladen stand die Ca' Dario im 19. Jh. jahrzehntelang leer, nicht einmal die Stadt wollte den Palazzo aufkaufen. Als sich endlich neue Besitzer fanden, nahm auch das Unglück wieder seinen Lauf: Der französische Dichter *Henri Régnier* (1864–1936) starb bald nach seinem Einzug. Ein anderer Besitzer wurde von seinem Diener erschlagen. In den 70er Jahren des 20. Jh. spielten sich hier Drogenorgien mit tödlichen Folgen ab. Ein italienischer Industrieller, belastet mit Korruptionsvorwürfen, beging Selbstmord. Danach wurden mehrere Prominente als potenzielle Käufer genannt, darunter auch *Woody Allen,* aber alle sprangen im letzten Moment ab, als sie vom Fluch der Ca' Dario erfuhren. – Als ich vor dem vergitterten Landeingang stand, war zwar ein Name auf dem Klingelschild zu lesen, aber der Palazzo machte einen absolut unbewohnten Eindruck.

Die Schokoladenseite des Sestiere Dorsoduro

Von der Ponte dell'Accademia zur Rialtobrücke

Direkt am **Bootsanleger Accademia** befindet sich die *Galleria dell'Accademia* (s. u. "Sehenswertes"), diese berühmte Gemäldegalerie der venezianischen Malerei ist in einer säkularisierten Kirche sowie einem ehemaligen Konvents- und Bruderschaftsgebäude untergebracht. Auf der rechten Uferseite erblickt man den stattlichen barocken *Palazzo Giustinian Lolin,* ein Frühwerk Baldassare Longhenas. Gleich daneben steht der kleine gotische *Palazzo Falier* mit seinen markanten Loggien. Aus dem hier ansässigen Adelsgeschlecht stammten drei Dogen, der letzte, Marino Falier, wurde 1355 wegen seiner unrepublikanischen Machtgelüste enthauptet.

Am **Anleger Ca' Rezzonico** befindet sich der gleichnamige Barockbau. Die Stadt hat dieses wuchtige Anwesen restauriert und dort das *Museo del Settecento Veneziano* (s. u. "Sehenswertes") untergebracht. Die *Ca' Rezzonico* gehört damit zu den wenigen öffentlich zugänglichen Palazzi am Canal Grande. Unmittelbar gegenüber erhebt sich die *Kirche San Samuele* und daneben der vorbildlich restaurierte *Palazzo Grassi* (→ S. 120), ein klassizistischer Prachtbau par excellence. Hausherr des Grassi-Palazzo ist der Fiat-Konzern, der ihn für wechselnde Kunst- und Kultur-Events zur Verfügung stellt.

Kurz vor dem Kanalknick erblickt man auf der linken Seite den viergeschossigen *Palazzo Giustinian* (15. Jh.), in dem Richard Wagner zwischen 1858 und 1859 wohnte und an seiner Oper "Tristan und Isolde" arbeitete. Die benachbarte *Ca' Foscari* (ebenfalls 15. Jh.) gehört heute der Universität. Einst war sie der Wohnsitz des Dogen Francesco Foscari, der nach seiner fast 35-jährigen Amtszeit hier auch gestorben ist. Auf dem Reliefband über der mittleren Fenstergruppe ist das Familienwappen der Foscari zu erkennen.

Stazione Santa Lucia
Scalzi
Ponte Scalzi
S. Geremia
Canal Grande
Palazzo Correr Contarini
Pal. Vendramin Calergi (Casino)
Palazzo Erizzo
Fondaco dei Turchi
Dep. del Megio
Palazzo Belloni Battagià
San Stae
Ca' Pesaro
Ca' Corner della Regina
S. Simeon Grande
S. Simeon Piccolo
Campo Decollato
S. Giacomo dell'Orio
Giardini Papadopoli
Rio di S. Zuane
Scuola di S. Giov. Evang.
Campo S. Stin
I. Tolentini
S. Rocco
I. Frari
Campo dei Frari
Campo San Polo
S. Polo
Palazzo Papadopoli
Palazzo Grimani
Palazzo Pisani Moretta
Ca' Donà
Palazzo Bernardo
Palazzo Grimani
S. Silvestro
S. Pantaleone
Campo S. Tomà
Palazzo Balbi
Palazzo Persico
Pal. Corner Spinelli
S. Benedetto
Pal. Contarini d. Figure
Palazzi Mocenigo
Ca' Foscari
Pal. Giustinian
Pal. Morolin
Oratorio Annunziata
Campo S. Angelo
Campo S.ta Margherita
Rio Nuovo
R. di Ca Foscarini
I. Carmini
Pal. Grassi
San Samuele
S. Stefano
Pal. Ca' Rezzonico
S. Barnaba
Rio di Santa Barnaba
Rio Malpaga
S. Maurizio
Campo Maurizio
Palazzo Loredan
Palazzo Falier
Palazzo Giustinian Lolin
S. Vitale
Palazzo Cavalli Franchetti
Ognissanti
Rio dell'Avogaria
Palazzo Contarini d. Scrigni
Ponte dell'Accademia
Palazzo Contarini-Polignac
Palazzo Barbaro
Ca' Corner (Ca' Grande)
S. Trovaso
Palazzo Da Mula
Collezione Guggenheim
Ca' Dario
Galleria dell' Accademia
Rio San Trovaso
S. Maria d. Visitaz.
S. Agnese
I. Gesuati
Fondamenta Zattere P.te Lungo
Fond. Zattere dei Gesuiti
F. Zattere Spirito e Santo
Spirito Santo
Rio Piccolo d. Legname
Canale della Giudecca

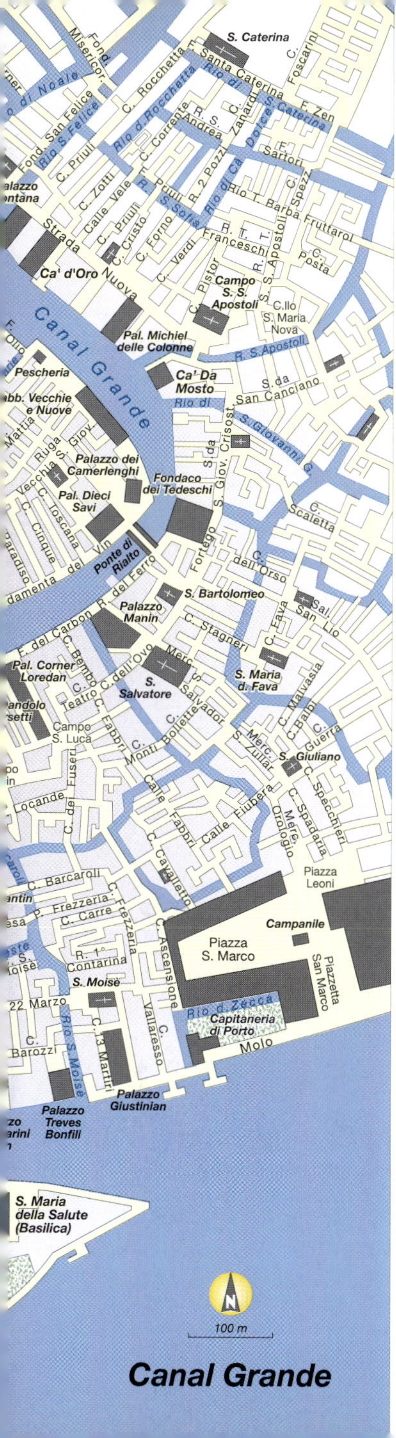

Gegenüber dem **Bootsanleger San Tomà** erstrecken sich die *Palazzi Mocenigo,* ein Ensemble von vier Bauten aus dem 16. und 17. Jh., ehemals im Besitz der weit verzweigten Mocenigo-Familie, die insgesamt sieben Dogen stellte. Auf der linken Uferseite schiebt sich jetzt der bis ins Detail symmetrische *Palazzo Pisani Moretta* ins Bild. Dieser makellose gotische Prachtbau wird noch immer von Nachfahren der Pisani-Familie bewohnt. Am **Anleger Sant'Angelo** dann einer der frühen Renaissancebauten, der um 1500 nach einem Entwurf von Mauro Coducci erbaut wurde. Dieser beispielhafte *Palazzo Corner Spinelli* beherbergt heute die Schauräume der noblen venezianischen Textilfirma *Rubelli.*

Im folgenden Abschnitt des Canal Grande gibt es einige der ältesten Palazzi aus der romanisch-byzantinischen Epoche zu bewundern. Da ist zunächst, links, die *Ca' Donà della Madonetta* aus dem 13. Jh. zu nennen. Trotz vieler Umbauten hat die Fassade ihre romanische Grundstruktur weitgehend bewahrt. Absolut einzigartig ist die restaurierte Dachloggia der Ca' Donà. Vis-à-vis vom **Anleger San Silvestro** blickt man auf die beiden prächtigsten Kanalbauten des 13. Jh., den *Palazzo Corner Loredan* und den *Palazzo Dandolo Farsetti.* Diese benachbarten Gebäude besitzen noch ihre typisch romanischen Erdgeschossarkaden, während die oberen Stockwerke im 14. Jh. aufgesetzt und später umgestaltet wurden. Heute hat in den beiden Palästen die Stadtverwaltung von Venedig ihren Sitz. Die bereits in Sichtweite befindliche *Rialtobrücke* (s. u. "Sehenswertes") ist der zentrale Verkehrsknotenpunkt der historischen Innenstadt, sie halbiert den Canal Grande und war bis Mitte des 19. Jh. die einzige Fußgängerverbindung über den Kanal.

Il Canal Grande
Karte S. 108/109

Von der Rialtobrücke zur Ponte Scalzi

Hinter der Rialtobrücke setzt sich die Reihe der prachtvollen Profanbauten fort. Neu hinzu kommt der Gebäudetyp des venezianischen Handelshauses, des "Fondaco" (→ S. 38), denn im folgenden Abschnitt des Canal Grande befand sich das alte Handelszentrum der Serenissima. Gleich hinter der Brücke steht rechts der wuchtige *Fondaco dei Tedeschi* (s. u. "Sehenswertes"), in dem die deutschen Kaufleute bis 1812 untergebracht wurden. Dieser Handelsstützpunkt der Deutschen wurde 1505 nach einem Brand neu errichtet. Die schmucklose Fassade war einst mit Wandfresken von Giorgione und Tizian verziert. Das Wassergeschoss mit dem breiten Bogengang diente als Warenumschlagplatz und musste deshalb besonders funktional angelegt sein. Heute befindet sich hier die Hauptpost. Ein Stück weiter erkennt man die etwas verwitterte Fassade der *Ca' da Mosto.* Dieses bereits Anfang des 13. Jh. errichtete Gebäude ist in den unteren beiden Stockwerken noch mit den alten Reliefbildern, Wandfriesen und Rundbögen im typisch romanisch-byzantinischen Stil geschmückt. Im 17. Jh. wurde die Ca' da Mosto durch ein drittes Stockwerk erweitert, außerdem wurde ein Mezzaningeschoss eingezogen. Es handelt sich um das Geburtshaus von Alvise da Mosto, dem Entdecker der Kanarischen und Kapverdischen Inseln. Gegenüber erstreckt sich das heute noch lebhafte Rialtoviertel (→ S. 125) mit den alten Verwaltungsgebäuden und Marktplätzen. Die mit langen Bogengängen versehenen *Fabbriche Vecchie e Nuove* entstanden im 16. Jh. Den oberen Abschluss dieses verwinkelten Marktviertels bildet die 1907 im neogotischen Stil errichtete Fischmarkthalle, die *Pescheria.*

Am **Bootsanleger Ca' d'Oro** stellt der gleichnamige Uferpalast einen absoluten Höhepunkt der gotischen Profanarchitektur Venedigs dar. Noch märchenhafter als heute muss die makellose Fassade der *Ca' d'Oro* (s. u. "Sehenswertes") ausgesehen haben, als ihre üppigen Verzierungen noch die blau-goldene Bemalung trugen. Die Ca' d'Oro beherbergt die *Galleria Franchetti* und ist öffentlich zugänglich.

Schräg gegenüber erhebt sich die imposante *Ca' Corner della Regina.* Es handelt sich um das letzte Bauvorhaben von Domenico Rossi. Dieser barocke Repräsentationsbau der steinreichen Familie Corner war seinerzeit als der höchste Palazzo am Kanal geplant. Die *Ca' Pesaro* (s. u. "Sehenswertes"), zwei Häuser weiter, steht auf dem Baugrund von gleich drei gotischen Vorgängerbauten. Der im Auftrag des Dogen Giovanni Pesaro erbaute monumentale Palast von Baldassare Longhena beherbergt heute die *Galleria d'Arte Moderna* und das *Museo Orientale.*

Am **Anleger San Stae** blickt man auf die klassizistische Fassade der *Chiesa di San Stae* (→ S. 129). Ein Stück weiter erfreut der verspielte *Barockpalazzo Belloni Battagia* das Auge, ebenfalls ein Werk Longhenas. Gleich nebenan steht der festungsähnliche Kornspeicher der Serenissima, das *Deposito del Megio* mit dem Relief des Markuslöwen. Vis-à-vis dann der herrliche *Renaissancepalazzo Vendramin Calergi* (s. u. Sehenswertes), den Mauro Coducci um 1500 entwarf. Hier starb Richard Wagner am 13. Februar 1883 an Schlaganfall. Dieser außen wie innen stilvolle Prachtbau beherbergt mittlerweile ganzjährig die Spielbank von Venedig.

Gegenüber dem **Bootsanleger San Marcuola** steht der älteste erhaltene Großbau am Canal Grande. Der *Fondaco dei Turchi* (Handelshaus der Türken) (s. u. "Sehenswertes") hat trotz mehrfacher Besitzerwechsel und Umbauten seine romanisch-byzantinische Grundstruktur bewahrt. Heute beherbergt dieses monumentale Gebäude das *Museo di Storia Naturale*. Wendepunkt der Rundfahrt auf dem Canal Grande ist die Anlegestelle hinter der steinernen Barfüßerbrücke *Ponte Scalzi* von 1934.

Die Paline, die bunt bemalten Pfosten, markieren das wasserseitige Bogentor

Sehenswertes

Museo del Settecento Veneziano in der Ca' Rezzonico: Die Bauphase des massigen Barockpalazzos dauerte fast 100 Jahre. Im 17. Jh. von *Baldassare Longhena* begonnen, konnte der herrschaftliche Uferpalazzo erst Mitte des 18. Jh. für die geadelte Bankiersfamilie Rezzonico fertiggestellt werden. Dem Kunstgeschmack der Zeit folgend, ließen die wohlhabenden Besitzer die großen Säle in den oberen Stockwerken mit kostbaren Deckengemälden u. a. von *Giovanni Battista Tiepolo,* ausschmücken. Der außerdem stilvoll möblierte Palazzo wurde Mitte des 19. Jh. von dem englischen Dichter *Robert Browning* (1812–1889) gekauft. Nachdem das tadellos gepflegte Anwesen in den 30er Jahren des 20. Jh. in den Besitz der Stadt überging, bot es sich geradezu an, daraus ein Museum zu machen. Zusätzlich bestückt mit historischem Mobiliar und Gemälden namhafter einheimischer Genremaler gibt das "Museum des venezianischen 18. Jh." heute einen lebendigen Einblick in die Wohn- und Lebenskultur zur Blütezeit des Barock.

In den kostbar ausgestatteten Räumlichkeiten sind u. a. wertvolle Möbel, Lüster, Seidentapeten, Wandteppiche, Chinoiserien und Porzellansammlungen zu sehen. Eine Vorstellung von der Pracht des venezianischen Salonlebens vermittelt vor allem der riesige Ballsaal im eleganten *Piano nobile* (Obergeschoss).

Die Rialtobrücke, ein Wahrzeichen Venedigs

Reinen Kunstgenuss bietet das allegorische Deckengemälde "Hochzeit des Ludovico Rezzonico" *von Giovanni Battista Tiepolo,* der auch den sogenannten Thronsaal des Palazzo mit Fresken schmückte. In den oberen Ausstellungsräumen sind u. a. bedeutende Werke des venezianischen Genremalers *Pietro Longhi* zu sehen sowie einige Stadtansichten von *Francesco Guardi* und *Canaletto,* außerdem ein monumentales Historienbild von *Giambattista Piazzetta.* Den Abschluss im Mezzaningeschoss bilden eine vollständig eingerichtete Apotheke und ein Marionettentheater aus dem 18. Jh.

Adresse: **Museo del Settecento Veneziano,** Dorsoduro 3136, Ca' Rezzonico. Anlegestelle Ca' Rezzonico. Geöffnet: tägl. außer Freitag, April–Sept. 10–17 Uhr, Okt.–März 10–16 Uhr (wg. Restaurierung bis voraussichtlich Sommer 2001 geschlossen), Eintritt 4,13 €. Café und Shop im Erdgeschoss.

Ponte di Rialto (Rialtobrücke): die wohl wichtigste und schönste Steinbrücke Venedigs, von *Antonio da Ponte* ganz im Stil der Hochrenaissance errichtet. Die 48 m lange Bogenbrücke aus istrischem Marmor überspannt den Canal Grande an seiner schmalsten Stelle und war bis 1854 die einzige feste Verbindung zwischen den beiden Stadthälften. Bereits im 12. Jh. befand sich hier eine Holzbrücke, die später durch eine Zugbrücke ersetzt wurde. Da die Rialtobrücke den Stadtteil San Marco mit dem Marktviertel verband und deshalb stark frequentiert wurde, musste sie besonders funktional und praktisch sein. Als Mitte des 16. Jh. ein Wettbewerb für den Bau einer Steinbrücke ausgeschrieben wurde, waren Sachlichkeit und Zweckmäßigkeit die obersten Kriterien. Mit *Sansovino, Palladio* und *Ponte* beteiligten sich die namhaftesten Architekten der Zeit. Während Sansovino angeblich an den bautechnischen Problemen scheiterte, wurde Palladios Entwurf wegen praktischer Nachteile abgelehnt. Den Zuschlag bekam Antonio da Ponte, dessen 1590 fertiggestellte Brücke bis heute eine perfekt funktionierende Lösung darstellt. Die elegante Arkadenbrücke hat damals wie heute einen breiten mittleren Weg, der von zwei überdachten Ladenreihen und Seitenwegen flankiert wird.

Anlegestelle: Rialto

Fondaco dei Tedeschi: Im 12. und zu Beginn des 13. Jh. war Venedig bereits eine bedeutende Handelsstadt, die auch Kaufleute aus den Ländern jenseits der Alpen anzog. Den deutschen Kaufleuten, zu denen später auch die Fugger gehörten, wies der venezianische Senat 1228 einen besonders privilegierten Handelsplatz zu, nämlich die Warenbörse (Fondaco) unmittelbar neben der Rialtobrücke. Dort konnten sie ihre Waren unter Aufsicht der Handelsbehörden deponieren und verkaufen, mussten im Gegenzug aber mit ihren Erlösen venezianische Importgüter kaufen. Das ursprüngliche Handelshaus aus dem frühen 13. Jh. brannte 1505 ab und wurde sofort neu aufgebaut. Der noch heute bestehende Neubau, der den deutschen Kaufleuten auch als Herberge diente, war Eigentum der Republik Venedig. *Giorgione* und der junge *Tizian* wurden 1507/1508 mit der Dekoration der Außenfassade beauftragt. Fragmente dieser Fresken sind heute in der *Galleria dell'Accademia* (→ S. 167) zu sehen. Der Fondaco selbst besaß 160 Räume, die sich auf vier Stockwerke verteilten. Die Wohn-, Verwaltungs- und Speiseräume befanden sich ganz oben, während die Magazine und Läden die übrigen Stockwerke ausfüllten. Heute ist im Fondaco dei Tedeschi die **Hauptpost** untergebracht, deren öffentlich zugängliche Räumlichkeiten leider nicht mehr viel von ihrer ursprünglichen Bestimmung erkennen lassen.

Ca' d'Oro mit Galleria Franchetti: Die berühmte Ca' d'Oro ist ein regelrechter Schrein der venezianischen Profanarchitektur. Die spätgotische und die orientalisch-byzantinische Formensprache sind hier auf geniale Weise in perfekten Einklang gebracht worden. Das filigrane Maßwerk der Loggien und der verspielte Zinnenrand geben dem Uferpalazzo eine ansonsten kaum erreichte Leichtigkeit. Geradezu märchenhaft muss die Ca' d'Oro früher ausgesehen haben, als neben den verschiedenen Marmorfarben auch Ultramarin und Goldtöne aus kostbarsten Pigmenten die Fassade schmückten; davon ist leider nichts mehr erhalten. Blau und Gold waren einst die Farben der Wüstenmoscheen, der gotischen Flügelaltäre und des Sternenhimmels – wie konnte *Marino Contarini,* der die Ca' d'Oro (Goldhaus) 1421 in Auftrag gab, seinen Platz im Goldenen Buch des Stadtadels besser zur Schau stellen?

Ca' Grande: dreigeschossiger Renaissancebau

Spätgotisch: Palazzo Contarini-Fasan

Gegen Ende des 19. Jh. erwarb *Baron Giorgio Franchetti* den Palazzo, ließ ihn aufwendig restaurieren und vermachte ihn später zusammen mit seiner wertvollen Kunstsammlung der Stadt, die darin die Galleria Franchetti einrichtete. Von der ursprünglichen Innenausstattung beeindruckt vor allem der kostbare Mosaikfußboden im Erdgeschoss. Die Kunstsammlung Franchetti hingegen besteht u. a. aus seltenen Renaissancemöbeln, wertvollen Perserteppichen und einer umfangreichen Gemäldesammlung, zu der neben vielen zweitrangigen Werken auch einige Glanzstücke der venezianischen Malerei gehören, darunter z. B. *Tizians* "Venus vor dem Spiegel", *Vittore Carpaccios* "Verkündigung" und *Andrea Mantegnas* "Heiliger Sebastian". – Und es ist allein schon ein erhabenes Gefühl, auf die Loggia des eleganten Obergeschosses zu treten, um von dort den Anblick des Canal Grande zu genießen.

Adresse: Cannaregio, Ca' d'Oro. Anlegestelle: Ca' d'Oro. Geöffnet: tägl. 9–19 Uhr. Eintritt: Einzelkarte 3,10 € bzw. mit dem **Accademia-Sammelticket,** das auch noch für das nachfolgende *Museo Orientale* und die *Galleria dell'Accademia* (→ S. 167) gilt.

Ca' Pesaro mit Galleria d'Arte Moderna und Museo Orientale: Der Repräsentationsbau des *Dogen Giovanni Pesaro* ist ein bombastisches Schwergewicht unter den barocken Bauten am Canal Grande. Das von *Baldassare Longhena* entworfene Gebäude konnte nach mehreren Unterbrechungen erst 1710 fertiggestellt werden. Der imposante Aufbau der Schaufassade setzt sich an den Fassaden der Seitenkanäle mit unverminderter Größe fort. Die architektonischen Herzstücke des monumentalen Uferpalazzo sind die riesigen Säle des Piano nobile (Obergeschoss) sowie der aufwendig gestaltete Innenhof mit dem Brunnenhaus.

Die Ca' Pesaro beherbergt zwei Museen, das Museum für Moderne Kunst und das Museum für Fernöstliche Kunst. Im Innenhof befindet sich eine Skulpturensammlung mit Werken von *Auguste Rodin* und anderen namhaften Bildhauern. In den Sälen der Obergeschosse hängen Gemälde und Graphiken des späten 19. und frühen 20. Jh., u. a. von *Gustav Klimt, Max Klinger, Wassily Kandinsky, Franz von Stuck* und *Marc Chagall.* Außerdem werden wechselnde Sonderausstellungen gezeigt. Das angeschlossene Museo Orientale widmet sich der japanischen Malerei des 17.–19. Jh. und zeigt typisch fernöstliche Gegenstände wie bemalte Schirme, Lackarbeiten und Porzellan.

Adresse: Santa Croce 2070, Ca' Pesaro. Anlegestelle: San Stae. Geöffnet: **Museo Orientale,** tägl., außer Mo, 9–14 Uhr. Eintritt: 2,07 € bzw. 6,20 € mit dem **Accademia-Sammelticket,** das auch noch für die *Galleria dell'Accademia* und die *Ca' d'Oro* gilt (s. o.). Die **Galleria d'Arte Moderna** ist wg. Restaurierung bis voraussichtlich Ende 2001 geschlossen.

Abendstimmung am Canal Grande

Palazzo Vendramin Calergi mit Casinò Municipale: Ein vollendetes Frühwerk der venezianischen Renaissance, zwischen 1480 und 1504 von *Mauro Coducci* entworfen und ausgeführt. Die dreigeschossige Gliederung der Fassade wird durch eine Balkonreihung sowie einen breiten Wappenfries betont. In diesem Palast, der ursprünglich für die Dogenfamilie Loredan errichtet wurde, lebte *Richard Wagner* von 1882 bis zu seinem Tod am 13. Februar 1883. Er bewohnte den sog. Grimaldi-Flügel im Zwischengeschoss, in dem heute eine Wagner-Stiftung untergebracht ist. Die übrigen herrschaftlichen Räumlichkeiten beherbergen die Spielbank von Venedig (Casinò).

Adresse: Strada Nuova, Cannaregio 2040. Geöffnet: **Casinò Municipale** ganzjährig tägl. 15–2.30 Uhr, Eintritt 2,58 €, Ausweiskontrolle und Garderbobenzwang.

Fondaco dei Turchi mit Museo di Storia Naturale: Seine typisch romanisch-byzantinische Form erhielt das Handelskontor der Türken im 13. Jh. Der Bogengang des Wassergeschosses datiert sogar in das ausgehende 12. Jh. Im 14. und 15. Jh. residierten die Herzöge von Ferrara in diesem Prachtbau, später wurden hier ausländische Gesandte untergebracht. Erst ab 1621 diente das wuchtige Gebäude türkischen Kaufleuten als Magazin, Handelsplatz und Herberge.

Mitte des 19. Jh. wurde das heruntergekommene Gebäude mehr oder weniger gründlich in den baulichen Zustand des 13. Jh. zurückversetzt. Seit 1880 beherbergt der Fondaco dei Turchi das Museum für Naturgeschichte, das seinen Besuchern u. a. Einblicke in die Artenvielfalt der Adria verschafft.

Adresse: Santa Croce 1730, **Fondaco dei Turchi**. Anlegestelle: San Stae. Geöffnet: Wg. Restaurierung und Neuausstattung bis voraussichtlich 2003 geschlossen.

Herrschaftlicher Palazzo im Markusviertel – feine Adresse, aber kaum noch bezahlbar

Il Sestiere di San Marco – das Markusviertel

In diesem zentralsten der sechs historischen Stadtviertel von Venedig dominiert natürlich die Piazza San Marco als absoluter Touristenmagnet; aber wenn man erst einmal diesem faszinierenden alten Herrschaftszentrums der Serenissima den schuldigen Besichtigungstribut gezollt hat, dann verspricht der anschließende Bummel durch das quicklebendige Markusviertel mit seiner reizvollen Mischung aus Kultur und Kommerz eine willkommene Abwechslung.

Von der unteren Schleife des Canal Grande eingerahmt, war dieser vornehme Stadtteil immer schon das bevorzugte Wohngebiet des oberen Stadtadels. Wer sich kein Ufergrundstück direkt am Canal Grande leisten konnte, der bezog wenigstens ein standesgemäßes Quartier in San Marco. Vor allem die großen *Campi* (Plätze) des Viertels mit ihren stattlichen Herrschaftshäusern und imposanten Kirchen sind es, die das Innere von San Marco prägen. Angesichts der architektonischen Fülle ist es kein Wunder, dass die *Gondolieri* ihre Kundschaft besonders gerne durch das Markusviertel rudern. Idealer Ausgangspunkt ist der *Bacino Orseolo,* der Gondelhalteplatz an der Piazza San Marco. Aber auch eine Stadtteilerkundung zu Fuß ist ein wahres Vergnügen, besonders dann, wenn man Muße hat und sich abseits des touristischen Trampelpfads bewegt und das Sehenswerte über kleine Nebengassen ansteuert. So richtig verlaufen kann man sich dabei eigentlich nicht, denn irgendwo führt immer eine Brücke über den *Rio* und zeigt ein Hinweisschild den Weg zum nächsten größeren *Campo* an. Auch gelegentliche Abstecher ans Ufer des *Canal Grande* lohnen sich unbedingt, denn die gegenüberliegenden Prachtfassaden der Uferpalazzi lassen sich von hier aus in beschaulicher Ruhe betrachten.

Doch die eigentlichen Attraktionen sind die beschaulichen **Campi** des Viertels, von denen jeder sein eigenes Flair hat. Während der *Campo Santo Stefano* zu den nobelsten und zugleich lebhaftesten Plätzen Venedigs gehört, herrscht auf dem benachbarten *Campo Sant'Angelo* schon wesentlich mehr Ruhe. Aber egal, auf welchem Campo man sich zum Verschnaufen oder zum abendlichen Aperitif niederlässt, gemütliche Straßencafés, die nicht selten den halben Platz einnehmen, gibt es fast überall.

Kunst und Kultur bietet das Markusviertel im Vergleich zu den anderen historischen Stadtvierteln in relativ vielfältiger Form. Abgesehen von den bedeutenden Kirchenbauten und Adelshäusern sowie dem *Museo Fortuny* und dem Kunsttempel *Palazzo Grassi* gibt es mit *La Fenice* und dem *Teatro Goldoni* auch zwei herausragende Bühnen. Und gewissermaßen als Kontrast zur venezianischen Kunstgeschichte präsentieren einige private *Galerien* des Viertels die moderne Kunstszene der Stadt.

Außerdem ist es kein Geheimnis, dass das Markusviertel auch – und vielleicht sogar in erster Linie – ein **Geschäftsviertel** ist. Reiner Kommerz bestimmt die Szenerie in der unmittelbaren Umgebung der Piazza San Marco. In den dortigen *Mercerie* (Ladengassen) setzt Venedig heute auf moderne Weise seine ruhmreiche Tradition als Kaufmannsstadt und internationale Handelsmetropole fort. Das Warenangebot in diesen basarähnlichen Geschäftsstraßen ist geradezu überwältigend, auch für Großstadtmenschen. Internationale Designerware, Schmuck, Lederwaren, Antiquitäten und Kitsch findet man dort ebenso wie wertvolles venezianisches Kunsthandwerk aus Glas und feinstem Tuch; auch die bunten Karnevalsmasken lächeln bzw. starren die Shoppingtouristen nicht nur zur Faschingszeit an.

Karte S. 118/119

Spaziergang durch das Markusviertel

Die eine, ideale Route durch diesen an Reizen nicht sparenden Stadtteil gibt es nicht, dazu ist er einfach zu vielfältig und bietet an jeder Ecke neue Möglichkeiten für überraschende Entdeckungen, sei es das Objekt der Begierde im Schaufenster oder der lauschige Treppenabsatz an einem stillen Kanal. Nur wer sich zielstrebig von Campo zu Campo bewegt, bahnt sich einen ziemlich direkten Weg durch das innere Markusviertel und stößt dabei fast wie von selbst auf alle wichtigen Sehenswürdigkeiten.

Gleich hinter dem **Torre dell'Orologio** beginnt das Geschäftsviertel mit seinen *Mercerie* und bietet Kommerz total. Dieses traditionelle Einkaufsrevier der Lagunenstadt hat lebhaften Basarcharakter und lässt kaum einen Wunsch zahlungskräftiger Shoppingtouristen unbefriedigt. Die Mercerie ziehen sich mit ihren verwinkelten Quer- und Parallelgassen bis zur wuchtigen Erlöserkirche, der **Chiesa San Salvatore** (s. u. "Sehenswertes").

Während der Kaufrausch und das hektische Treiben im Einzugsbereich der Rialtobrücke (→ S. 112) ihre Fortsetzung finden, führt der Weg über den *Rio di San Salvador* in ruhigere Gefilde. Auf der *Ponte dell'Ovo* springt einem plötzlich die Spitze des Campanile von San Marco ins Auge und ein paar

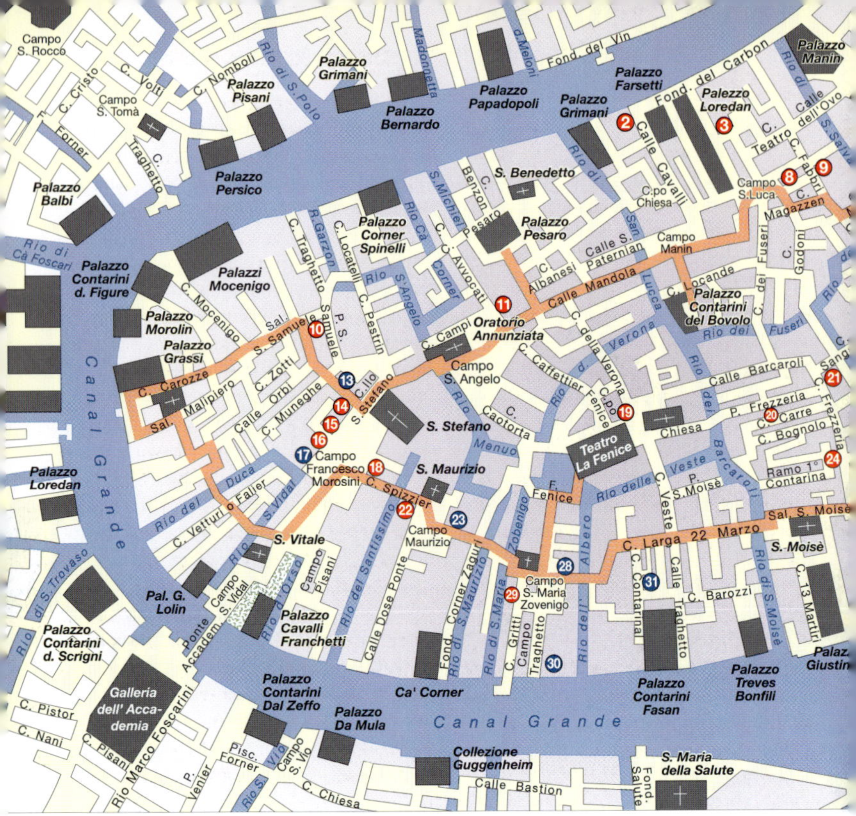

Schritte weiter steht man etwas verblüfft vor der nüchtern-modernen Fassade des **Teatro Goldoni,** in dem u. a. natürlich die Komödien von Carlo Goldoni gespielt werden (s. u. "Sehenswertes"). Gleich daneben lädt der ruhige und hübsche Platz *Corte del Teatro* zum Verschnaufen ein. Am kleinen **Campo San Luca** haben Hungrige mittlerweile die Wahl zwischen dem alteingesessenen Café Rosa Salva und einem Burger King.

Der anschließende **Campo Manin** mit dem Denkmal des Volkshelden Daniele Manin hat seine Beschaulichkeit durch die sterile Fassade des modernen Bankgebäudes weitgehend eingebüßt. Von hier aus erreicht man aber bequem die sehenswerten **Palazzi Contarini del Bovolo** und **Pesaro** (s. u. "Sehenswertes"). Am breiten Campo Manin selbst schiebt sich der im 16. Jh. entstandene Glockenturm der **Chiesa Santo Stefano** (nur über den Campo San Maurizio erreichbar!) ins Bild (s. u. "Sehenswertes"). Seine Schieflage widerspricht den Gesetzen der Statik und erregt schon lange allgemeine Besorgnis. Es ist jedoch kein Einzelfall, schiefe Glockentürme haben in Venedig Tradition. In den letzten Jahrhunderten stürzte ein halbes Dutzend spektakulär in sich zusammen, darunter auch der Campanile von San Marco. Mehrere Glockentürme wurden aus Sicherheitsgründen bereits vorsorglich abgerissen. Konkurrenz machen dem Schiefen Turm von Pisa heute lediglich noch drei venezianische Glockentürme, Santo Stefano, San Giorgio dei Greci und San Pietro di Castello.

Am **Campo Santo Stefano** selbst herrscht eine angenehme Stimmung und die Piazza-Cafés sind immer gut gefüllt. Sowohl tagsüber als auch abends fühlen sich hier Einheimische und Touristen gleichermaßen wohl. Im stattlichen *Palazzo Loredan* residiert ein Institut für Kunst, und das neue Internet-Café zieht ebenfalls junge Leute auf den Campo Santo Stefano – für meinen Geschmack einer der schönsten Plätze der Stadt.

Jetzt lohnt ein Abstecher an den Canal Grande zum **Campo San Samuele,** wo sich der wuchtige **Palazzo Grassi** (s. u. "Sehenswertes") erhebt, der als renommiertes Ausstellungszentrum mittlerweile zu Venedigs Top-Attraktionen gehört. Begibt man sich zwecks Ausstellungsbesuch hinein, wird man erstaunt feststellen, dass der schwergewichtige Palazzo in den oberen Stockwerken leicht schwankt. Dieses Phänomen – das übrigens gerne verschwiegen wird – lässt eindrücklich spürbar werden, dass Venedig tatsächlich auf Wasser gebaut ist und an einigen Stellen schwankt wie ein Schiff.

An die den Campo San Vidal und den Campo San Maurizio schließt sich der heimelige **Campo Zobenigo** mit der sehenswerten **Kirche Santa Maria del Giglio** (s. u. "Sehenswertes") an. Ein paar Schritte weiter nördlich ragt das berühmte **Opernhaus La Fenice** (s. u. "Sehenswertes") auf, dessen Wiedereröffnung für das Frühjahr 2002 avisiert ist.

Auf der breiten *Via XXII Marzo* befindet man sich wieder mitten im Shoppingtrubel, die eleganten Geschäfte dieser exklusiven Meile bilden die allerfeinste Einkaufsadresse Venedigs. Am anschließenden **Campo Moisè** liefern sich die barocke Fassade der **Chiesa San Moisè** (s. u. "Sehenswertes") und die hässlichste Hotelfassade Venedigs ein peinliches Stilgefecht.

Über die schmale Calle Vallaresso gelangt man zu den **Giardini Reali,** der einzigen grünen Lunge des Markusviertels – ein Geschenk aus der Napoleonischen Ära.

Il Sestiere di San Marco
Karte S. 118/119

Sehenswertes

Chiesa San Salvatore: Diese wuchtige Klosterkirche (1507–1534) des Augustinerordens südlich der Rialtobrücke ist der einzige Kirchenbau des Viertels, der es in seinen Ausmaßen fast mit der Markuskirche aufnehmen kann. Unter drei Kuppeln und hinter einer Barockfassade aus dem 17. Jh. versteckt sich eine kostbare Kirchenausstattung im Renaissancestil. Aufwendige Grabmäler von Dogen und Adelsfamilien zieren die Innenwände und Nischen. Gemälde von *Tizian* schmücken den Hochaltar ("Verklärung Christi") sowie den Altar im rechten Querschiff ("Verkündigung"). Ein Fenster im farbigen Mosaikfußboden erlaubt einen Blick in die Krypta.

Campo San Salvador. Geöffnet: tägl. 10–12 und 17–19 Uhr.

Palazzo Contarini del Bovolo: Dieser stattliche Palazzo aus dem späten 15. Jh. befindet sich am Schnittpunkt von drei Kanälen, aber interessanter als seine Wasserfassade ist der zu besichtigende Innenhof, den man über den landseitigen Eingang betritt. Der Wendeltreppenturm im Hof ist vom Allerfeinsten und ein typisches Beispiel kunstvoller Innenhofgestaltung auf engstem Raum. Der spiralförmige Bogengang des Treppenturms *Scala del Bovolo* nimmt das Arkadenmotiv auf und wirkt wie eine optische Verlängerung der eher schmal geratenen Fassade.

Corte del Bovolo, San Marco 4299 (Nähe Campo Manin). Geöffnet: April–Okt., tägl. 10–18 Uhr. Eintritt: 2,07 €.

Museo Fortuny im Palazzo Pesaro: In diesem gotischen Palazzo mit dem markanten siebenbogigen Fassadenfenster lebte der spanische Stoffdesigner, Maler und Fotograf *Mario Fortuny* von 1899 bis zu seinem Tod im Jahr 1950. Hier entwarf der exzentrische Modezar u. a. seine plissierten Seidenkleider, in die er die Damen der oberen Zehntausend hüllte. Das Museum im eleganten Obergeschoss ist ganz den farbenprächtigen Arbeiten Fortunys gewidmet, wozu auch bedruckte Stoffe und handbemalte Lampenschirme gehören. Fortuny-Produkte werden nach wie vor in Venedig gefertigt und verkauft (→ "La Giudecca", S. 176).

Campo San Benedetto. Wegen Restaurierung auf unbestimmte Zeit geschlossen.

Chiesa Santo Stefano: spätgotische Klosterkirche am lang gestreckten gleichnamigen Campo. Ein Kuriosum stellt der Verlauf des rückwärtigen Kanals dar, er unterquert die Hauptapsis der Kirche (zu sehen von der Ponte San Maurizio). Im hohen, schlichten Kirchenraum sind einige Grabmäler und Gemälde von Bedeutung. In der Sakristei hängen drei Werke von *Tintoretto* ("Fußwaschung", "Abendmahl" und "Jesus auf dem Ölberg"). Der Kreuzgang des Klosterhofs vom benachbarten Campo Sant'Angelo aus zugänglich.

Campo Santo Stefano. Geöffnet: Mo–Sa 10–17 Uhr, So 13–17 Uhr. Eintritt: 1,55 € bzw. mit dem **Chorus-Ticket** (→ s. u.)

Palazzo Grassi: Dieser klassizistische Uferpalazzo aus dem 18. Jh. ist ein Meisterwerk *Giorgio Massaris*. Die Schaufassade erschließt man sich am besten vom Canal Grande aus (→ S. 107). Die wohlhabende Familie *Grassi*, die sich ihre Aufnahme in den Club der Stadtoberen gegen Bares erkauft hatte, lebte hier bis Mitte des 19. Jh. Danach wechselten die Besitzer mehrfach, und zwischenzeitlich diente der Palazzo sogar als Badehaus. 1984 wurde er vom Fiat-Autokonzern aufgekauft und einer gründlichen Restaurierung unterzogen, wobei auch die schönen Fresken ihren verloren gegangenen Glanz wieder erhielten. Seit der viel beachteten Futu-

Das **Kirchensammelticket/Chorus-Ticket** (7,75 €) ist unbegrenzt gültig und in den jeweiligen Kirchen erhältlich. Dieses Sammelticket schließt die Besichtigung von insgesamt 13 Kirchen im historischen Stadtgebiet und auf La Giudecca ein. Die Einzeltickets kosten 1,55 €. Hier im Markusviertel befinden sich zwei der 13 "Chorus"-Kirchen (s. u.).

rismus-Ausstellung von 1986 hat der Palazzo seinen Ruf als Kunsttempel durch zahlreiche kulturelle Events gefestigt. Erkundigen Sie sich unbedingt nach der aktuellen Ausstellung.

Campo San Samuele. Anlegestelle: San Samuele. Nur im Rahmen von Ausstellungen zu besichtigen.

Chiesa Santa Maria del Giglio (auch **Santa Maria Zobenigo** genannt): Das ursprüngliche Gotteshaus stammt aus dem 10. Jh., es wurde jedoch im Barockstil des 17. Jh. erneuert. Auftraggeber der Umgestaltung war die Adelsfamilie *Barbaro,* die sich in Form einiger Skulpturen an der Fassade verewigen ließ. Die Sockelreliefs zeigen Panoramen verschiedener Städte, in denen die Barbaros Besitzungen hatten bzw. in diplomatischen Diensten standen. Den einschiffigen Kirchenraum zieren zahlreiche Kapellen sowie Gemälde aus dem 17. und 18. Jh. In der kleinen Sakristei hängt eine absolute Kostbarkeit: ein anmutiges Gemälde von *Peter Paul Rubens,* auf dem eine Mutter mit zwei Kindern zu sehen ist.

Campo Zobenigo. Geöffnet: Mo–Sa 10–17 Uhr, So 13–17 Uhr. Eintritt: 1,55 € bzw. mit dem **Chorus-Ticket** (→ S. 120)

Gran Teatro La Fenice: Das klassizistische Opernhaus vom Ende des 18. Jh. gehört zu den renommiertesten Bühnen der Welt. Hier feierten die berühmtesten Komponisten, Sänger, Regisseure, Dirigenten und Choreographen große Erfolge. Im 19. Jh. komponierten *Rossini, Bellini, Donizetti* und *Verdi* einige ihrer bedeutendsten Opernwerke exklusiv für das Fenice. *Guiseppe Verdi* arbeite mehrere Jahre in Venedig und brachte es auf fünf großartige Uraufführungen. 1844 begeisterte er das Publikum erstmals mit "Ernani", und 1854 verabschiedete er sich mit der überarbeiteten Version von "La Traviata". Auch *Richard Wagner* wurde im Fenice mit "Rienzi", "Lohengrin" und dem "Ring der Nibelungen" zum gefeierten Komponisten. Später triumphierten hier internationale Stars wie *Strawinsky, Prokofjew, Bernstein, Strehler, Pavarotti* und *Pina Bausch,* um nur einige Namen zu nennen.

Gondelgasse im Markusviertel

Errichtet wurde das klassizistische Musiktheater als einer der letzten Bauten des alten Venedig von 1790–1792. Seinen Namen "La Fenice" – Phönix, wie der wunderbare Vogel aus der Asche, – erhielt es, weil es als Nachfolger eines 20 Jahre vorher abgebrannten Opernhauses gebaut worden war. Doch 1836 wurde auch La Fenice von einem verheerenden Feuer total verwüstet. Aber bereits ein Jahr später erstrahlte es wieder in vollem Glanz samt vergoldeter Stuckatur im Parkett und auf den fünf Logenrängen. 800 Zuschauer fanden insgesamt Platz, und 160 Jahre lang fanden hier hochkarätige Konzerte,

Opern- und Theateraufführungen statt. Auch während der Weltkriege wurde gespielt, bis das Opernhaus 1996 erneut einem Großbrand zum Opfer fiel. Betroffenheit und Anteilnahme waren so groß, dass internationale Spendengelder in Millionenhöhe flossen, und in Verbindung mit einem großzügigen UNESCO-Fond konnte sofort mit dem Wiederaufbau begonnen werden.

Wiedereröffnung voraussichtlich im Frühjahr 2002.

Chiesa San Moisè: Die Barockmasse der Kirchenfassade springt einem geradezu ins Auge. Überladen und überfrachtet könnte man auf den ersten Blick sagen, aber diese Fassade gilt als ein vollendetes Beispiel für die grundlegende Umkehrung des Verhältnisses von Architektur und Skulptur. Die Skulptur spielt hier keine untergeordnete Rolle mehr, sondern tritt in ein gleichwertig Verhältnis zur Architektur. Über den beiden Seitenportalen befinden sich zwei Grabmäler, während im Innern eine "Fußwaschung" von *Tintoretto* zu bewundern ist.

Campo San Moisè. Geöffnet: tägl. 15.30–18 Uhr. Eintritt frei.

Praktische Infos

Essen und . . .

Ristorante Antico Martini (19), geräumiges, mit Antiquitäten und Gemälden eingerichtetes Restaurant der gehobenen Kategorie, so alt und fast so bekannt wie das benachbarte Gran Teatro La Fenice. Wenn die Vorstellung im Fenice beendet ist, füllt sich das Martini wie eh und je mit Prominenz. Gute Küche, erlesene Weine, hohe Preise (Primi 15,50–20,50 €, Secondi 18,60–31 €). Di Ruhetag. Campo San Fantin, San Marco 1983. ✆ 041/5224121.

Ristorante Alla Colomba (20), alteingesessenes Feinschmeckerlokal, berühmte Maler wie Chagall, De Chirico, Carrà, Kokoschka und der kürzlich verstorbene Hundertwasser verkehrten hier und bezahlten ihre Gelage mit kleinen Kunstwerken, die heute die Wände schmücken. Ausgezeichnete Küche, happige Preise. Mi Ruhetag. Piscina de Frezzaria, San Marco 1664. ✆ 041/5221175.

Ristorante Sempione (6), gemütliches Ristorante, allerschönste Lage direkt an einer Kanalbrücke. Traditionelle Küche. Akzeptables Preis-Qualitäts-Verhältnis (Primi 8,30–11,40 €, Secondi 12,90–20,10 €). Humorvolle Bedienung. Ponte Baretteri, San Marco 578. ✆ 041/5226022.

Ristorante Al Colombo (3), gepflegtes Ristorante mit angeschlossener, preiswerter **Hostaria**. Tolle Lage an einem lauschigen kleinen Campo neben dem Teatro Goldoni. Typisch venezianische Küche mit Schwerpunkt auf Fisch und Meeresfrüchten (im Ristorante Primi 15,50–18 €, Secondi um die 20 €, in der Hostaria etwa die Hälfte). Tische im Freien. Do Ruhetag. Corte del Teatro, San Marco 4627. ✆ 041/5222627.

Osteria A la Campana (9), hübsch renoviertes Lokal, von jungen Leuten geführt, beliebt bei Einheimischen. Einfache venezianische Gerichte wie *Nero di seppie con polenta* (schwarzer Tintenfisch) und *Sarde in saor,* offener Wein, erfreulich preisgünstig (Primi 8,80–10,30 €, Secondi 10,30–12,90 €). So Ruhetag. Calle dei Fabbri (Höhe Calle San Luca), San Marco 4720. ✆ 041/5285170.

Trattoria San Marco (24), authentisch gebliebenes Lokal mitten in der hektischen Shoppingmeile Frezzeria. Typisch venezianische Küche à la carte und ein relativ preiswertes *Menu turistico* (15,50 €, 3 Gänge ohne Getränke). Mi Ruhetag. Frezzeria, San Marco 1610. ✆ 041/5285242.

Osteria Al Bacareto (10), beliebtes, freundliches Gasthaus. Schlichtes Ambiente, Tische auch draußen. Herzhafte venezianische Spezialitäten wie *Fegato alla veneziana* (Kalbsleber), preislich sogar im Rahmen (Primi 6,20–10,30 €, Secondi schon ab 8,30 €, ca. 20 € kostet der große gemischte Fischteller). Sa abends und So geschlossen. Salizzada San Samuele, San Marco 3447. ✆ 041/5289336.

Lauschiger Campo Sant'Angelo

Bàcaro Al Volto (2), uralte, sehr beliebte Weinschenke, rundum mit Flaschen dekoriert. Vorwiegend junges Publikum. Enorme Weinauswahl und leckere Snacks *(Cicheti, Crostini).* Lange geöffnet, So Ruhetag und im August geschlossen. Calle Cavalli di San Marco 4081 (nahe Rialtobrücke).

Bàcaro/Trattoria Da Fiore (14), Weinausschank und Trattoria in der Nähe des Campo Santo Stefano. Volkstümlich und relativ preiswert. Am Tresen der Weinschenke gibt's kleine und große Leckereien (Cicheti, Fleischbällchen, frittierter Fisch). In der Trattoria wird gehobene Küche serviert (Primi 7,20–12,40 €, Secondi 10,30–18 €). Di Ruhetag. Calle delle Botteghe, San Marco 3461. ✆ 041/5235310.

Ristorante/Pizzeria Acqua Pazza (11), am beschaulichen Campo Sant'Angelo. Tische im Freien. Leckere neapolitanische Pizza. Mo Ruhetag. San Marco 3808. ✆ 041/2770688.

Pizzeria Bora Bora (1), urige kleine Pizzeria, Nähe Rialtobrücke. Große Auswahl, auch zum Mitnehmen. Campo San Bartolomeo, San Marco 5251. ✆ 041/5228945.

Selfservice Chat Qui Rit (21), eine regelrechte Selfservice-Institution in der Nähe der Piazza San Marco. Lokaltypische Gerichte, auch Pizza, bequeme Sitzmöglichkeiten. Von 11–21.30 Uhr geöffnet, Sa Ruhetag. Frezzeria, Ecke Calle Tron, San Marco 1131.

Trinken und mehr

Harry's (legendäre) Bar (33), stilvolles Yachtclub-Ambiente, 1931 von *Harry Pickering* und *Giuseppe Cipriani* eröffnet. Während Pickering Geld und Namen gab, erfand Cipriani (der später das Luxushotel Cipriani gründete) den *Cocktail Bellini* und das *Carpaccio* (marinierte hauchdünne, rohe Rindfleischscheiben). Beide Kreationen werden heute noch in absoluter Vollendung serviert. *Hemingway,* der hier lieber seine Montgomerys kippte, war einer von vielen prominenten Stammgästen, über die penibel Buch geführt wird. Im 1. Stock bietet ein sündhaft teures Gourmetrestaurant Spitzenqualität. Einlass bis 23.30 Uhr, geöffnet bis 2 Uhr. Kein Ruhetag. Calle Vallaresso, San Marco 1323. ✆ 041/5285777.

Haig's (29), modernes, elegantes Nachtlokal in dem sich die Kunstszene trifft. Bis 2 Uhr geöffnet. Mi Ruhetag. Campo Zobenigo, San Marco 2478. ✆ 041/5232368.

Gelateria/Café Paolin (15), Gelateria und Piazza-Kaffeehaus. Das hausgemachte Eis gilt als das beste der Stadt. Campo Santo Stefano, San Marco 2962.

Le Café (18), Piazza-Café, ebenfalls am Campo Santo Stefano, aber wesentlich gemütlicher als das Paolin. Ideal für d. abendlichen Aperitif. Lange geöffnet. San Marco 2797.

Internet-Café Net-House (16) zum Mailen, Faxen, Telefonieren etc. Coffee and Drinks. Tägl. von 9–2 Uhr. Campo Santo Stefano, San Marco 2967.

Bar/Pasticceria Rosa Salva (8), ausgezeichnete Backwaren, der Cappuccino wird hoch gerühmt. So Ruhetag. Campo San Luca, San Marco 4589. Eine weitere Rosa-Salva-Bar/Pasticceria befindet sich in Calle Fiubera, Nähe Markusplatz.

Pasticceria Marchini, (22) alteingesessene Konditorei. Backwaren vom Feinsten zum Mitnehmen oder gleich Essen. Hier gibt es auch Erotisches aus Schokolade und "Küsse in der Gondel". Ponte San Maurizio, San Marco 2769.

Bar Martini Scala (19), die Pianobar des Ristorante Antico Martini (→ "Essen ..."). Große Auswahl an Spitzenweinen und Snacks. Gemischtes Publikum, elegant bis leger. Geöffnet bis 3 Uhr. Di Ruhetag. Campo San Fantin, San Marco 1980.

Le Bistrot de Venise (12), schön an einer Kanalbrücke gelegen. Dieses geschmackvoll und gemütlich eingerichtete Lokal hat einen vorderen Bereich, der als Café und Bistro geführt wird (kalte und warme Snacks), während im hinteren Teil das recht teure Ristorante untergebracht ist (Primi ca. 10 €, Secondi um die 18 €). Nachmittags und abends finden häufig **Veranstaltungen** (Lesungen, Livemusik, Performances, Kabarett etc.) statt. Eintritt frei. Das Programmheft liegt im Lokal aus, Calle dei Fabri, San Marco 4685, ✆ 041/5236651. www.bistrotdevenise.com.

Devil's Forest (4), Nähe Rialtobrücke. Bierkneipe im Stil eines British Pub. Ab und zu Livemusik. Täglich bis 1 Uhr geöffnet. Calle dei Stagneri, San Marco 5185.

Einkaufen

Bücher: **Sansovino,** gut sortiertes Antiquariat. Bacino Orseolo 84, gleich hinter dem Markusplatz.

Goldoni, Buchhandlung mit großem Angebot an Kunst- und Venedigbüchern. Calle dei Fabbri, San Marco 4742.

Glas: **Angelo Mantin,** Fachgeschäft für venezianische Glasperlen. Calle Fiubera, Mercerie, San Marco 953.

Galleria Marina Barovier, diese Glaskunstgalerie gehört zur renommierten Murano-Glashütte Barovier & Toso. In den Schau- und Verkaufsräumen sind moderne Glasobjekte ausgestellt. Salizzada San Samuele, San Marco 3216.

Heilkräuter: **Rhos Marinum,** sympathische *Erboristeria,* hier bekommt man homöopathische Heilmittel, Salben, Biokosmetik, Tee etc. Calle San Luca, San Marco 4578.

Holz: **Livio De Marchi,** kleine und große Kuriositäten aus Holz, von der Krawatte bis zur Vespa. Salizada San Samuele, San Marco 3157.

Kaufhaus: **Standa,** preiswertes Warenhaus, Bekleidung, Haushalts- und Kosmetikartikel, Campo San Luca, San Marco 4550.

Masken: **La Mano,** Künstleratelier, in dem traditionelle Masken und Kostüme hergestellt werden; alles hochwertige Handarbeit. Calle Fiubera, Mercerie, San Marco 818.

Marmorpapier: **Legatoria Piazzesi,** alte Buchbinderei, in der noch die traditionelle Herstellung von Marmorpapier praktiziert wird. Bedrucktes Papier, Karten, Alben und dekorative Objekte für den Schreibtisch. Campiello della Feltrina (Nähe Campo San Maurizio), San Marco 2511.

Paolo Olbi, Herstellung und Bearbeitung von Marmorpapier. Grußkarten, Alben, Schreibtischutensilien u. v. m. Calle della Mandola (zw. Campo Manin und Campo Sant'Angelo), San Marco 3653.

Il Papiro, eine weitere gute Adresse für Marmorpapier und alles, was man daraus machen kann. Calle del Piovan, San Marco 2764.

Textiles: **Jesurum,** traditionsreiches Fachgeschäft für hochwertige Stoffe und Spitzen. Bettwäsche, Tischdecken, Taschentücher, Schals etc. Alles dezente Farbtöne. Merceria del Capitello (Nähe Rialtobrücke), San Marco 4857.

Frette, gute Adresse für edle Stoffe und feinste Tücher. Calle XXII Marzo, San Marco 4857.

Antichità V. Trois, in diesem kleinen Laden mit erlesenen Antiquitäten werden die Erzeugnisse aus der Fortuny-Textilproduktion *(Tessuti artistici Fortuny)* exklusiv verkauft. Campo San Maurizio, San Marco 2666

Musik: **Nalesso**, gut sortiertes Fachgeschäft für klassische Musik. Sachkundige Beratung. Calle dello Spezier (am Campo Santo Stefano), San Marco 2765.

Fischmarkthalle (Pescheria) im turbulenten Rialtoviertel

I Sestieri di San Polo e Santa Croce – die Viertel San Polo und Santa Croce

Von der oberen Schleife des Canal Grande umschlungen, gehören die beiden ineinander übergehenden Stadtteile San Polo und Santa Croce zum historischen Stadtgebiet. Das kleine, quirlige Rialtoviertel nordwestlich der gleichnamigen Brücke gilt sogar als die Keimzelle Venedigs, denn hier begannen die Lagunenbewohner mit der Erschließung des "tiefen Flusses" (Rivus Altus).

Beide Stadtviertel sind ganz auf den Canal Grande ausgerichtet, so wird das Kanalufer von den herrschaftlichen Wohnbauten gesäumt, während im Innern von San Polo und Santa Croce eher die bescheideneren Quartiere entstanden sind. Gerade unter dem architektonischen Aspekt ist es ratsam, sich zunächst die attraktive Wasserseite vom Canal Grande aus zu erschließen (→ S. 105) und erst dann im Kerngebiet auf Entdeckungsreise zu gehen, einem wirklich labyrinthischen Gewirr aus engen Gassen, schmalen Brücken und aufgeschütteten Kanälen.

Venedigs "Bauch", das lebendige **Rialtoviertel,** das gleich an der Rialtobrücke beginnt, wird fast vollständig vom quirligen Markttreiben beherrscht und erinnert damit stark an das mittelalterliche Venedig, das sein Markt- und Handelszentrum an eben dieser Stelle hatte. Noch heute spürt man auf dem **Rialtomarkt** die sprichwörtlich gewordene venezianische Geschäftstüchtigkeit und Händlermentalität. Und als sei die Zeit stehen geblieben, werden an den Ladekais unentwegt Waren jeglicher Art angeliefert und auf die einzelnen Marktplätze, Hallen, Stände und

Geschäfte verteilt. Gab es früher noch penibel vorgeschriebene Ladezonen, etwa für Wein *(Fondamenta del Vin)* und Öl *(Riva dell'Olio),* so herrscht heute eher Anarchie im Lieferverkehr. Und das Warenangebot im Rialtoviertel ist natürlich moderner und touristischer geworden, abgesehen natürlich vom Obst- und Gemüsemarkt *(Erberia)* oder vom Fischmarkt *(Pescheria),* wo die kehligen Stimmen der Händler am lautesten um Kundschaft werben. Auch in den Seitengassen pulsiert das Leben nach wie vor im Rhythmus des Warenverkehrs, und die Straßennamen verraten, welche Gewerbe hier einst blühten. Um den *Campo delle Beccarie* herum hatten die Metzger ihr Revier, eine Gasse weiter betrieben die *Botteri* (Fassbinder) ihr Handwerk, und in der *Calle dell'Ostaria* wurde deftiges Essen serviert. Etwas feiner ging es hingegen in den Geschäften der Juweliere, Goldschmiede und Tuchhändler zu. Und wo die venezianischen Dukaten derart kräftig zirkulierten, da waren natürlich auch die Geldverleiher und Bankhäuser nicht weit – ebenso wie die Steuerbehörde mit dem angeschlossenen Schuldnergefängnis.

Ein gezielter Bummel durch San Polo und Santa Croce führt vom Rialtoviertel zu den Highlights dieses eher bescheidenen Stadtgebiets, der monumentalen **Basilica dei Frari** und der **Scuola Grande di San Rocco,** die beide mit grandiosen Kunstschätzen ausgestattet sind. Wer seine Bekanntschaft mit *Tizian* und *Tintoretto* vertiefen möchte, darf diese beiden erstklassigen Kunsttempel auf keinen Fall links liegen lassen. Wer sich jedoch unter Urlaub eher Müßiggang vorstellt, der findet auf der weitläufigen **Piazza San Polo** das geeignete Revier dazu.

Spaziergang durch San Polo und Santa Croce

Alle Wege führen zur **Ponte di Rialto** (→ S. 112), denn diese wichtige Brücke über den *Canal Grande* stellt den zentralen Verkehrsknotenpunkt Venedigs dar. Angesichts des unablässigen Menschengedränges fällt es überhaupt nicht schwer, sich vorzustellen, dass die frühere Holzbrücke 1444 unter der Last der Menge einstürzte. Ende des 16. Jh. dann solide aus Stein errichtet, gewährt die Rialtobrücke noch immer den direkten Zugang zum unmittelbar angrenzenden Rialtomarkt, wo die Tour durch San Polo und Santa Croce beginnen sollte.

Kein Zweifel, dieser **Rialtomarkt** ist mit Abstand das Lebendigste, was Venedig zu bieten hat. Ein regelrechter Budenzauber, der die Sinne unmittelbar anspricht. Wer ausgelassene Marktatmosphäre mag, kommt hier garantiert auf seine Kosten. Im hektischen Gewirr der Marktstände und Ladengassen mit ihrer verlockenden Warenvielfalt und ihren Appetit machenden Düften fällt es schwer, die geschichtsträchtigen Baudenkmäler des Rialtoviertels nicht ganz aus den Augen verlieren. Da ist zunächst die älteste Kirche Venedigs zu nennen, die **Chiesa San Giacomo di Rialto,** deren Grundstein angeblich 421, im offiziellen Gründungsjahr Venedigs, gelegt worden sein soll. Sicher ist allerdings lediglich, dass der Baukörper so, wie er sich heute präsentiert, aus dem 11. Jh. stammt. Bei der gotischen Säulenvorhalle handelt es sich um eine spätere Hinzufügung. Kunstgeschichtlich ist *San Giacometto,* wie die Kirche im Volksmund genannt wird, eher unbedeutend, aber eine Giebelinschrift drückt ihre wahre Bedeutung aus: "Dass in der Umgebung dieser Kirche das Gesetz des Kaufmanns recht sei, das Gewicht richtig und die Verträge ehrenhaft" – ein Gotteshaus, ganz den Händlern und dem Geschäftsleben ge-

Am Kanalufer im Bereich der Rialtobrücke ist das Gedränge groß

widmet. Dazu passt natürlich auch, dass hier im Rialtoviertel bereits im 12. Jh. die Geldwechsler ihre Tische in der Säulenvorhalle von San Giacometto aufstellten und die ersten Kredit- und Girobanken ("Banco Giro"), die mit Schuldverschreibungen und Wechseln handelten, ihre Pforten eröffneten. Und so mancher Händler mag sich in das Kircheninnere zurückgezogen heben, um für einen erfolgreichen Geschäftsabschluss zu beten.

Am *Campo San Giacomo di Rialto,* dem Arkadenplatz vor der Kirche, befindet sich eine kleine Treppe mit der Figur des *Gobbo di Rialto* (Buckliger von Rialto), und daneben steht ein Säulenstumpf namens *Pietra del Bando.* An dieser Stelle wurden früher die Handelsgesetze und Steuerverordnungen verkündet. Und gegen das bescheidene Entgelt von einer *Gazzetta* konnten sich die Bürger hier die aktuellen Nachrichten vorlesen lassen. "Gazzetta", der Name vieler italienischer Zeitungen, geht auf diesen bezahlten Nachrichtendienst zurück. Der "Bucklige von Rialto" war außerdem der Endpunkt eines Spießrutenlaufs: Räuber und andere Missetäter wurden nämlich dazu verurteilt, nackend vom Markusplatz zum Rialto zu laufen, und zwar unter Gertenschlägen. Der *Gobbo* war das erlösende Ziel dieses Folterlaufs.

Gleich hinter San Giacomo di Rialto, am Kanalknick, erhebt sich der *Palazzo dei Camerlenghi,* ein Renaissancebau (frühes 16. Jh.), in dessen Vorgängerbau bereits das oberste venezianische Finanzamt residierte. Im Erdgeschoss dieser gnadenlosen Behörde befanden sich Zellen für säumige Steuerzahler. Ein Stück weiter am Kanalufer, zwischen **Erberia** (Obst- und Gemüsemarkt) und **Pescheria** (Fischmarkthalle), erstrecken sich die alten Verwaltungsgebäude des Rialtoviertels, die *Fabbriche Vecchie e Nuove,* in denen die Handelsaufsicht und das Handelsgericht untergebracht waren.

Über das Ölufer **Riva dell'Olio** – mit Blick auf die gegenüberliegende *Ca' d'Oro* (→ S. 113) – gelangt man schlagartig in ruhigere Gefilde. Hier, im Bereich des *Campo San Cassiano* und der *Ponte delle Tette* (Busenbrücke), befand sich einst ein verrufenes Rotlichtviertel, in dem die ansässigen Prostituierten barbusig an Fenstern und Balustraden werben durften.

"Trotz der strengen Gesetze, die der Aufrechterhaltung der Moral dienen sollten, und trotz der zahlreichen Sittlichkeitsbehörden blühte in Venedig die **Prostitution**. Zu Beginn des 16. Jh. gab es in Venedig, einer Stadt mit rund 150.000 Einwohnern, 11.000 Prostituierte. Sie kamen aus aller Herren Länder. Man traf Türkinnen, Albanerinnen und Damen, die aus den Städten der Terraferma [italienisches Festland] gekommen waren. Venedig war in der Ausbreitung der Prostitution kein Einzelfall. Zur Zeit Rudolfs des Stifters lebten in Mailand so viele Prostituierte, dass Bernabò Visconti, der Herrscher von Mailand, von ihren Steuern die Stadtmauern instand halten konnte.
Vergeblich versuchten die Behörden die Ausbreitung der Prostitution über die ganze Stadt zu verhindern und sie auf einen kleinen Bezirk zusammenzudrängen. So versuchte man sie wenigstens von den zentralen Teilen der Stadt fernzuhalten. Es wurde den Prostituierten verboten, am Canal Grande zu wohnen." (zitiert aus: Kurt Heller, Venedig)

Über den beschaulichen *Campo Mater Domini* mit seinen pittoresk verwitterten Häuserfassaden führt der Weg zum sehenswerten **Palazzo Mocenigo** (s. u.) und zur **Kirche San Stae** (s. u.) am Canal Grande. Anschließend geht es über den Rio del Megio zum oval angelegten Kirchenplatz von **San Giacomo dall'Orio** (s. u.). Die frei stehende Kirche beherrscht die Platzmitte mit ihren harmonisch geschwungenen Apsiswölbungen. Platanenschatten und ein paar Bänke laden zum Verweilen ein.

Jetzt führt ein Zickzackweg mit Verirrungsgefahr durch ein eher reizloses Wohngebiet zur monumentalen **Frari-Kirche** (s. u.), wo es ein frühes Meisterwerk von Tizian zu bewundern gibt. Im Rücken der Frari-Kirche befindet sich mit der *Chiesa* und der **Scuola Grande di San Rocco** ein weiteres, unbedingt sehenswertes Gebäudepaar (s. u.). Neben dem riesigen Bruderschaftshaus, das ein *Tintoretto-Museum* beherbergt, fällt die Chiesa San Rocco, in der weitere Gemälde des jungen Tintoretto hängen, geradezu bescheiden aus.

Der anschließende kleine **Campo San Tomà** wird ganz von der schneeweißen, fensterlosen Fassade der *Chiesa San Tomà* beherrscht. Von hier aus sind es nur wenige Schritte zum Geburtshaus des Komödiendichters *Carlo Goldoni,* in dem heute passenderweise ein theaterwissenschaftliches Institut untergebracht ist. Am angeschlossenen Museum der **Casa Goldoni** wird seit geraumer Zeit gearbeitet (s. u.). Hier befindet man sich übrigens im ehemaligen Viertel der *Saoneri* (Seifensieder), im 16. Jh. ein lukrativer Produktionszweig, um den Venedig stark beneidet wurde.

Hinter dem Rio di San Polo öffnet sich der große, volkstümliche **Campo San Polo** (s. u.). Während der Ziegelsteinbau der *Chiesa San Polo* dem Platz mit der Apsis fast die kalten Schulter zeigt, erfreuen einige Häuserfassaden das Auge, darunter der gotische *Palazzo Soranzo* (Nr. 2169), in dem Giacomo Casanova ein und aus ging. Heute ist der Campo San Polo, auf dem früher sogar Stierkämpfe stattfanden, ein wichtiger Veranstaltungsort während der Karnevalszeit.

Fondamenta del Vin, das "Weinufer" am Canal Grande, erreicht man über die beiden Plätze *Campo San Aponal* und *Campo San Silvestro,* wo man von einer fotoreifen Ansicht der Rialtobrücke empfangen wird.

Portalbogen der Chiesa Santa Maria Gloriosa dei Frari

I Sestieri di San Polo e Santa Croce
Karte S. 130/131

Sehenswertes

Museo di Palazzo Mocenigo: Dieser herrschaftliche Palazzo gehörte zum enormen städtischen Besitz der reichen und verzweigten Familie *Mocenigo,* die zwischen 1414 und 1778 insgesamt sieben Dogen stellte. Einer der letzten Stammhalter vermachte ihn 1945 der Stadt, die den Palazzo auf Grund seiner kostbaren Ausstattung und seines guten Erhaltungszustands als Museum öffnete. Der reich möblierte *Piano nobile* (erster Stock) ist beispielhaft für die Wohnverhältnisse des venezianischen Adels in der zweiten Hälfte des 18. Jh. Die Fülle an wertvollen Gemälden und Fresken in den acht zugänglichen Sälen ist überwältigend. Der *Portego* (großer Saal) hängt voller Porträts der berühmtesten Familienmitglieder. Zu sehen sind außerdem riesige Lüster und Armleuchter aus Muranoglas sowie historische Kleidungsstücke und Accessoires.

Salizzada di San Stae, Santa Croce 1992. Geöffnet: Di–So 10–17 Uhr. Eintritt: 4,13 €, erm. 2,58 € bzw. mit dem **Museumssammelticket/Biglietto cumulativo** (→ s. u.).

Chiesa San Stae: Die eindrucksvolle Kirche am Canal Grande stammt aus dem 17. Jh., sie erhielt ihre klassizistische Fassade jedoch erst Anfang des 18. Jh. Fassaden-Baumeister war *Domenico Rossi,* der mit diesem grandio-

Das **Kirchensammelticket/Chorus-Ticket** (7,75 €) ist unbegrenzt gültig und in den jeweiligen Kirchen erhältlich. Dieses Sammelticket schließt die Besichtigung von insgesamt 13 Kirchen im historischen Stadtgebiet und auf La Giudecca ein. Die Einzeltickets kosten 1,55 €. In den Vierteln San Polo und Santa Croce befinden sich 4 der 13 "Chorus"-Kirchen (s. u.).

sen Entwurf in Venedig debütierte, Geldgeber war der *Doge Alvise Mocenigo II.,* dessen Grabmal sich auch hier befindet. Ganz eindeutig stand die Fassade in der Tradition *Andrea Palladios,* man lobte die Linienführung, hielt den Statuenschmuck jedoch für überladen: ein Wirrwarr von schmachtenden Figuren lautete das harte Urteil eines Zeitgenossen. Das Kircheninnere ist mit kostbaren Werken ausgestattet, darunter die "Marter des Hl. Bartholomäus" von *Giovanni Battista Tiepolo.*

Campo San Stae. Geöffnet: Mo–Sa 10–17 Uhr, So 13–17 Uhr. Eintritt: 1,55 € bzw. mit dem Chorus-Ticket (→ S. 129).

Chiesa San Giacomo dall'Orio: eine der ältesten Kirchen des Viertels, ihr Grundstein wurde schon im 9. Jh. gelegt. Allerdings reicht die hier vorhandene architektonische Bandbreite bis ins 16. Jh. Ein regelrechter Säulenwald ziert das Kircheninnere, darunter befinden sich etliche Beutestücke aus Konstantinopel. Den wertvollsten Kunstschatz stellt die "Sacra Conversazione",

das Hochaltarbild von *Lorenzo Lotto* (1480–1556) dar. In der Neuen Sakristei befindet sich ein großartiges Deckengemälde von Paolo Veronese.

Campo San Giacomo dall'Orio. Geöffnet: Mo–Sa 10–17 Uhr, So 13–17 Uhr. Eintritt: 1,55 € bzw. mit dem Chorus-Ticket (→ S. 129)

Basilica Santa Maria Gloriosa dei Frari (Frari-Kirche): eines der größten und bedeutendsten Gotteshäuser Venedigs. Im 14. und 15. Jh. vom Bettelorden der Franziskaner errichtet, fällt dieser monumentale, aber schlichte Backsteinbau stilistisch noch in die venezianische Gotik. Die Frari-Kirche war seinerzeit das Zentrum der sogenannten *Konventualen* im venezianischen Franziskanerorden, die von der Dogenrepublik unterstützt wurden. Deshalb fiel das Baugrundstück, das die Stadt ihnen zur Verfügung stellte, auch so großzügig aus. Der riesige **Klosterkomplex** mit den beiden Kreuzgängen beherbergt heute das Staatsarchiv. Monumental ist auch der **Glockenturm** ausgefallen, der nach dem Campanile von San Marco der zweithöchste Turm der Stadt ist.

Der Außenschmuck der schlichten Kirchenfassade beschränkt sich auf das gestaffelte Marmorportal und die himmelwärts strebenden Giebeltürmchen. Im Innern verweist die stattliche Anzahl prächtiger Grabdenkmäler deutlich auf die gute Beziehung des Ordens zu den Herrschenden. Neben Dogen, Prälaten, Honoratioren, Admirälen und Generälen hat auch das Malergenie *Tizian* seine letzte Ruhestätte in der Frari-Kirche gefunden – wo er sich übrigens auch selbst ein Denkmal gesetzt hat mit dem farbenprächtigen Mariä-Himmelfahrt-Gemälde von 1516–18, der "Assunta" über dem Altar. Ebenfalls von Tizian stammt die "Madonna der Familie Pesaro" (1519–26) im linken Seitenschiff. Im Mittelschiff dominiert die hohe marmorne Chorschranke (1475) von *Pietro Lombardo,* ein Paradebeispiel für den Übergangsstil von der Spätgotik zur Frührenaissance. Dahinter verbirgt sich das hölzerne gotische Chorgestühl mit seinen insgesamt 124 Intarsienbildern.

Am Haupteingang springt das pyramidenförmige Grabmal des klassizistischen Bildhauers *Antonio Canova* (1757–1822) ins Auge. Canova selbst entwarf es eigentlich für Tizians Grabstätte (die sich genau gegenüber befindet). Offensichtlich empfand man es als zu klassizistisch-streng für den großen Maler, nun ehrt es Canova selbst, während Tizian unter einem antiken Tempel mit geflügeltem Markuslöwen ruht. Kaum zu fassen ist das gigantische Grabmal des *Dogen Giovanni Pesaro,* dessen Säulenaufbau von vier überlebensgroßen Sklaven gebildet wird (ein Werk *Longhenas).* Weitere Kunstwerke in der Frari-Kirche stammen von *Giovanni Bellini* (Flügelaltar in der Sakristei) und *Donatello* (Johannes-Statue, erste Kapelle rechts vom Hochaltar).

Campo dei Frari. Geöffnet: Mo–Sa 10–17 Uhr, So 13–17 Uhr. Eintritt: 1,55 € bzw. mit dem Chorus-Ticket (→ S. 129).

Tizians Grabstätte: die Frari-Kirche

Scuola Grande di San Rocco (Tintoretto-Museum): Die Laienbruderschaft des Hl. Rochus, in der vor allem mittelständische Kaufleute und Handwerker organisiert waren, war eine der reichsten und größten Bruderschaften Venedigs (→ S. 39). Ihr Versammlungsgebäude, ein prunkvoll ausgestatteter Renaissancepalast aus der ersten Hälfte des 16. Jh., ist heute ein viel besuchtes Tintoretto-Museum, in dem es einen unvergleichlichen Gemäldezyklus dieses genialen Meisters der dramatischen Bewegung und der starken Licht-Schatten-Kontraste zu bewundern gibt.

Tintoretto arbeitete von 1564 bis 1587 an der Bilderfolge des Bruderschaftshauses. Anzahl und Größe der insgesamt 56 Gemälde waren von der Innenarchitektur des Gebäudes vorgegeben, allein in der vergoldeten Decken des Großen Saals im Obergeschoss galt es 21 Felder in fünf unterschiedlichen Formen zu füllen. Der gesamte Zyklus zieht sich vom Erdgeschoss bis in die Sala dell'Albergo im oberen Stockwerk.

Wer das Gesamtkunstwerk in seiner entstehungsgeschichtlichen Reihenfolge betrachten will, beginnt am besten mit der **Sala dell'Albergo.** Die dortigen Deckengemälde gehören nämlich zu den am ersten fertig gestellten Arbeiten. Die zentrale Darstellung zeigt die "Vergöttlichung des Hl. Rochus", mit der sich Tintoretto 1564 gegen drei Mitbewerber für den lukrativen Auftrag durchgesetzt hatte. Die Wände sind mit dramatischen Passionsszenen und einer überwältigenden Kreuzigung geschmückt.

Der anschließende **Große Saal,** der der Laienbruderschaft als Versammlungsraum diente, ist mit einer Fülle von bewegenden Bibelszenen bebildert, in denen Tintoretto – auf der Höhe seiner Schaffenskraft – alle Register der dramatischen Bildkomposition und perspektivischen Illusion zieht. Im **Erdgeschoss** schließlich dominieren die Werke des gereiften Meisters, der das Mystische und Geheimnisvolle betont, vor allem in dem Zyklus zum Marienleben, der mit der "Verkündigung Mariens" beginnt und mit ihrer "Himmelfahrt" endet.

Campo San Rocco. Geöffnet: April–Okt. tägl. 9–17.30 Uhr, Nov.–März tägl. 10–16 Uhr. Eintritt: 4,65 €, erm. 3,10 €. Ein sehr informativer Audioführer (auch auf Deutsch) ist im Eintrittspreis inbegriffen.

Chiesa San Polo: spätgotische Kirche mit Glockenturm aus dem 14. Jh. Äußerlich keine Augenweide, aber im Kircheninnern stecken einige Kunstwerke von Rang: ein "Abendmahl" von *Tintoretto*, eine "Muttergottes mit dem Hl. Johannes von Nepomuk" von *Giovanni Battista Tiepolo* sowie die Kreuzwegstationen in der Sakristei von *Giandomenico Tiepolo*.

Campo San Polo. Geöffnet: Mo–Sa 10–17 Uhr, So 13–17 Uhr. Eintritt: 1,55 € bzw. mit dem Chorus-Ticket (→ S. 129).

Casa Goldoni: Bei diesem gotischen Palazzo handelt es sich um das Geburtshaus des heute noch populären Komödiendichters *Carlo Goldoni* (1707–1793). Es beherbergt ein theaterwissenschaftliches Institut sowie ein kleines Museum das dem in Paris verstorbenen Reformator der italienischen Komödie gewidmet ist. Zu sehen sind u. a. Manuskripte, Erstausgaben seiner Werke sowie eine Materialsammlung zu den venezianischen Goldoni-Inszenierungen.

Calle dei Nomboli, San Polo 2794. Geöffnet: Mo–Sa 9–13 Uhr (wg. Restaurierung voraussichtlich bis Sept. 2001 geschlossen), Eintritt ca. 2 €.

Praktische Infos

Essen und . . .

Ristorante Da Fiore (8), edles Feinschmeckerlokal, mehrfach ausgezeichnet. Stilvoll eingerichtet, distinguierte Atmosphäre, aber nicht unfreundlich. Beste Qualität, erlesene Weine, oberste Preisklasse (Primi 23,25–28, 40 €, Secondi 31–36,15 €). So und Mo Ruhetag. Calle Scaleter, San Polo 2202. ✆ 041/721308.

Ristorante Alla Madonna (24), Tipp! Der venezianische "Fischkönig" residiert in einer pittoresken Seitengasse am Rialtomarkt. Das große, recht stimmungsvolle Ristorante bietet über 200 Plätze in 6 Speiseräumen und ist stets voll. Die Auswahl an Antipasti, Primi und Secondi ist enorm, Fisch und Meeresfrüchte geben den Ton an. Die Portionen sind groß, die Bedienung ist flink. Eine echte Institution und preislich sogar akzeptabel (Primi 7,75 €, Secondi 7,75–12,90 €). Mi Ruhetag. Calle della Madonna, San Polo 594. ✆ 041/5223824.

Trattoria Poste Vecie (9), direkt an der Fischmarkthalle, angeblich die älteste Trattoria der Lagunenstadt. Edel-nostalgisches Ambiente mit Wandbildern, Kamin und Kassettendecke. Gemütlich sitzt man auch im angrenzenden Wintergarten. Fisch und Meeresfrüchte in allen Variationen, gehobene Preise (Primi 8,30–14,50 €, Secondi 12,40–23,75 €). Di Ruhetag. Pescheria, San Polo 1608. ✆ 041/721822.

Bàcaro-Osteria Do Spade (10), hemdsärmelige Gaststätte, ebenfalls am Rialtomarkt, in einem finsteren Tunnelgang. Holzgetäfelt, rustikal eingerichtet. Man bemüht sich, den Touristen bei der wirklich großen Auswahl an Speisen und Weinen behilflich zu sein. Vernünftige Preise. So (im Winter) Ruhetag. Sottoporto delle do Spade, San Polo 860.

Bàcaro/Cantina Do Mori (11), Urgestein einer venezianischen Weinschenke am Rialtomarkt. Lange Theke, keine Sitzmöglichkeiten. Enorme Auswahl an Weinen und leckeren Häppchen *(Cicheti* und *Crostini).* Sehr beliebt, oft rappelvoll. Von 8.30–21 Uhr geöffnet, So und Mi nachmittags geschlossen. Calle dei Do Mori, San Polo 429.

Osteria La Zucca (1), freundlich, rustikal eingerichtet. Nähe Campo di San Giacomo dall'Orio, schön an einer Kanalbrücke gelegen. Von jungen Leuten geführt. Neben typisch regionalen Speisen auch viele rein vegetarische Gerichte. Einige Tische draußen, drinnen ebenfalls Blick auf den Kanal. Preislich o. k. (Primi 5,20–6,70 €, Secondi 9,30–12,90 €). So Ruhetag. Ponte del Megio, Santa Croce 1762. ✆ 041/5241570.

Trattoria Capitan Uncino (2), gemütliches Lokal auf dem touristisch wenig frequentierten Campo di San Giacomo dall'Orio. Originelle Fischküche mit einigen hauseigenen Spezialitäten, aber auch gute Nicht-Fisch-Gerichte! Akzeptables Preis-Qualitäts-Verhältnis (Primi 4,65–7,75 €, Secondi 7,75–18 €). Mi Ruhetag. Santa Croce 1501. ✆ 041/721901.

Trattoria Da Ignazio (19), in einer engen Gasse versteckt sich dieses angenehme Haus mit dem lauschigen Innenhof. Ruhige Atmosphäre, venezianische und überregionale Spezialitäten, gute Weine, angemessene Preise (Primi 6,20–8,25 €, Secondi 10,30–15,50 €). Sa Ruhetag. Calle dei Saoneri, San Polo 2749. ✆ 041/5234852.

Bàcaro/Osteria Antico Dolo (12), Tipp! Ausgesprochen sympathische Lokalität am Rialtomarkt. In der kleinen Garküche werden so deftige Sache wie *Trippa* (Kutteln) zubereitet, aber auch Stockfisch, Gnocchi, Meeresantipasti und ein täglich wechselndes Menü. Um mittags an einen der drei Esstische zu gelangen, muss man schon ein wenig drängeln. Primi um die 11,50 €, Secondi ab 10,30 €. Abends unbedingt reservieren, es gibt zwei Durchläufe (um 19.30 und 21.30 Uhr). So Ruhetag. Ruga Vecchia San Giovanni, San Polo 778. ✆ 041/ 5226546.

Pizzeria Ae Oche (5), gute Pizza, Riesenauswahl. Einige Tische auf der ruhigen Gasse. Eher junges Publikum. Mo Ruhetag. Calle del Tintor (Nähe San Giacomo dell' Orio), Santa Croce 1552.

Mensa universitaria (7), Nähe Frari-Kirche. Günstige Menüs, internationaler Studentenausweis ist allerdings Voraussetzung. Mo–Fr 12.45–14 und 18–20.30 Uhr. Calle de Magazen (Palazzo Badoer), San Polo 2480.

Trinken und mehr

Café Cico (20), einfaches, volkstümliches Café am Campo San Polo. Etliche Tische im Freien. San Polo1960.

Gelateria Millevoglie da Tarcisie (16), gute Eisdiele an der Scuola Grande di San Rocco, große Eisauswahl. Salizzada di San Rocco, San Polo 3033.

Pasticceria Rizzardini (21), die appetitlichste Konditorei des Viertels. Hier wird das Konditorhandwerk noch nach traditionellen Rezepten ausgeübt. Campiello dei Meloni (zw. Campo San Polo und Campo San Aponal), San Polo 1415.

Bar Al Paradiso (22), schicke Bar mit Mittagstisch, in den Abendstunden ein gemütlicher Treffpunkt. Dezente Musik, lange geöffnet, Tische auch draußen. So Ruhetag. Calle del Paradiso, Quergasse des Fondamenta del Vin, San Polo 767.

Old Well Pub (4), Bier vom Fass, Pizza, Snacks, gelegentlich Kunstausstellungen und Livemusik. Gemütliche Terrasse, junges Publikum, lange geöffnet. Mo Ruhetag. Etwas abseits (in Richtung Bahnhof) gelegen. Corte Canal, Santa Croce 656.

Einkaufen

Bücher: **Punto Libri,** Unibuchhandlung mit Kunst- und Architekturbüchern. Calle dei Vinanti, Nähe Campo di San Rocco, Santa Croce 29.

Käse: **Casa del Parmigiano**, ein Feinkostgeschäft das sich auf die prominenteste aller italienischen Käsesorten spezialisiert hat, den Parmesan. Campo C.Battisti, San Polo 214.

Markt: **Rialtomarkt,** Venedigs größter Markt, absolut stimmungsvoll. Eine Welt für sich, mit unzähligen Ständen, Geschäften, Garküchen, Weinschenken und fliegenden Händlern. Gleich hinter der Rialtobrücke. Tägl., außer So, 7–14 Uhr.

Marmorpapier: **Legatoria Polliero,** Buchbinderei, großes Angebot an Marmorpapier. Campo dei Frari, San Polo 2995.

Karisma, kunstvoll verziertes Marmorpapier. Calle Saoneri 2752 (Nähe Campo San Polo).

Masken: **Barbini Sergio,** Maskenmacher aus Leidenschaft seit fast 50 Jahren. Seine hochwertige Handarbeit wurde bereits mehrfach ausgezeichnet. Ehrliche Preise. Wer einschlägige Kaufabsichten hat, sollte sich auch hier umschauen. Calle dei Cristi (zw. Rialtomarkt und Campo San Cassiano), San Polo 1720.

Spielzeug: **Il Baule Blu**, ein liebenswertes Spielzeugfachgeschäft mit Vorliebe für Teddybären. San Tomà 2916.

Textiles: **Colorcasa**, feine Stoffe für die Einrichtung und den Kleiderschrank. Showroom in San Polo 1990 (Nähe Campo San Polo).

Atelier Pietro Longhi, Maß- und Kostümschneider. San Polo 2604 (Nähe Frari-Kirche).

Wachs: **Cera,** alles aus Wachs, skurrile Kerzen und Objekte zum stimmungsvollen Abbrennen. Fondamenta del Vin, San Polo 1098.

Nur die weitläufigen Plätze, wie hier der Campo Santa Maria Formosa, öffnen das zentrale Castello-Viertel etwas

Il Sestiere di Castello – das Castello-Viertel

Größtes und kontrastreichstes der historischen Stadtviertel. Während sich im Westen das noble Ambiente des Markusviertels noch eine ganze Weile fortsetzt – besonders im Bereich der frequentierten Uferpromenade Riva degli Schiavoni –, stößt man im Osten auf Venedigs raue Peripherie mit vernachlässigten Arbeitervierteln und dem gigantischen Areal der traditionsreichen Werft Arsenale. Im Mittelpunkt des Interesses steht dieser östliche Zipfel der Stadt nur alle zwei Jahre während der Kunst-Biennale, ansonsten zieht es nur wenige Touristen hierher.

Auch für die Einheimischen ist der Übergang zwischen den beiden Vierteln San Marco und Castello fließend, wo genau die Grenze verläuft, verschweigen sogar die offiziellen Stadtpläne. Fragt man jedoch nach der Schokoladenseite des Viertels, dann wird einmütig die **Riva degli Schiavoni** genannt, Venedigs breite Uferpromenade, die gleich hinter dem Dogenpalast beginnt. Im angrenzenden **Bacino di San Marco (Markusbecken)** lagen einst die ausländischen Handelsschiffe vor Anker, zusammen mit den venezianischen Galeeren und Segelschiffen sicherlich ein großartiger Anblick, der die Venezianer immer wieder zur Uferpromenade zog. Der Name *Schiavoni* stammt von den Händlern aus Dalmatien ("Schiavonia"), die hier ihren Warenumschlagplatz hatten. Obwohl das Ufer seine maritime Betriebsamkeit längst verloren

S.S. Giovanni e Paolo
S. Maria d. Pianto
Ospedaletto d. Vecchi
S. Francesco della Vigna
Campo S. Maria Formosa
S. Maria Formosa
Pinacoteca Querini-Stampalia
S. Lorenzo
Campo S. lorenzo
Scuola S. Giorgio
S. Giovanni
S. Giorgio dei Greci
S. Antonino
S. Zaccaria
Palazzo Ducale
Prigioni
S. Maria d. Pietà
Campo Bandiera e Moro
S. Giovanni in Bragora
Porta del Arsenale
S. Martino
Arsenale
Darsena Grande
Canale delle Galeazze
Darsena Arsenale Vecchio
Campo Celestia
Museo Navale
S. Biagio
Via Garibaldi
S. Francesco di Paola
Riva degli Schiavoni
Seufzerbrücke
Riva dei Sette Martiri
Canale di San Marco
S. Giorgio
Campo S. Giorgio
I. S. Giorgio Maggiore
Canale San Giorgio o della Grazia

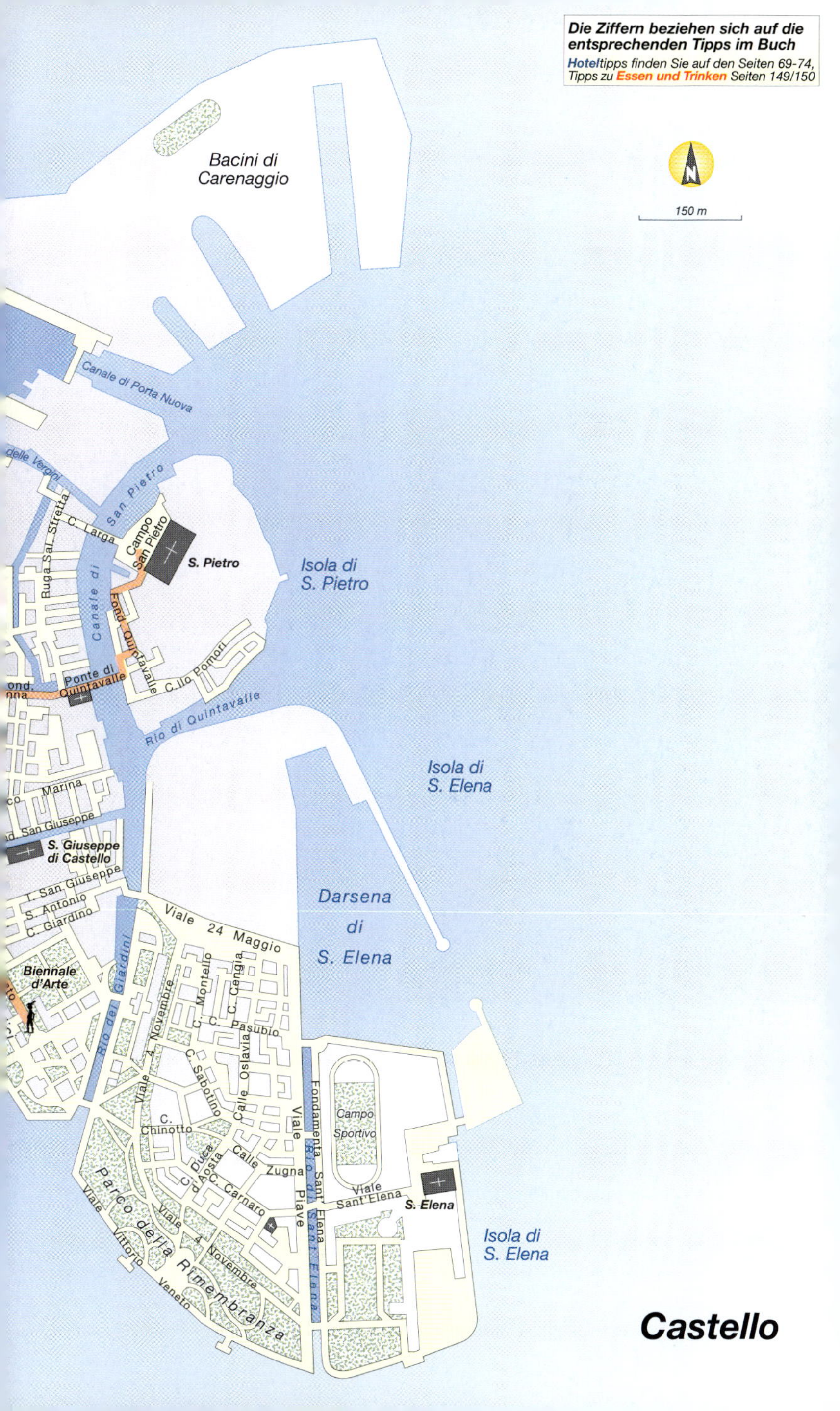

Die Ziffern beziehen sich auf die entsprechenden Tipps im Buch
Hoteltipps finden Sie auf den Seiten 69-74,
Tipps zu Essen und Trinken Seiten 149/150
N
150 m
Bacini di Carenaggio
Canale di Porta Nuova
delle Vergini
San Pietro
C. Larga
Campo San Pietro
S. Pietro
Isola di S. Pietro
Ruga Sal. Stretta
Canale di
Fond. Quintavalle
Ponte di Quintavalle
C.llo Pomori
Rio di Quintavalle
Isola di S. Elena
Marina
San Giuseppe
S. Giuseppe di Castello
San Giuseppe
S. Antonio
C. Giardino
Darsena di S. Elena
Viale 24 Maggio
Biennale d'Arte
Rio dei Giardini
Viale 4 Novembre
C. Montello
C. Cengia
C. Pasubio
C. Sabotino
Calle Oslavia
C. Chinotto
Viale Piave
Fondamenta Sant'Elena
Rio di Sant'Elena
Campo Sportivo
Calle Zugna
C. Duca d'Aosta
C. Carnaro
Viale Sant'Elena
S. Elena
Isola di S. Elena
Parco della Rimembranza
Viale Vittorio Veneto
Viale 4 Novembre
Castello

hat, ist es ein Tummelplatz und ein Verkehrsknotenpunkt geblieben, an dem sich die Einheimischen und Touristen von morgens bis abends an den Vaporetto-Stationen drängen. Vor der prächtigen Kulisse der Uferpalazzi, von denen einige zu stilvollen Luxushotels

Die Seufzerbrücke verbindet das alte Staatsgefängnis mit dem Dogenpalast

umgewandelt worden sind, herrscht aber in erster Linie Müßiggang. Souvenirhändler preisen ihre Waren an, Gondeln schaukeln an den Holzstegen, und sehnsüchtige Blicke schweifen über die Lagune, die hier bereits zum Meer geworden zu sein scheint.

Wahrscheinlich sind es die fehlenden Promenaden-Cafés, die bald den Entschluss reifen lassen, sich ins verzweigte Castello-Viertel zu begeben, um die dortigen Sehenswürdigkeiten aufzusuchen. Wie schon im Markusviertel gehören die großen und kleinen **Campi** mit ihren bedeutenden Kirchen zu den Attraktionen von West-Castello. Unweigerlich stößt man beim Bummel auch auf den beschaulichen **Campo Santa Maria Formosa,** dessen friedliche Atmosphäre den authentischen Alltag des Viertels vielleicht am Deutlichsten ausdrückt. Und von den Bruderschaften (→ S. 39), die in Castello ansässig waren, sind es die **Scuola Grande di San Marco** und die **Scuola San Giorgio degli Schiavoni,** die noch heute eine lebendige Vorstellung vom Reichtum und der Bedeutung dieser typischen venezianischen Institutionen vermitteln.

Komplett anders präsentiert sich Ost-Castello mit dem riesigen Komplex des seit 1918 geschlossenen **Arsenale.** Diese im Hochmittelalter gegründete Schiffswerft war Jahrhunderte lang Venedigs industrieller Motor und Garant seiner Seeherrschaft. Die *Arsenalotti* (Werftarbeiter), die mit ihren Familien in den angrenzenden Wohnvierteln lebten, gehörten zum privilegierten venezianischen Proletariat. Heute sind die Wohngebiete dieses östlichen Stadtteils zum Teil verwaist, und das Gelände des Arsenals ist nicht frei zugänglich. Dennoch lohnt sich ein Streifzug durch dieses traditionsreiche, wenn auch bescheidene Randgebiet Venedigs unbedingt. Auch ein Museumsbesuch gehört zum Pflichtprogramm, denn das **Museo Navale** lässt die glorreiche Vergangenheit der alten Seerepublik bis ins Detail lebendig werden. Und wer noch tiefer in die Stadtgeschichte eintauchen möchte, kann das – zumindest im übertragenen Sinn – auf der **Kircheninsel San Pietro,** wo sich eine der allerersten Lagunensiedlungen befand.

Am äußersten Ende von Castello, auf dem Gelände der **Kunst-Biennale** und auf der angrenzenden **Insel Sant'Elena**, erstrecken sich erholsame Parkanlagen – und schnelle Vaporetto-Verbindungen führen zurück ins historische Zentrum.

Spaziergang durch das Castello-Viertel

Den Streifzug durch diesen weitläufigen und abwechslungsreichen Stadtteil sollte man – je nach Gusto – sorgfältig planen, denn ein Tag reicht für eine umfassende Erkundung kaum aus, schon gar nicht, wenn man auch alle Kirchen und Museen ausgiebig besichtigen will.

Ein möglicher Ausgangspunkt ist die Uferpromenade **Riva degli Schiavoni,** die sich am Abend jedoch wesentlich beschaulicher präsentiert als tagsüber, wenn sie vom unablässigen Touristenstrom bevölkert wird. Nur abends hat man einen freien Blick auf die berühmte **Seufzerbrücke** (→ S. 98) und auf die Prachtfassaden der Luxushotels entlang der Uferpromenade. Als allerfeinste Traditionsherberge gilt das *Danieli,* das 1822 im gotischen Palazzo der Familie Dandolo (die insgesamt vier Dogen stellte) eröffnet wurde. Eine unscheinbare Gasse neben dem *Londra Palace,* das auch als Hotel mit den hundert Fenstern zur Lagune bezeichnet wird, führt auf den ruhigen **Campo San Zaccaria** (s. u.).

Ein paar Schritte weiter die Uferpromenade entlang, erhebt sich die klassizistische **Chiesa di Santa Maria della Pietà** (s. u.), besser bekannt als Kirche des venezianischen Komponisten Antonio Vivaldi.

Gleich dahinter, stadteinwärts, erstreckt sich das ehemalige **Quartiere dei Greci** (Griechenviertel) Venedigs, dessen kulturelles und religiöses Zentrum von der *Chiesa San Giorgio dei Greci* und dem angeschlossenen Ikonenmuseum (s. u.) gebildet wird. Der verwunschene kleine Kirchgarten, den man nur von der Ponte dei Greci aus erreicht, lädt zum Verschnaufen und Meditieren ein, bevor man sich in den lebhafteren Teil des inneren Castello-Viertels begibt.

Ein schöner Weg führt über das *Fondamenta dell'Osmarin* und die anschließende *Ruga Giuffa* zum stimmungsvollen Kirchenplatz von **Santa Maria Formosa** (s. u.). Hier ist die **Pinacoteca Querini-Stampalia** (s. u.) unbedingt einen Besuch wert. Zwischen dem *Campo Santa Maria Formosa* und dem weiter nördlich gelegenen *Campo Santi Giovanni e Paolo* liegt ein volkstümliches Wohnviertel, in dem noch einige Bezeichnungen an mittlerweile ausgestorbene Handwerksberufe erinnern, die hier ausgeübt wurden. An der *Fondamenta dei Felzi* beispielsweise, dem Nordufer des Rio di San Giovanni, befanden sich die Werkstätten, in denen die Gondelkabinen *(Felzi)* gebaut wurden. Diese zum Teil sehr kunstvoll gearbeiteten Aufbauten kann man heute nur noch im Schifffahrtsmuseum bestaunen.

Der breite *Campo Santi Giovanni e Paolo,* im Volksmund *San Zanipolo* genannt, wird von einigen der bedeutendsten Baudenkmälern des Castello-Viertel eingerahmt: der **Dominikanerkirche San Zanipolo** und der **Scuola Grande di San Marco** (s. u.). Auch das monumentale Reiterstandbild des legendären Söldnerführers Bartolomeo Colleoni ist ein wahres Meisterwerk. Es stammt von dem begnadeten florentinischen Bildhauer Andrea Verrocchio (15. Jh.), der dem Bronzefeldherrn ein wirklich grimmiges Aussehen mitgab. Der Weg zur Klosteranlage San Francesco della Vigna führt über die Handwerkergasse *Barbaria delle Tole,* in der einst Holztafeln ("Tole") für den Export in arabische Länder gefertigt wurden. Die verwitterten Fassaden einiger herrschaftlicher Palazzi erinnern an die besseren Zeiten, die dieses heute eher ärmliche und etwas heruntergekommene Stadtrandgebiet einst erlebt hat.

Am **Kirchenplatz San Francesco della Vigna** (s. u.) gewährt ein Gittertor Einlass in den Kreuzgang mit Klostergarten. Es handelt sich um ein Teilstück eines ehemaligen Weingartens ("Vigna"), auf dem die Klosteranlage errichtet worden ist. Ein bisschen Spürsinn braucht man jetzt schon, um den direkten Weg vom seitlichen Säulengang des Kirchenplatzes zur Scuola San Giorgio degli Schiavoni zu finden. Auf halber Strecke liegt der stille *Campiello delle Gatte* (Katzenplatz), auf dem eine Gedenktafel an den hoch geschätzten Schriftsteller Ugo Foscolo (1778–1827) erinnert, der hier einige Jahre lebte. An der **Scuola San Giorgio degli Schiavoni** angelangt, gehört ein Besuch des dortigen **Carpaccio-Museums** zum Pflichtprogramm (s. u.).
Anschließend führt die *Salizada Antonin* zum verträumten *Campo Bragora,* der von der spätgotischen *Chiesa San Giovanni in Bragora* und einigen herrschaftlichen Palazzi beherrscht wird. Vis-à-vis der Kirche hat eine Kunst- und Möbelrestauratorin ihre sehenswerte Werkstatt eröffnet.

Nach der zielstrebigen Überquerung des *Rio Ca' di Dio* steht man unversehens vor der **Porta del Arsenale,** dem majestätischen Eingangsportal der stillgelegten venezianischen Schiffswerft, die leider nicht betreten werden darf (→ "L'Arsenale, die verbotene Stadt", S. 146). – Der Blick vom erhöhten Standpunkt auf der Holzbrücke über den *Rio dell'Arsenale* gibt nur eine bescheidene Sicht auf diese größte mittelalterliche Werft Europas frei. Am Uferweg der *Darsena Arsenale Vecchia* erkennt man noch einige alte Lagerhäuser, während sich die Ruderwerkstätten, Seilereien, Gießereien und Artilleriewerkstätten hinter den hohen Ziegelsteinmauern entlang dem Rio dell'Arsenale verstecken. Wen die maritime Seite der Seerepublik Venedig näher interessiert, sollte sich genügend Zeit nehmen für das sehr gut bestückte **Schifffahrtsmuseum** (s. u.), das in einem ehemaligen Getreidespeicher aus dem 16. Jh. am *Campo San Biasio* untergebracht ist.

Die breite *Via Giuseppe Garibaldi,* ein zugeschütteter Kanal, bildet die belebte Hauptgeschäftsstraße Ost-Castellos und führt direkt hinüber zur kleinen **Isola di San Pietro di Castello** (s. u.). An den Ufern des *Rio di Sant'Anna,* der Fortsetzung der Via Garibaldi, stehen noch einige **alte venezianische Reihenhäuser,** sie sind beispielhaft für die Wohnverhältnisse des einfachen venezianischen Volks (→ S. 39).

Am Ende der Via Garibaldi beginnen Venedigs ausgedehnte **Parks,** die sich bis zur *Isola di Sant'Elena* hinüberziehen. Die Grünanlagen stammen aus der Napoleonischen Zeit, in der so einige Veränderungen am Stadtbild vorgenommen wurden. Mitten in den *Giardini Pubblici* wurden Ende des 19. Jh. die **Länderpavillons der Kunst-Biennale** (→ S. 148) errichtet, die das Gesicht dieses äußersten Zipfels des Castello-Viertels erneut veränderten. Außerhalb der Biennale-Saison macht das weitläufige Gelände einen verwilderten Eindruck, und überall stößt man auf geschlossene Pavillons, die wie verbarrikadierte Ferienvillen zur Winterzeit aussehen. Nur einige ausländische Touristen bewegen sich dann über das Gelände, meistens auf der Suche nach ihrem Heimatpavillon.

Riva degli Schiavoni: Venedigs schönste Uferpromenade

Sehenswertes im Castello-Viertel

Chiesa San Zaccaria: Die Kirche des ehemaligen Benediktinerinnenklosters ist einer der ältesten Sakralbauten des Stadtteils und wurde vermutlich schon im 9. Jh. gegründet. Ihr heutiges Aussehen erhielt sie im Wesentlichen in der zweiten Hälfte des 15. Jh., als *Mauro Coducci* die Fassade im Stil der venezianischen Frührenaissance gestaltete. Die markanten Rundungen nehmen der skulpturengeschmückten Kirchenfassade ihre Strenge nahezu vollständig. Der stämmige Glockenturm stammt noch aus der romanisch-byzantinischen Epoche. Im Innern der Kirche erinnert vor allem die Krypta noch an den ursprünglich romanisch-byzantinischen Baukörper, während der Chor gotisch und das Langhaus im Stil der Frührenaissance gehalten ist. Von der Ausstattung beeindrucken vor allem die Gewölbefresken in der Seitenkapelle des Hl. Tarasio sowie eine Mariendarstellung von *Giovanni Bellini,* die "Thronende Madonna mit Kind und Heiligen".

Im angrenzenden **Convento di San Zaccaria,** so wird gerne erzählt, brachte der venezianische Stadtadel seine Töchter unter, um sie vor verbotenen vorehelichen Liebschaften zu schützen. Lange Zeit muss das wohl funktioniert haben, nicht aber im 18. Jh., als das Benediktinerinnenkloster wegen seiner rauschenden Maskenbälle und regelmäßigen

Das **Kirchensammelticket/Chorus-Ticket** (7,75 €) ist unbegrenzt gültig und in den jeweiligen Kirchen erhältlich. Dieses Sammelticket schließt die Besichtigung von insgesamt 13 Kirchen im historischen Stadtgebiet und auf La Giudecca ein. Die Einzeltickets kosten 1,55 €. Im Castello-Viertel befinden sich 2 der 13 "Chorus"-Kirchen (s. u.).

Männerbesuche nachgerade bekannt war. In dieser lustbetonten und freizügigen Zeit, als das venezianische Salonleben seinen Höhepunkt erreicht hatte, genossen auch die eingesperrten Adelstöchter ihr Dasein gänzlich ungeniert. Heute residieren hier die Carabinieri und sorgen für Ordnung.

Adresse: Campo San Zaccaria. Geöffnet: tägl. 10–12 und 16–18 Uhr. Eintritt frei.

Vivaldi-Kirche: mehr Konzertsaal als Gotteshaus

Chiesa di Santa Maria della Pietà, die Kirche Antonio Vivaldis: *Giorgio Massari* begann ab 1735 mit dem Bau der Kirche im Stil des venezianischen Klassizismus. Sie gehörte zum benachbarten **Ospedale,** einem Waisenhaus und angesehenen Mädchenkonservatorium, in dem Antonio Vivaldi (1678–1741) fast 40 Jahre als *Maestro di violino* (Geigenlehrer), Chorleiter und Priester tätig war. Die Kirche diente damals auch als Konzertsaal und musste folglich den hohen akustischen Ansprüchen gerecht werden, womit sich der ovale Innenraum und die niedrigen Deckengewölbe erklären lassen. Der helle, ganz in Weiß gehaltene Kirchenraum beherbergt ein grandioses Deckengemälde von *Giovanni Battista Tiepolo*. Nach wie vor finden in "Vivaldis Kirche" Kammerkonzerte statt. Die Musiker können dabei aus einem beträchtlichen Repertoire schöpfen, denn Vivaldi hat über 500 Kompositionen hinterlassen.

Adresse: Riva degli Schiavoni. Die Kirche ist nur im Rahmen von Konzerten zugänglich. Programm und Vorverkauf in der Kirche, Kartenkasse tägl. 10–12 Uhr, ✆ 041/5231096. Regelmäßige Aufführungen (3- bis 4x die Woche). Konzertkarten zu 20,66 €, erm. 10,33 €.

Chiesa San Giorgio dei Greci und Museo Dipinti Sacri Bizantini (Ikonenmuseum): Die schmale, hoch aufragende Kirche mit dem kleinen Platz am rechten Ufer des *Rio dei Greci* gehört zur griechisch-orthodoxen Gemeinde Venedigs. Mit der typischen Ikonostase (Trennwand zwischen Altar und Kirchenraum) sowie der ausschließlich den Kirchgängerinnen zugedachten Empore entspricht sie ganz den liturgischen Gepflogenheiten der griechisch-orthodoxen Konfession. Keine andere Kirche der Stadt ist mit einer solchen Fülle an goldglänzenden Ikonen geschmückt. Nur das benachbarte Ikonenmuseum überbietet diese Sammlung noch, dort sind fast 100 Ikonen aus dem 14.–18. Jh. zu bewundern sowie liturgische Gewänder und Gerätschaften. Das Museum befindet sich in dem Barockgebäude der **Scuola di San Niccolò dei Greci,** dem Bruderschaftshaus der ehemaligen Griechengemeinde, das von *Baldassare Longhena* erbaut worden ist.

Adresse: Ponte dei Greci. Geöffnet: Kirche und Museum Mo–Sa 9–12.30 und 13.30–16.30 Uhr, So 10–17 Uhr. Eintritt nur fürs Museum: 3,62 €, erm. 1,55 €.

Das griechische Venedig

Die Griechen zählen zu den ältesten Ausländergemeinden Venedigs. Bereits um die Jahrtausendwende kamen die ersten Griechen aus den venezianischen Kolonien in der Ägäis. Aber erst während der Herrschaft der Sultane Orhan, Murat I. und Bayezit I. (14. Jh.) sowie nach dem Fall Konstantinopels (1453) kam es zu einer verstärkten Zuwanderung. In Venedig genossen die Griechen Glaubensfreiheit. Als Gotteshaus stand ihnen zunächst die Kapelle der Basilica dei Santi Giovanni e Paolo zur Verfügung. 1526 erwarben die Griechen, die u. a. als Kunsthandwerker, Buchdrucker, Händler und Schreiber tätig waren, ein Grundstück, auf dem sie ab 1539 die Chiesa San Giorgio dei Greci errichteten (Einweihung 1561). Im 16. und 17. Jh. führte der Verlust der griechischen Inseln und des Peloponnes an das Osmanische Reich zu weiteren Zuwanderungswellen. Einige der griechischen Familien gehörten sogar dem Großen Rat der Republik an. Zu Beginn des 17. Jh. lebten ca. 12.000 Griechen in Venedig, gegenwärtig sind es nur noch ein paar Dutzend.

Chiesa Santa Maria Formosa: *Mauro Coducci* errichtete diesen frei stehenden Kirchenbau im letzten Jahrzehnt des ausgehenden 15. Jh. im Stil der Frührenaissance. Bei der Barockfassade und dem Glockenturm handelt es sich um Ergänzungen aus dem frühen 17. Jh. Der Kirchenraum jedoch erstrahlt noch ihm kühlen Glanz seiner üppigen Marmorausstattung, wie sie in der venezianischen Frührenaissance üblich war. Ein kostbarer Flügelaltar von *Bartolomeo Vivarini* (1473) zeigt die Schutzmantelmadonna in der Mitte, während auf der rechten Bildtafel Mariens Geburt und links Maria im hohen Alter dargestellt ist. Die lebendig erfassten Szenen lassen bereits Einflüsse der niederländischen Malerei erkennen, die in der zweiten Hälfte des 15. Jh. zahlreiche Nachahmer in Norditalien fand. Einmal im Jahr, am Lichtmesstag, so ist es überliefert, kam der Doge hierher zur Messe.

Adresse: Campo Santa Maria Formosa. Geöffnet: Mo–Sa 10–17 Uhr, So 13–17 Uhr. Eintritt: 1,55 € bzw. mit dem Chorus-Ticket (→ S. 141).

Palazzo Querini-Stampalia mit Pinacoteca Querini-Stampalia: Im herrschaftlichen Renaissancepalazzo ist eine Kunstgalerie voller Kostbarkeiten untergebracht. Der letzte Stammhalter der alten venezianischen *Adelsfamilie Querini,* die zeitweise im Besitz der Kykladeninsel Stampalia (heute Astipaläa) gewesen war, vermachte den Palazzo samt privater Gemäldesammlung und Bibliothek 1868 der Stadt. Die im Obergeschoss gezeigten Werke stellen einen repräsentativen Querschnitt durch die venezianische Malerei des 14.–18. Jh. dar. Mariendarstellungen *Giovanni Bellinis* sind ebenso vertreten wie Genrebilder *Pietro Longhis,* darunter dessen "Geographiestunde", in dem ein ironischer Blick auf den häuslichen Müßiggang des venezianischen Adels geworfen wird.

Eine Augenweide ganz anderer Art ist hingegen das von dem italienischen Architekten *Carlo Scarpa* (1906–1978) gestaltete Untergeschoss des Palazzo, zu dem auch ein Innenhof gehört, in dem die harmonische Strenge eines japanischen Zen-Gartens herrscht – mit Wasserläufen und blühenden Bäumen.

Adresse: Campiello Querini. Geöffnet: Di, Mi, Do und So 10–13 und 15–18 Uhr, Fr und Sa 10–13 und 15–22 Uhr (abends Sonderveranstaltungen), Mo geschlossen. Eintritt: 6,20 €, erm. 4,13 €.

Basilica Santi Giovanni e Paolo (San Zanipolo): Die Dominikanerkirche ist mit 100 m Länge das größte gotische Gotteshaus Venedigs. Es zeigt im Grundriss Ähnlichkeiten mit der berühmten Dominikanerkirche Santa Maria Novella von Florenz. Die Bauarbeiten an diesem schlichten Backsteingebäude zogen sich von 1333 bis 1430 hin.

Scuola San Giorgio degli Schiavoni: ein Muss für Carpaccio-Liebhaber

Auf einen Glockenturm wurde verzichtete, nicht aber auf den typisch gotischen Zierrat mit Heiligenstatuen und weithin sichtbaren Türmchen. Das gestaffelte Hauptportal wird von byzantinischen Marmorsäulen gerahmt. Beim Eintreten wird man von der lichtdurchfluteten Weite des Raumes geradezu überwältigt. Hohe, meterdicke Rundsäulen stützen das Gewölbe des Mittelschiffs sowie die kunstvoll verzierten Querbalken. Im Laufe der Jahrhunderte wurde "San Zanipolo", wie die Kirche auf Venezianisch verkürzend genannt wird, zur Grabkirche der berühmtesten Persönlichkeiten der Serenissima. Neben den insgesamt 27 Dogen sind hier auch Feldherren, Admiräle, Künstler, Bischöfe und Adlige bestattet worden. Die Stilvielfalt der zum Teil pompösen Grabmäler ist entsprechend groß. Mehrere Brände haben die Kunstschätze, zu denen Werke von *Tizian* und *Tintoretto* gehörten, stark dezimiert. Übrig geblieben ist u. a. ein jüngst restaurierter, vergoldeter Flügelaltar, der *Giovanni Bellini* zugeschrieben wird. In der zentralen Darstellung sieht man den Dominikanerheiligen *Vinzenz Ferrer,* ein bedeutender Bußprediger des Mittelalters. Die Tafeln auf der Predella, dem Unterbau des Altars, zeigen Szenen aus dessen Leben.

Adresse: Campo dei Santi Giovanni e Paolo. Geöffnet: Mo–Sa 8–12.30 und 15–18 Uhr, So 15–17.30 Uhr. Eintritt frei.

Scuola Grande di San Marco (Ospedale Civile): In einem ganz anderen Gewand als die schlichte Dominikanerkirche San Zanipolo präsentiert sich die benachbarte Scuola der venezianischen Goldschmiede und Seidenhändler. Die – untypischerweise – extrem aufwendig gestaltete Fassade dieses riesigen Bruderschaftshauses, das um 1490 von *Pietro Lombardo* begonnen wurde, vollendete *Mauro Coducci* um 1500 im Stil der Frührenaissance. Die schwungvollen Giebelrundungen mit ihren krönenden Skulpturen und das reliefverzierte Löwenportal lassen diesen herrschaftlichen Profanbau fast wie ein Kirchengebäude erscheinen. Da in der Scuola heute ein Krankenhaus untergebracht ist, ist eine Besichtigung der Innenräume nicht möglich, aber mit der Prachtfassade hat man immerhin schon das Wichtigste gesehen.

Chiesa San Francesco della Vigna: Diese wuchtige Franziskanerkirche setzt den einzigen bedeutenden architektonischen Akzent in der unmittelbaren Nachbarschaft des Werftgeländes. *Sansovino* und *Palladio* schufen zwischen 1543 und 1572 einen repräsentativen Sakralbau der Hochrenaissance, dessen Fassade – die eindeutig Palladios Handschrift trägt – die strenge Symmetrie eines antiken Säulentempels aufnimmt. Zu den Kunstwerken im hallenartigen Innern gehören u. a. ein Flügelaltar von *Antonio Vivarini* (Sakristei) und ein Mariengemälde von *Paolo Veronese* (Kapelle, linkes Querschiff). Der herrliche gotische Kreuzgang (einer von insgesamt dreien eines Franziskanerklosters aus dem 13. Jh.) führt zur *Capella Santa,* wo eine Madonnendarstellung von *Giovanni Bellini* zu bewundern ist.

Adresse: Campo San Francesco della Vigna. Geöffnet: tägl. (außer Sa) 15–17 Uhr. Eintritt frei.

Scuola San Giorgio degli Schiavoni (Carpaccio-Museum): Im hinteren Castello-Viertel, am Ende des Rio della Pietà bezog die Gemeinde der aus Schiavonia (Dalmatien) stammenden Händler Anfang des 16. Jh. ihr Bruderschaftshaus. Äußerlich bescheiden, präsentiert sich die Scuola im Innern um so prächtiger, denn ein grandioser Gemäldezyklus, den *Vittore Carpaccio* zwischen 1502 und 1508 anfertigte, schmückt das gesamte Erdgeschoss. Der Bilderzyklus, der sich mit dem Leben der dalmatinischen Schutzheiligen Georg, Hieronymus und Tryphon befasst, stellt einen Höhepunkt der venezianischen Malerei des frühen 16. Jh. dar und besticht durch seine brillante Detailgenauigkeit.

Adresse: Calle dei Furlani. Geöffnet: Di–Sa von 9.30–12.30 und 15.30–18.30 Uhr, So nur vormittags, Mo geschlossen. Eintritt: 2,58 €, erm. 1,55 €.

Porta del Arsenale: von Löwen bewacht

Porta del Arsenale: einziger Landeingang zur Werft, um 1460 von *Bartolomeo Buon* in der Form eines antiken Triumphbogens gestaltet. Welche Bedeutung L'Arsenale für Venedig hatte, beweist die Tatsache, dass es sich bei dem monumentalen Portal um das erste Bauwerk im Stil der venezianischen Frührenaissance handelt. Die Statue auf dem Tympanon stellt Justitia dar, sie wurde 1578 von *Girolamo Campagna* geschaffen. Der Markuslöwe im Zentrum des Giebels ist wie derjenige auf der Piazzetta von San Marco geflügelt und hält ein Buch zwischen den Pranken. Bei den das Tor flankierenden antiken Löwenskulpturen handelt es sich um Beutestücke aus Griechenland, die erst 1692 hier aufgestellt wurden. Die hockende Löwenfigur bewachte einst den Hafen von Piräus.

Il Sestiere di Castello
Karte S. 136/137

L'Arsenale – die verbotene Stadt

L'Arsenale, Venedigs traditionsreiche Schiffswerft, war einer der ersten, größten und effektivsten Industriekomplexe Europas. Hier baute die Serenissima ihre Kriegsschiffe und Handelsgaleeren wie am Fließband. Bis zu 16.000 *Arsenalotti* waren in der Blütezeit der Seerepublik auf diesem streng bewachten Gelände beschäftigt und brachten es auf eine durchschnittliche Jahresproduktion von 200 Schiffen. Das Holz für den Bau der Schiffe kam aus Istrien, wo Venedig unbegrenzte Einschlagrechte besaß.

Als Gründungsdatum wird das Jahr 1104 angegeben, als Venedig bereits einige Seeschlachten und Eroberungen im Mittelmeerraum zu verzeichnen hatte. Den ersten Großauftrag erhielt die Werft im Vorfeld des 4. Kreuzzuges, als sich der amtierende Doge verpflichtete, dem Heer der Kreuzritter eine Flotte zur Verfügung zu stellen. Auf dem Werftgelände, das sich seinerzeit noch auf die **Darsena Arsenale Vecchia** beschränkte, zimmerten die *Arsenalotti* in einer Rekordzeit von nur wenigen Monaten 100 Kriegsgaleeren und 30 Transportschiffe für die "Kreuzfahrt" ins Heilige Land. Das Geheimnis der schnellen Bauweise lag in der konsequenten Arbeitsteilung, mit der die Werftarbeiter ans Werk gingen. *Dante Alighieri* (1265–1321) beschrieb diese mittelalterliche Serienproduktion gut ein Jahrhundert später im 21. Gesang seiner "Göttlichen Komödie" folgendermaßen: "Im Arsenale der Venezianer, wo der Teer kocht während des Winters, sieht man einige, die Schiffe bauen, andere teeren, einige bringen die Eisenteile an, wieder andere die Ruder und Segel, manche arbeiten am Bug, andere am Heck."

Im 15. und 16. Jh. wurde die Fläche der Docks und Hafenbecken durch den Bau des **Canale delle Galeazze** und der **Darsena Grande** erheblich vergrößert. Hinzu kamen u. a. Produktionsstätten für Waffen und Munition, Schlossereien, Seilereien, Lagerhäuser, Getreidespeicher und selbst Bäckereien, in denen der unverderbliche Schiffszwieback hergestellt wurde. Ein regelrechter Industriekomplex war entstanden, mit bis zu 16.000 Werktätigen, die allesamt Venezianer waren und auch in der unmittelbaren Nachbarschaft der Werft lebten. Die Dogen wussten die Arbeit dieser Arsenalotti zu schätzen und garantierten ihnen neben dem Wohnrecht auch festgesetzte Mindestlöhne und eine Lebensstellung. – Bedingung war natürlich absolute Regierungstreue und Verschwiegenheit, denn als Werftarbeiter waren die Arsenalotti auch Geheimnisträger.

Ein Geheimnis musste im 16. Jh. ganz besonders gehütet werden, nämlich der Bau der venezianischen Galeassen, die als entscheidende Waffe in der historischen Schlacht von Lepanto gegen die Türken eingesetzt wurden. Im gleichnamigen Hafenbecken **Canale delle Galeazze** baute man diese schnellen und effizienten Kriegsschiffe der Hochrenaissance. Sie waren 50 m lang, hatten 36 Backbord- und Steuerbordkanonen, und zur Besatzung gehörten 350 Rudersklaven und 200 Entersoldaten. Wie flink die Arsenalotti einen solchen "Panzerkreuzer" damals zusammensetzten, demonstrierten sie 1574 dem verbündeten *König Heinrich III.* von Frankreich. Während dieser mit dem *Dogen Alvise Mocenigo I.* zu Tische saß, fertigten die Arsenalotti ein komplettes Schiff mit Aufbauten und Kanonen.

Auch im 17. und 18. Jh. blieb das Arsenale das wirtschaftliche und militärische Rückgrat der Seerepublik. An einsatzbereiten Kriegsgaleeren fehlte es zu keiner Zeit, und auch die Produktion der Handelsschiffe befand sich immer auf der Höhe der technischen Entwicklung. So wurde beispielsweise der Florentiner *Galileo Galilei,* der von 1592 bis 1610 an der Universität von Padua Mathematik lehrte, damit beauftragt, den günstigsten Drehpunkt der Ruder zu berechnen, um höhere Geschwindigkeiten zu erreichen. Doch von der Plünderung durch die französischen Truppen (1797/98) erholte sich die Traditionswerft nicht mehr. Nach dem 2. Weltkrieg wurde die Werft endgültig geschlossen –militärisches Sperrgebiet ist sie bis heute geblieben.

Das Arsenale ist generell **nicht zugänglich**. Der Grund dafür ist die Nutzung des Geländes durch die italienische Marine. Da es aber längst kein Geheimnis mehr ist, dass es sich um einen völlig bedeutungslosen Marinestützpunkt ohne Flottenpräsenz handelt, wird der Druck auf die Regierung immer größer, das gesperrte Gelände, auf dem übrigens einige Restaurierungsarbeiten im Gange sind, für öffentliche Zwecke und private Initiativen freizugeben. Als einen Schritt in diese Richtung kann man wohl die erstmalige Öffnung eines Teils des Arsenale im Rahmen der Kunst-Biennale 1999 verstehen.

Leider sind die Zeiten vorbei, als die Vaporetto-Linie 41/42 noch durch das älteste Hafenbecken der Werft (Darsena Arsenale Vecchia) und den anschließenden Canale delle Galeazze führte. Neuerdings umkreist der Wasserbus das gesamte Gelände, so dass sich keine Gelegenheit mehr bietet, wenigstens einen flüchtigen Blick auf diese legendäre Werft zu werfen.

Museo Storico Navale (Schifffahrtsmuseum): Die Exponate in den unteren Räumen dieses ehemaligen Getreidespeichers geben Auskunft über den Schiffbau im Arsenale und dokumentieren die Geschichte der venezianischen Seemacht mit historischen Seekarten, nautischen Gerätschaften und Gemälden von Seeschlachten. Waffen und Kanonen sind ebenso zu sehen wie Modelle der unterschiedlichsten Schiffstypen. Zu den Attraktionen gehören auch die prächtigen alten Gondeln sowie eine originalgetreue Rekonstruktion des letzten *Bucintoro;* die originalen Überreste dieses Prunkschiffs des Dogen befinden sich im *Museo Civico Correr* (→ S. 101). In den oberen Räumen bereichern u. a. Uniformen die insgesamt empfehlenswerte Ausstellung.

Adresse: Riva San Biasio. Geöffnet: Mo–Sa von 8.45–13.30 Uhr, So geschlossen. Eintritt: 1,55 €.

Isola di San Pietro: Bei der friedlichen Insel hinter dem Gelände des Arsenale handelt es sich um eine der allerersten Lagunensiedlungen überhaupt. Auf diesem bewohnten Schilfeiland namens *Olivolo* errichteten die Venezianer später ein kleine Festung ("Castello"), von der nichts als der Name übrig geblieben ist. Er bezeichnet heute ein ganzes Stadtviertel – il Sestiere di Castello.

Chiesa San Pietro di Castello: Die gleichnamige Kirche bildet den touristischen Anziehungspunkt auf der Gründungsinsel. Sie fungierte während der gesamten Dauer der Stadtrepublik als Bischofskirche Venedigs. Während San Marco als Staatskirche und Kirche des Dogen galt, fristeten die religiösen Oberhäupter Venedigs in diesem Stadtrandgebiet ihr Dasein. Eine deutlichere Degradierung der Amtskirche ist kaum denkbar.

Il Sestiere di Castello
Karte S. 136/137

Der heutige Kirchenbau mit dem extrem schiefen Renaissance-Glockenturm stammt im Wesentlichen aus dem 17. Jh., und seine Fassadengestaltung beruht angeblich auf einem Entwurf *Palladios*. Im Innern ist der marmorne Bischofsthron *(Cattedra di San Pietro)* von Bedeutung. Laut Überlieferung soll ihn der Apostel Petrus in Antiochia benutzt haben. Bei der Rückenlehne handelt es sich um eine Grabstele mit arabischen Schriftzügen, die u. a. Allah preisen – und das im Rücken des Bischofs von Venedig!

Geöffnet: Mo–Sa 10–17 Uhr, So 13–17 Uhr. Eintritt: 1,55 € bzw. mit dem Chorus-Ticket (→ S. 141).

Die Kunst-Biennale von Venedig

Die älteste und renommierteste internationale Ausstellung zeitgenössischer Kunst hat ihren 100. Geburtstag schon geraume Zeit hinter sich. Am 30. August 1895 wurde die erste *Biennale d'Arte* in Anwesenheit von König Umberto I. in den *Giardini di Castello* eröffnet. Seitdem findet sie dort alle zwei Jahre von etwa Mitte Juni bis Mitte Oktober statt. In ihrer langen Geschichte konnte die Kunst-Biennale etliche Höhepunkte verzeichnen, war andererseits aber auch immer wieder heftiger Kritik ausgesetzt, weil sie die kommerziellen Interessen des Kunstmarktes oftmals stärker berücksichtigte als die tatsächlichen Tendenzen des Kunstschaffens.

Den ersten Skandal hatte die Biennale gleich in ihrem Gründungsjahr, ausgelöst durch ein Gemälde des Turiner Künstlers *Giacomo Grosso,* das fünf nackte Frauen am Sarg eines Don Giovanni zeigte und den Preis des Publikums erhielt. Ihren ersten großen Besuchererfolg verzeichnete sie 1909, als fast 500.000 Kunstinteressierte nach Venedig kamen. Ihren Tiefpunkt erreichte die Veranstaltung zweifellos 1934, als *Mussolini* und *Hitler* hier ihre Bühne fanden, um sich über "entartete" Kunst auszulassen. 1948 hingegen feierten die von den Nazis verfolgten Künstler, die von *Peggy Guggenheim* (→ S. 169) präsentiert wurden, große Erfolge. Frischer Wind kam 1964 in die Biennale, als *Robert Rauschenberg* einen Preis erhielt und die Pop-Art ihren Durchbruch erzielte. 1995 feierte das Kunstspektakel mit einer Retrospektive unbekannter Künstler des 20. Jh. sein hundertjähriges Jubiläum.

Mittlerweile steht vor allem das Konzept der Biennale zur Debatte, denn namhafte Kritiker halten die Präsentation von Kunst in den rund 30 Länderpavillons für ein überholtes Relikt nationalistischen Denkens, zumal im Zeitalter der europäischen Annäherung.

Information/Eintritt: Die nächste, **49. Biennale di Venezia (Esposizione internationale d'Arte)** findet vom 10.6.–4.11.2001 in den Giardini di Castello statt. Infos unter ✆ 041/5218861 und im Internet: www.labiennale.org. Eintritt: Einzelticket 12,90 €, Leute unter 26 J. und Studenten 7,75 €, Kinder unter 6 J. frei; erstmals wird es eine sog. *Tessera* für 23,25 € geben, die zu 4 Ausstellungsbesuchen berechtigt. Vaporetto: Anlegestelle Giardini, Linie 1 und 41/42.

Praktische Infos

Essen und . . .

Ristorante Corte Sconta (24), viel gerühmtes Fischrestaurant, klimatisierter Speisesaal und lauschiger Hofgarten. Hohe Qualität, recht hohe Preise (Primi 10,30–12,90 €, Secondi 11,35–18 €), elegantes Publikum. So/Mo Ruhetag. Calle del Pestrin, Castello 3886. ✆ 041/5227024.

Ristorante Al Covo (25), stilvolles Fischrestaurant mit Gourmetniveau, intime Atmosphäre mit Kerzenlicht, obere Preisklasse (Primi 12,90 €, Secondi 21,70 €). Etwas abseits gelegen. Mi und Do geschlossen. Campiello della Pescaria, Castello 3969. ✆ 041/5223812.

Trattoria Da Remigio (17), Tipp! Gut geführt, Platz sparend eingerichtet mit langen Tischreihen, freundliche Bedienung. Schöne Lage an einem kleinen Campiello. Solide Küche mit Akzent auf Fisch und Krustentier, relativ preisgünstig (4,20–5,20 €, Secondi 7,75 €–12,90 €). Unbedingt reservieren. Mo abends und Di ganztägig geschlossen. Salizzada dei Greci, Castello 3416. ✆ 041/5230089.

Trattoria Alla Rivetta (14), unauffälliges, kleines Lokal. Direkt an einer Kanalbrücke gelegen. Authentische venezianische Küche, die auch von Einheimischen geschätzt wird. Ehrliche Preise (4,65–7,75 €, Secondi 7,25–12,40 €). Rechtzeitig reservieren. Mo Ruhetag. Ponte San Provolo, Castello 4625. ✆ 041/5287302.

Ristorante Al Giardinetto (9), gemütlich, mit drei Speiseräumen und einem großen Innenhof. Nette Wirtsfamilie und flinke Kellner. Von Einheimischen und Touristen gleichermaßen frequentiert. Schnörkellose Hausmannskost à la carte, z. B. *Fegato alla veneziana* (Kalbsleber mit Polenta), Primi 6,70–8,80 €, Secondi 8,25–15,50 €, offener Wein. Do Ruhetag. Ruga Giuffa, Castello 4928. ✆ 041/5285332.

Tavernetta Alle Testiere (3), kleine, aber feine Minitaverne mit nur 20 Plätzen. Sorgfältig zubereitete, vorwiegend maritime Küche zu anständigen Preisen. So Ruhetag. Calle del Mondo Nuovo, Castello 5801. ✆ 041/5227220.

Osteria Al Mascaron (4), originell und populär, rustikal eingerichtet. Leckere Fisch-Antipasti, eine Primo-Spezialität sind z. B. die Spaghetti mit Krebsfleisch, täglich wechselnde Hauptgerichte. Die Stimmung ist o. k., die Preise sind seit einiger Zeit etwas überhöht (Primi 10,30–12,90 €, Secondi 12,90–18 €). Große Weinauswahl. Unbedingt reservieren. So Ruhetag. Calle Lunga Santa Maria Formosa, Castello 5225. ✆ 041/5225995.

Pittoresker Verfall

Antica Hostaria (Osteria) Ae Do Porte (7), hinter der rohen Ziegelsteinwand verbirgt sich ein freundlicher großer Speisesaal. Authentische venezianische Küche (Fisch und mehr) zu akzeptablen Preisen (6,20–10,30 €, Secondi 10,30–15,50 €), Menu turistico 18 € (3 Gänge inkl. Getränke). Der Weg lohnt sich. Sa am Abend und So ganztägig geschlossen. Campo Santa Giustina, Castello 6492. ✆ 041/5208842.

Trattoria Dal Vecio Squeri (18), ebenfalls etwas versteckt im östlichen Castello gelegen. Absolut volkstümliche Gaststätte, Touristen verirren sich kaum hierher. Schnörkellose Hausmannskost mit Frischegarantie, ehrliche Preise. So Ruhetag. Campo delle Gatte, Castello 3210. ✆ 041/5208379.

Trattoria Alla Rampa (29), sicherlich das ursprünglichste Lokal ganz Castellos. Deftige Gerichte, kleine Preise. Nur Mo–Fr von 12–14 Uhr geöffnet! Ganz am Ende der Via Garibaldi, Castello 1136.

Bàcaro Da Bacco (13), typisch venezianische Weinschenke, rustikal eingerichtet. Offene Weine, immer frische *Tramezzini* und andere Leckereien. Salizada Provolo, Castello 4620.

Pizzeria San Giacomo (11), gepflegt, mit großer Auswahl, über 50 verschiedene Pizza-Kreationen. Do Ruhetag. Calle Sacrestia (Nähe Campo Santi Filippo e Giacomo), Castello 4449.

Trinken und mehr

Pasticceria/Café Rosa Salva (1), altehrwürdiges Unternehmen am Campo San Zanipolo. Eine regelrechte Institution in Sachen *Dolci* und *Gelato*. Tische im Freien. Empfehlenswert auch für den abendlichen Aperitif. Campo Santi Giovanni e Paolo, Castello 6779.

Café Do Leoni (20), das stilvolle Café des Hotels Londra Palace. Abends Pianobar mit eleganten Gästen. Riva degli Schiavoni, Castello 4171.

Pasticceria/Café Dodovich (2), ruhiges Piazza-Café mit guter Konditorei am stimmungsvollen Campo Santa Marina, Castello 5908.

Pasticceria/Gelateria Melita (28), einfach und gut. Abseits im östlichen Castello gelegen, am Ende der Via Garibaldi. Campiello delle Ancore, Castello 1000.

Bar Europa (12), volkstümliche Weinschenke und Bar, ein echtes Original. Ideal für den abendlichen Schoppen und den morgendlichen Cappuccino. Campo Santi Filippo e Giacome, Castello 4359.

Enoteca La Mascareta (5), der kleine, stimmungsvolle Bàcaro-Ableger des Mascaron (siehe Essen) liegt nur wenige Meter weiter in derselben Gasse. Beachtliche Weinauswahl und leckere Snacks *(Cicheti* und *Crostini)*. Nur abends geöffnet, dafür aber lange.

Einkaufen

Bootszubehör: **Paolo Brandolisio,** in der Werkstatt dieses *Forcula*-Bauers (Holzdollen für die venezianischen Gondeln) sind Besucher willkommen. Seine Forcule aus Nussbaum kosten ca. 600 €. Sotoportego Corte Rota, Castello 4725.

> Wer vom Hochwasser überrascht wird, das sich nicht selten mehrere Tage hintereinander wiederholen kann, findet bei den Brüdern Regini die rettenden **Gummistiefel**. *Fratelli Regini,* Ponte Sant'Antonio, Castello 5615.

Bücher: **Giovanni e Paolo,** Buchhandlung mit fremdsprachiger Literatur. Am gleichnamigen Campo, Castello 6358.

Kunst und Antiquitäten: **Schola San Zaccaria,** kleine Kunstgalerie, Aquarelle und Grafiken mit Masken- und Commedia-dell'Arte-Motiven von Gianfranco Missiaja. Campo San Zaccaria, Castello 4683.

Laboratorio Gerva, Antiquitäten-Fundgrube am Campo della Bragora, Castello 3725.

Märkte: Obst, Gemüse, Blumen – vormittags winziger Markt auf dem **Campo Santa Maria Formosa**.

Ein stimmungsvoller Markt (Lebensmittel, Haushaltswaren etc.) findet an Werktagen vormittags in Ost-Castello auf der **Via Garibaldi** statt.

Marmorpapier: **Il Pavone,** Marmorpapier, Schreibbedarf, Utensilien. Campo Santa Maria Formosa, Castello 6133.

Masken: **Bottega d'Arte Artigianale,** kunstvolle Masken und Objekte aus Pappmaché. Alles Handarbeit vom sympathischen Künstler Venanzio Temporin. Barbaria delle Tole (Verlängerung des Campo Giovanni e Paolo), Castello 6360.

La Venexiana, Theater- und Karnevalsmasken, große Auswahl. Ponte Canonica (hinter der Markuskirche), Castello 4322.

Ca' del Sol, klassische und Phantasiemasken. Während der Karnevalssaison **Masken- und Kostümverleih**. Fondamenta dell'Osmarin, Castello 4964.

Prächtiges Gebäudeensemble an der Mündung des Canale di Cannaregio in den Canal Grande

Il Sestiere di Cannaregio – das Cannaregio-Viertel

Ein heterogenes Viertel, das am Canal Grande und im Osten fest mit dem historischen Stadtzentrum verwachsen ist, während sich der Norden als ruhiges Stadtrandgebiet präsentiert, das der Lagune durch systematische Trockenlegungen langsam abgetrotzt worden ist. In den vergangenen Jahrhunderten wurde Cannaregio geprägt von weitläufigen Grünanlagen am Ufer, von Botschaftsgebäuden und Händlern aus der arabischen Welt, von Ordensgemeinschaften und dem ersten jüdischen Ghetto Europas. Heute versprüht es weitgehend den blassen Charme eines Wohnviertels einfacher Leute, mit aller Bescheidenheit und Liebenswürdigkeit, die dazugehört.

Heterogen ist es geblieben, das von breiten Kanälen durchzogene Cannaregio, dessen Name sich von *Canna* (Schilf) herleitet: Im Westen gibt das hektische Bahnhofsviertel den Ton an, das wie die meisten europäischen Viertel dieser Art ein wenig anrüchig ist und auf das schnelle Geschäft mit den an- und abreisenden Touristen lauert. Im angrenzenden Nordwesten erstreckt sich **San Giobbe,** ein gesichtsloses modernes Wohngebiet, das aus touristischer Sicht völlig bedeutungslos ist.

Im stillen Zentrum von Cannaregio schlummert hingegen das magisch anziehende jüdische Ghetto der Stadt, das im 17. Jh. mit fast 5.000 weitgehend isoliert lebenden Juden seine größte Einwohnerzahl erreichte. Wie eine Inselfestung wird der große **Campo di**

Die Ziffern beziehen sich auf die entsprechenden Tipps im Buch
Hoteltipps finden Sie auf den Seiten 69-74, Tipps zu Essen und Trinken Seiten 161/162
Canale delle Sacche
Canale
Ospedale Umberto I
Sacca S. Alvise
Fon. S. Girolamo
Rio di Riformati
Fondamenta Contarini
F. Vecia
Rio della Sensa
Fond. dei Riformati
C. Rotonda
C. Canossiane
Campo Sant' Alvise
S. Alvise
Rio degli Zecchini
C. Gradisca
Madonna dell'Orto
F. Madonna dell'Orto
Rio Madonna
C. Loredan
F. C. Coletti
C. Case Nuove
C. Forner
F. Cappuccine
C. Cappuccine
Calle S. Girolamo
Fondamenta San Girolamo
Rio di San Girolamo
Fond. San Girolamo
Calle Rizzo
C. Riformati
C. Turloni
Fondamenta della Sensa
C. Capitello
C. Malvasia
Campiello d. Cooperative
Fondamenta del Battello
Rio del Battello
Fond. di Cannaregio
Calle Madonna
C. Scuro
C. Vitelli
Calle Convertite
Campo Ghetto Nuovo
Museo Ebraico
Rio del Ghetto Nuovo
Ghetto
C. Zolfo
C. Ormesini
Fondamenta Ormesini
Fondamenta dei Mori
Rio della Sensa
C. Forno
C. Brazza
Campo dei Mori
Casa di Tintoretto
C. Larga
S. Giobbe
Canale di Cannaregio
Fond. Savorgnan
C. Busello
C. 2 Corti
C. Forno
C. Ghetto Vecchio
Pescaria
Fondamenta di Cannaregio
Fond. Venier
Calle Riello
C. Pesaro
Calle Misericordia
C. Gioachina
C. Vergola
Palazzo Labia
Campo San Geremia
S. Geremia
Ponte delle Guglie
Rio Terrà San Leonardo
C. Mosto
C. Colori
C. Cristo
C. Preti
C. Conter
C. Case N.
Calle Masena
Calesella
Rio Terrà Farsetti
C. Io Anconetta
Calle dell'Aseo
C. Pignater
Rio della Misericordia
Fondamenta della Misericordia
Rio di S.ta Marcuola
Rio dei Servi
F. Canal
Rio Terrà Maddalena
Campo Maddalena
Campo S. Fosca
Campo S. Marzial
Fond. Forner
Strada Nuova
Palazzo Correr Contarini
Rio Dietro Ch.
Vendramin
Palazzo Erizzo
Palazzo Vendramin Calergi
C. Priuli al Cavalletti
Rio Terrà Lista di Spagna
C. Spezier
Staz. Santa Lucia
Scalzi
Ponte degli Scalzi
F. Sta Lucia
F. Scalzi
F. Crotta
Canal Grande
Riva di Biasio
Rio T. S. Simeon
C. Bembo
Fondaco dei Turchi
Rio di S. Zan Degolà
Dep. del Megio
Calle Megio
Rio Cà Tron
Pal. Belloni Battagià
Palazzo Gusson
Palazzo Fontana
S. Simeon Grande
S. Simeon Piccolo
Fond. San Simeone Piccolo
Calle Lunga
Rio Marin
Fondamenta Rio Marin
C. Correra
Lista Vecchia dei Bari
C. Gallion
Calle Orsetti
Sal. Zusto
C. Cazza
Corte
Ruga Vecchia
Ruga Bella
S. Giacomo dell'Orio
C. Larga
C. Colombo
Sal. Carminati
Calle Forno
Salizzada S. Stae
Pal. Pesaro (Gall. d'Arte Moderna)
Rio S. Stae
F. Gue
Cor. Piossi
Rio d. due Torri
Calle Rosa
Palazzo Brandolin
Corner d. Regina
S. Maria Mater Domini
S. Cassiano
C. Bragadin
Traghetto
C. Bergamaschi
Ramo Chiovere
Corte Case Nuove
Corte Canal
C. Visciga
C. L.ga dei Bari
F. Garzotti
Campo d. Lana
C. Dario
F. Sacchere
Calle della Lacca
Rio di San Zuane
Rio San Giacomo d'Orio
C. Malpiero
C. d. Oche
Calle Tintor
C. Cristo
C. Bernardo
C.lo d. Scuola
Scuola di S. Giov. Evang.
Calle Amai
I Tolentini
Calle Chiovere
C. Magazzen
Campo S. Stin
C. Dona
Calle Vida
C. Chiesa
Rio S. Polo
Rio d. Pergola
C. Salviati
C.llo Albrizzi
R. delle Beccarie
Calle dei Botteri
Calle Sansoni
C. Angelo

Ghetto Nuovo von breiten Kanalwindungen eingekreist – eine beabsichtigte Isolation, die heute noch augenfällig ist.

In der nordöstlichen Peripherie Cannaregios, inmitten eines recht tristen Wohngebiets, befindet sich eine obligatorische Pilgerstätte für Bewunderer *Tintorettos*. Die **Chiesa Madonna dell'Orto** war nämlich Tintorettos Pfarrkirche, für die er einige großformatige Bilder angefertigt und wo er auch seine letzte Ruhestätte gefunden hat. Übrigens nicht weit entfernt von seinem Wohnhaus am *Fondamenta dei Mori,* in dem er Jahrzehnte relativ zurückgezogen mit seiner Familie gelebt hatte.

Nur am Oberlauf des *Canal Grande* zeigt Cannaregio – wie alle anderen historischen Stadtviertel auch – seine mondäne Seite. Mit der **Ca' d'Oro** befindet sich hier ein außergewöhnliches Kleinod der venezianischen Spätgotik. Die breite **Strada Nova,** die einzige Straße Venedigs, die die Bezeichnung "Straße" auch verdient, stellt die Hauptverbindung zu den angrenzenden Sestieri San Marco und Castello her. Sie wurde im 19. Jh. unter österreichischer Besatzung gewaltsam durch das Viertel getrieben und präsentiert sich als lebendige Geschäftsstraße mit einigen sehr stimmungsvollen Campi und zahlreichen volkstümlichen Quergassen.

Wie weit Cannaregio sich nach Osten ausdehnt, verdeutlicht die Lage der beiden sehenswerten *Renaissancekirchen Santa Maria dei Miracoli* und *San Giovanni Crisostomo*. Ein paar Schritte weiter macht sich bereits das turbulente Klima des nahen Rialtoviertels bemerkbar.

In äußerster Abgeschiedenheit liegt jedoch wieder die barocke Jesuitenkirche **I Gesuiti** von Cannaregio. Im 16. Jh. und 17. Jh. war im Gefolge der Spannungen zwischen der Amtskirche und dem venezianischen Staat der Jesuitenorden, der dem Papst unmittelbar unterstellt war, aus Venedig verbannt worden (die Verbannung wurde erst 1715 wieder aufgehoben). Die angrenzende Uferpromenade **Fondamenta Nuove** stammt aus dem späten 16. Jh. und galt seinerzeit als städtebauliche Höchstleistung, da das Lagunengewässer an dieser Stelle ziemlich tief ist und die Trockenlegung dadurch sehr schwierig war.

Spaziergang durch Cannaregio

Das moderne Bahnhofsgebäude der **Stazione Santa Lucia,** 1954 errichtet, ist ein idealer Ausgangspunkt für die Besichtigung dieses Stadtteils. 1841, als

Fenster zum Kanal

mit dem Bau der Festlandsverbindung *Ponte della Libertà* begonnen wurde, entstand hier der erste Bahnhof Venedigs, für den zwei Klosteranlagen weichen mussten. Lediglich die *Chiesa Santa Maria degli Scalzi* mit ihrer Barockfassade aus Carraramarmor blieb erhalten. Das neueste Bauvorhaben ist eine futuristische Brücke über den Canal Grande, die den Bahnhof mit der Piazzale Roma verbinden und die *Barfüßerbrücke (Ponte Scalzi)* entlasten soll (Fertigstellung Sommer 2002).

In entgegengesetzter Richtung beginnt die *Lista di Spagna,* eine typische Bahnhofsstraße mit einer beträchtlichen Ansammlung von Hotels und billigen Souvenirläden. Das einzig Interessante an dieser hektischen Meile ist wohl, dass es sich um einen zugeschütteten Kanal *(Rio Terrà)* handelt. An der *Ponte delle Guglie* erhebt sich der stattliche **Palazzo Labia** (17. Jh.), in dem die staatliche Rundfunk- und Fernsehanstalt RAI residiert. Über die prunksüchtige *Adelsfamilie Labia,* die den Palazzo errichten ließ, erzählt die städtische Anekdotenchronik Folgendes: Immer wenn der Hausherr ein Festmahl veranstaltete, warf er das goldene Geschirr und Besteck nach dem Bankett in den Kanal und rief dazu: "Ob ich es habe oder nicht, ich bin ein Labia" (auf Italienisch reimt sich das auch noch). Natürlich hatte er ein Netz im Wasser spannen lassen!

Gleich hinter der Ponte delle Guglie lässt man den Touristenstrom geradeaus ziehen und biegt in die *Fondamenta di Cannaregio* ein. Ein paar Schritte weiter steht man bereits vor einem unscheinbaren Durchgang, der in das ehemalige **jüdische Ghetto Vecchio** und zum **Campo Ghetto Nuovo** führt (s. u.). Diese venezianischen Judenviertel bilden noch heute eine eigene Welt in der Stadt. Synagogen verbergen sich hinter schlichten Fassaden und hohen stacheldrahtbewehrten Mauern. Davidsterne, stilisierte Chanukkaleuchter und hebräische Schriftzüge künden von jüdischer Vergangenheit und Gegenwart; triste, mehrstöckige Reihenhäuser erinnern an die beengten Wohnverhältnisse in diesem ersten jüdischen Ghetto Europas. Ein Besuch des jüdischen Museums und eine Führung durch die Synagogen ist unbedingt empfehlenswert (s. u.).

Weiter nördlich erstreckt sich zwischen drei breiten Kanälen und dem Lagunenufer ein ausgedehntes Wohngebiet, das noch weitgehend im Rhythmus der Bedürfnisse seiner Anwohner pulsiert. Hier herrscht der Alltag mit Geschäften für den täglichen Bedarf und Nachbarschaftsbars am belebten Kanalufer *Fondamenta degli Ormesini.* Ein Bummel durch dieses angenehm ruhige Viertel sollte auch den Besuch der **Chiesa San Alvise** (14. Jh.) einschließen, in der es ein Gemälde von Giovanni Battista Tiepolo zu bewundern gibt (s. u.). Anschließend gelangt man über das *Fondamenta Madonna dell'Orto* zur **Klosterkirche Madonna dell'Orto** (s. u.), vorbei am etwas deplaziert wirkenden Luxushotel *Palazzo dei Dogi.*

Vom idyllischen Kirchenplatz führt eine Kanalbrücke zum dreieckigen **Campo dei Mori** (Platz der Mauren). Eigentlich kein besonders erwähnenswerter Platz, würden dort nicht drei Statuen in den Häuserfassaden stecken, die levantinische Kaufleute mit Turbanen darstellen. Hier befand sich einst der *Fondaco degli Arabi,* der Handelshof der Araber. Das Berühren der abgewetzten Bronzenase eines dieser Mauren soll übrigens Glück bringen. Gleich um die Ecke steht die *Casa di Tintoretto,* in dem der Maler 1594 starb. Neben dem Hauseingang

Maurischer Kaufmann am Campo dei Mori

steckt eine vierte Maurenstatue mit einem ausladenden Turban in der Wand.

Jetzt lohnt sich der Kanaluferweg zum *Campo dell'Abbazia,* wo man auf das Gebäudeensemble der **Scuola della Misericordia** stößt. Dieser abseits gelegene Brunnenplatz mit der verwitternden Kirchenfassade und den Backsteinarkaden des angrenzenden Bruderschaftshauses, der *Scuola Vecchia della Misericordia,* übt eine besonders suggestive Wirkung aus, der sich wohl niemand entziehen kann. Bei dem riesigen Profanbau jenseits der Holzbrücke handelt es sich um die *Scuola Nuova della Misericordia* (16. Jh.), die nach Plänen von Sansovino errichtet wurde und im späten 20. Jh. jahrelang als Sporthalle herhalten musste.

Am Ende des *Fondamenta di San Felice* betritt man einen völlig anderen Teil des kontrastreichen Cannaregio-Viertels, nämlich die **Strada Nova,** eine moderne Geschäftsstraße, in der auch die kulinarischen Genüsse nicht zu kurz kommen. Mehrere Seitengassen führen ans Ufer des Canal Grande, eine davon zur **Ca' d'Oro** (→ S. 113), der Top-Attraktion des Viertels.

Im jüdischen Viertel

Am quirligen *Campo dei Santi Apostoli* mit dem prächtigen Glockenturm beginnt ein überraschendes Labyrinth aus verwinkelten Gassen und kleinen Plätzen, das sich jeder Wegbeschreibung entzieht. In diesem engen, dicht bevölkerten Gebiet jenseits des *Rio dei Apostoli* läuft Cannaregio zur absoluten Höchstform auf und zeigt sich von seiner quicklebendigen Seite. Hier stößt man auch auf mittelalterliche Spuren, etwa den *Corte del Milion,* wo das Haus *Marco Polos* gestanden haben soll. Besonders lebhaft geht es auf dem **Campo Santa Maria Nova** zu, in dessen Umgebung sich auch die erfolgreiche Krimiautorin *Donna Leon* niedergelassen hat. Man kann es sich hier gut vorstellen, dass ihre Milieustudien vor Ort unmittelbar in ihre Venedig-Bestseller-Romane einfließen. Und wie von selbst findet man in diesem Gassengewirr die beiden so unterschiedlichen **Renaissancekirchen Santa Maria dei Miracoli** und **San Giovanni Crisostomo** (s. u.).

Zu einer kompletten Stadtteilbesichtigung gehört auch der Abstecher zur **Jesuitenkirche Santa Maria dei Gesuiti** (s. u.) und zur Uferpromenade *Fondamenta Nuove.* Die dortige Vaporetto-Station ist ein idealer Ausgangspunkt für Ausflüge zu den nördlichen Laguneninseln (→ S. 183).

Sehenswertes im Cannaregio-Viertel

Museo Ebraico (Jüdisches Museum): interessantes kleines Museum im ehemaligen Ghetto Nuovo. Es dokumentiert die Geschichte der venezianischen Juden, die ab 1516 in diesem abgeriegelten Wohngebiet leben mussten. Zu sehen sind kostbare liturgische Gewänder und Gegenstände aus Silber sowie frühe Drucke jüdischer Schriften. Außerdem werden von hier aus die **Führungen** durch die intakten Synagogen des Judenviertels angeboten. (Das erforderliche Käppchen für männliche Besucher wird ausgeliehen).

Campo di Ghetto Nuovo. Geöffnet: im Sommer 10–19 Uhr, im Winter 10–17 Uhr. Eintritt: 2,58 €, erm. 1,55 €. Museum inkl. Synagogen-Führung: 6,20 €, erm. 4,65 €. Die stündlichen Führungen finden im Wechsel auf Italienisch bzw. Englisch statt, Dauer ca. 1 Std.

Venedigs Judenviertel – das erste Ghetto Europas

Die Synagogen: Im jüdischen Viertel gibt es insgesamt fünf Synagogen, die als solche kaum zu erkennen sind, da sie weitgehend in die Wohnhäuser integriert worden sind. In Anlehnung an die christlichen Scuole Venedigs wurden die Synagogen ebenfalls so genannt *(Scola* bzw. *Schola).* Sie dienten und dienen den Juden als Gebetsstätten und Versammlungsräume. Bei ihrer Ausstattung hatte man sich damals auf Holz und vergoldete Stuckaturen zu beschränken, da den Juden die Verwendung von Marmor verboten war!
Wie andere religiöse und ethnische Gemeinschaften (→ "Das griechische Venedig", S. 143) hatte auch die jüdische Bevölkerung ein eigenes Viertel gebildet, das sich zunächst auf der Insel Giudecca befand. Wirtschaftliche Bedeutung erlangten die venezianischen Juden – denen der Seehandel übrigens damals verboten war – erstmals im 14. Jh., als sie als Geldverleiher in Erscheinung traten. Auf Geheiß der Stadtregierung gründeten sie die "Banken der Armen" und etablierten sich in der Rolle von Kreditgebern für Arme. Ein Geschäftszweig, den die Kirche den Christen seinerzeit strengstens verboten hatte. Als die Serenissima dann selbst in finanzielle Nöte geriet (durch den Seekrieg gegen den Erzfeind Genua und die Expansion aufs Festland), bediente auch sie sich bei den jüdischen Bankiers, allerdings in der Form von Zwangsdarlehen, deren Zinsbedingungen die Regierung einseitig festlegte. Obwohl Venedig eine vergleichsweise tolerante und weltoffene Stadt war, litten die Juden sehr wohl unter sozialer und auch wirtschaftlicher Diskriminierung. Sie besaßen nicht die vollen Bürgerrechte, mussten hohe Steuerabgaben leisten und durften keinen Grundbesitz erwerben – lediglich als Geldverleiher und Kleinhändler waren sie willkommen. Immerhin genossen sie Glaubensfreiheit, aber das schützte sie keinesfalls vor religiös motivierten Anfeindungen.

Anfang des 16. Jh. eskalierte die Situation. Die schweren Zeiten, die die *Liga von Cambrai* (→ "Geschichte", S. 30) für die Venezianer brachte, führten zu emotionalen Entladungen gegen die Juden, die als Sündenböcke herhalten mussten, da sie den Festlandskrieg durch ihre Darlehen mitfinanziert hatten. Nach anfänglichen Beschimpfungen kam es zu Übergriffen gegen die jüdische Bevölkerung. Deren Beschwerde beim Rat der Zehn hätte bald zur Ausweisung aller Juden aus Venedig geführt. Am 29. März 1516 fasste der Senat jedoch den Beschluss, sie in ein isolierte Wohngebiet zu sperren. Ausnahmslos alle Juden (seinerzeit lebten insgesamt ca. 700 Juden in Venedig) mussten nach Cannaregio auf das Gebiet der Kirchengemeinde San Girolamo umziehen. Zuvor befand sich dort die sogenannte **Neue Gießerei,** auf Italienisch **Il Ghetto nuovo,** nach der das abgeriegelte Wohngebiet – das erste seiner Art in Europa – fortan genannt wurde. Der Begriff "Ghetto" bürgerte sich später als Bezeichnung für alle Judenviertel ein. Laut Verordnung hatten die venezianischen Juden nachts Ausgangssperre und die drei Zugänge zum Ghetto Nuovo wurden stets kontrolliert, und zwar von Christen, deren Wachdienst die Juden obendrein auch noch zu bezahlen hatten. Dennoch gingen die Bankiers, Krämer und Handwerker weiterhin ihren Geschäften als Kreditgeber, Pfandleiher, Schneider, Kesselflicker etc. nach. Trotz der Isolation und der nach wie vor hohen Steuerlast prosperierte die Ghetto-Gemeinschaft und hatte sogar einen Zuzug von ausländischen Juden zu verzeichnen. Wegen Platzmangels wurden zunächst Wohnhäuser mit bis zu acht Stockwerken errichtet, dann erlaubte die Regierung die Ausdehnung auf zwei angrenzende Wohngebiete. So entstanden nach dem alten *Ghetto Nuovo* 1541 das *Ghetto Vecchio* und 1633 das *Ghetto Nuovissimo.* Zu den drei Synagogen kamen jetzt noch zwei weitere Synagogen mit angeschlossenen Talmud-Schulen. 1630 erreichte die jüdische Bevölkerung mit einem Anteil von 5.000 Einwohnern (ca. 3 % der Gesamtbevölkerung) ihren Höchststand. Und die Serenissima, die in die kostspieligen Türkenkriegen verstrickt war, hielt sich weiterhin am jüdischen Kapital schadlos. 800.000 Golddukaten sollen jüdische Kreditbanken gegen Ende des 17. Jh. für die Kriegskasse locker gemacht haben. Bis ins 18. Jh. hinein war das Leben im Ghetto trotz behördlicher Schikanen und gelegentlicher Geldforderungen von relativen wirtschaftlichen, religiösen und kulturellen Freiheiten geprägt. Die hiesige jüdische Gemeinde brachte bedeutende Talmudgelehrte wie den Rabbiner *Leone da Modena* (1571–1648) hervor. – Der jüdische Friedhof, der *Cimitero ebraico,* befindet sich übrigens auf dem Lido di Venezia.

Erst Napoleon ließ das Ghetto 1797 öffnen, doch die nachfolgenden reaktionären österreichischen Habsburger beendeten den kurzen Traum von "Freiheit, Gleichheit, Brüderlichkeit" bald wieder. Woraufhin sich die Juden aktiv an der Risorgimento-Bewegung beteiligten, und 1866 im neu vereinigten Königreich Italien die völlige rechtliche Gleichstellung erhielten. Im Juli 1944 fielen deutsche Nazis und italienische Faschisten gemeinsam ins venezianische Ghetto ein. Eine Gedenktafel am Campo di Ghetto Nuovo erinnert an die Deportation von fast 200 Juden. Heute leben nur noch wenige der ca. 500 Juden Venedigs im ehemaligen Ghetto.

Am *Campo Ghetto Nuovo* befinden sich drei Synagogen: **Scola Grande Tedesca,** die älteste Synagoge, 1528 von deutschstämmigen Juden errichtet. Aus der Renaissance stammen lediglich noch einige Gebetsbänke. **Scola Canton** (direkt über dem oben genannten jüdischen Museum), sie wurde 1531 gegründet und später mehrfach umgebaut, zuletzt im Stil des venezianischen Rokoko. **Scola Italiana,** die italienische Synagoge, 1571–1575 erbaut; ihre schöne Gebetskanzel wird von einer kleinen Kuppel überwölbt.

Im *Ghetto Vecchio* befinden sich zwei weitere Synagogen, sie gelten als die schönsten: **Scola Levantina** und **Scola Spagnola,** beide Mitte des 16. Jh. für sephardische, spanische und portugiesische Juden errichtet. Die levantinische Synagoge besitzt eine prächtige Innendekoration sowie ein kunstvoll geschnitztes Lesepult. Die spanische, die größte der fünf Synagogen, wurde 1635 von *Baldassare Longhena* barock umgestaltet und besitzt eine ovale Frauengalerie ("Matroneum").

Chiesa Madonna dell'Orto: Diese Backsteinkirche aus dem 15. Jh. verkörpert stilistisch den Übergang von der venezianischen Gotik zur Renaissance und besticht vor allem durch die hohe Qualität ihrer Steinmetzarbeiten. Oberhalb des Portals stehen auf achteckigen Postamenten drei Heiligenfiguren (Erzengel Gabriel, Madonna, Hl. Christopherus mit Kind), während die beiden Fassadenseiten von den Statuen der 12 Apostel gekrönt werden. Weitere Skulpturen stehen in den Giebel-

türmchen und auf dem markanten Zwiebelturm. Sehr kunstvoll ist auch das Maßwerk der großen gotischen Fassadenfenster gearbeitet.
Im querschifflosen Innenraum tragen schlanke Marmorsäulen eine flache, mit Querbalken verstärkte Kassettendecke. Ursprünglich war die Kirche dem Hl. Christopherus geweiht, doch der wurde von der Madonna verdrängt, deren Bildnis man in einem angrenzenden Gemüsegarten ("Orto" – daher der Name der Kirche) fand. In der rechten Chorkapelle hat *Tintoretto* seine Grabstätte gefunden. Er lebte in der unmittelbaren Nachbarschaft, war ein gläubiger Mensch und überzeugter Kirchgänger. Für seine Pfarrkirche fertigte er insgesamt vier Gemälde an, darunter das großformatige "Jüngste Gericht" im Chorraum und den "Tempelgang Mariens" über dem Eingang der rechten Seitenkapelle.

Campo della Madonna dell'Orto. Geöffnet: Mo–Sa 10–17 Uhr, So 13–17 Uhr. Eintritt: 1,55 € bzw. mit dem Chorus-Ticket (→ s. u.)

Tintorettos Grabstätte: Chiesa Madonna dell'Orto

Chiesa Santa Maria dei Miracoli: Das kleine Kirchenjuwel der Frührenaissance ist zweifellos *Pietro Lombardos* anspruchsvollstes Werk. Gleich nach der Errichtung (1481–1489) löste dieser Marmorschrein, dessen Außen- und Innenwände vollständig mit farbigen Marmorinkrustationen verkleidet sind, einen Sturm der Begeisterung aus. Vergleiche mit den schönsten Marmorkirchen der Zeit in Ravenna, Florenz und Rom wurden angestellt. Betörend wirkt vor allem die elegante Marmorfassade, in die perfekt proportioniert Kreise, Rechtecke, Achtecke, Kreuze und Bogenfenster eingelassen sind – überwölbt von einem abschließenden Rundbogen. Innen erreicht die kostbare Marmorausstattung ihren Höhepunkt, stark kontrastiert von einem vergoldeten Tonnengewölbe mit zahlreichen Heiligenporträts. Vom saalartigen Kirchenschiff führt eine steile Marmortreppe zum erhöht liegenden Chorraum, über den sich eine prächtig dekorierte und lichtdurchflutete Kuppel stülpt.

Rio dei Miracoli. Geöffnet: Mo–Sa 10–17 Uhr, So 13–17 Uhr. Eintritt: 1,55 € bzw. mit dem Chorus-Ticket.

Chiesa San Giovanni Crisostomo: Die backsteinerne Kreuzkuppelkirche im Renaissancestil (1497–1504 errichtet) ist ein Spätwerk *Mauro Coduccis*. Die Fassade zeigt in ihrem Aufbau Anklänge an die San-Zaccaria-Kirche, die als Coduccis

Das **Kirchensammelticket/Chorus-Ticket** (7,75 €) ist unbegrenzt gültig und in den jeweiligen Kirchen erhältlich. Dieses Sammelticket schließt die Besichtigung von insgesamt 13 Kirchen im historischen Stadtgebiet und auf La Giudecca ein. Die Einzeltickets kosten 1,55 €. In Cannaregio-Viertel befinden sich 3 der 13 "Chorus"-Kirchen.

Cannaregios Nordosten ist nahezu unbewohnt

venezianisches Meisterwerk gilt. Im Innern hängt ein großartiges Altarbild von *Giovanni Bellini.* Das detailreich und meisterhaft gearbeitete Marmorrelief, das die Marienkrönung im Kreise der Apostel darstellt, stammt von *Tullio Lombardo,* einem Sohn *Pietro Lombardos.*

Campo San Giovanni Crisostomo. Geöffnet: Mo–Sa 8.30–12 und 15.30–17 Uhr, So 15.30–17.30 Uhr. Eintritt frei.

Chiesa Santa Maria Assunta dei Gesuiti (I Gesuiti): Der von *Ignatius von Loyola* im 16. Jh. gegründete Jesuitenorden galt als eine außerordentlich gelehrte Gemeinschaft beredter Intellektueller, die auch in Venedig offensiv die Interesse der römischen Amtskirche vertraten, was letztlich zu ihrer Verbannung aus der Stadt führte. Erst Anfang des 18. Jh. – nach Aufhebung der Verbannung – gründeten die Jesuiten in Venedig eine Gemeinschaft und ließen sich von *Domenico Rossi* eine prächtige Kirche im Stil des prunkvollen römischen Barock errichten. Der große, zweigeschossige Innenraum besitzt ein vergoldetes Deckengewölbe mit allerfeinsten Stuckarbeiten, während die Wände und der Altarraum in grünweißem Marmorglanz erstrahlen. Wuchtige Sarkophage mit den Büsten der Verstorbenen zeugen ebenfalls von Pomp. Besonders interessant ist der Sarkophag des *Dogen Pasquale Cicogna* (1585–1595), links vom Altar, der mit einer kunstvollen liegenden Figur des Verstorbenen und einem angedeuteten Baldachin geschmückt ist. Aber der eigentliche Kunstschatz der Gesuiti-Kirche ist *Tizians* Gemälde vom "Martyrium des Hl. Laurentius" (1557) in der ersten Seitenkapelle links. Dieses Bild mit den antikisierenden Elementen und den dramatischen Licht-Schatten-Kontrasten gehört zu den rätselhaftesten Nachtbildern der venezianischen Malerei. *Tintorettos* "Himmelfahrt Marien" im linken Querschiff beeindruckt ebenfalls durch das virtuose Zusammenspiel von Licht und Schatten.

Campo dei Gesuiti. Geöffnet: tägl. 10–12 und 17–19 Uhr. Eintritt frei.

Praktische Infos

Essen und . . .

Ristorante Fiaschetteria Toscana (20), der Name "toskanische Weinhandlung" ist irreführend, es handelt sich um ein Schlemmerrestaurant mit vorwiegend venezianischen Fischspezialitäten und guten Nachspeisen. Auf zwei Etagen großzügig angelegt. Gehobene Preisklasse (Primi 11,40–14 €, Secondi 12,40–21,70 €). Di Ruhetag. Salizzada San Giovanni Crisostomo, Cannaregio 5719. ✆ 041/5285281.

Osteria Al Milion (22), Tipp! Ausgesprochen romantisches Lokal, hinter der Chiesa San Crisostomo in einem ruhigen Innenhof gelegen. Altes Mobiliar mit Patina und viele historische Gemälde an der Wand. Tadellos zubereitete venezianische Gerichte. Gutes Weinangebot. Preislich etwas über dem Durchschnitt (Primi 7,25–15,50 €, Secondi 11,35–18 €). Am selben Platz soll Marco Polo gelebt haben, daher der Name ("Al Milion" leitet sich ab von Polos Reisebericht "Il Milione"). Mi Ruhetag. Corte del Milion, Cannaregio 5841. ✆ 041/5229302.

Trattoria All'Antica Mola (2), bodenständige Gaststätte, schön am Kanal gelegen. Tische auch im Freien. Beliebt bei Einheimischen, aber leider kein Geheimtipp mehr. Eine Spezialität des Hauses ist die *Grigliata di Pesce* (frittierte Fische). Relativ preiswert (Primi 3,60–7,25 €, Secondi 5,20–10,30 €, Grigliata di Pesce für 2 Pers. ca. 31 €). Kein Ruhetag. Fondamenta dei Ormesini, Cannaregio 2800. ✆ 041/717492.

Osteria Da Alberto (24), klein und freundlich, Nähe Chiesa Santa Maria dei Miracoli. Intime Atmosphäre, kleine Speisekarte, preislich o. k. (Primi 6,70–7,75 €, Secondi 7,75–11,35 €). So Ruhetag. Calle Larga Giacinto Gallina, Cannaregio 5401. ✆ 041/5238153.

Osteria Al Bacco (1), traditionelles Lokal, am Rande des jüdischen Viertels gelegen. Leckere und preiswerte Fisch- und Meeresfrüchte-Menüs. Der Weg lohnt sich. Mo Ruhetag. Fondamenta delle Cappucine, Cannaregio 3054. ✆ 041/717493.

Bàcaro/Osteria Alla Vedova (17), eine traditionelle Einrichtung, d. h. entweder Wein und Cicheti am Tresen oder eine deftige Mahlzeit im Sitzen. Bei der "Witwe" verkehrt eine gesunde Mischung aus Stammkundschaft und Touristen. Primi 5,20 €, Secondi ca. 10,50 €. Ramo Ca' d'Oro, Calle del Pistor, Cannaregio 3912. ✆ 041/5285324.

Gam Gam (4), am breiten Canale di Cannaregio. Etwas steril eingerichtet. Koscheres Essen sowie italienische und orientalische Gerichte, z. B. Falafel und Couscous. Anständige Preise. Fr abends und am Sabbat Ruhetag. Sottoportico di Ghetto Vecchio, Cannaregio 1122. ✆ 041/715284.

Osteria Vini da Gigio (14), Tipp! Freundliche Osteria in schöner Lage am Kanalufer. Schnörkellose, der Tradition verpflichtete Küche. Vernünftige Preise (Primi um die 8,80 €, Secondi 12,90–15,50 €). Unbedingt reservieren. Mo Ruhetag. Fondamenta San Felice, Cannaregio 3628. ✆ 041/5285140.

Hostaria Al Tronchetto (23), hemdsärmelige Nachbarschafts-Osteria. Touristen haben hier Seltenheitswert. Solide Hausmannskost, ehrliche Preise. 7 Tage die Woche mittags und abends geöffnet. Campo Widmann, Cannaregio 5405.

Notte d'Oriente (7), 1001-Nacht-Lokal, arabisch-orientalisches Ambiente, Speisen und Getränke aus dem Morgenland. Sympathische und zwanglose Atmosphäre. Mi Ruhetag. Fondamenta della Misericordia, Cannaregio 2578.

Sahara (9), einfaches, kleines syrisches Restaurant. Preiswert. Mo zu. Fondamenta de la Misericordia, Cannaregio 2519.

La Perla (18), der Pizza-Tipp! Riesenauswahl, kleine Preise, immer voll. Rio Terra dei Franceschini, Nähe Campo Santi Apostoli, Cannaregio 4615.

Trinken und mehr

Cantina Vecia Carbonara (11), alteingesessene Weinschenke, leckere Snacks *(Cicheti* und *Crostini).* Gute Musik (vorwiegend Jazz), lange geöffnet. Mo Ruhetag. Ponte Sant'Antonio, Cannaregio 2329.

Studentenkneipe Al Paradiso Perduto (8), beliebter Treff mit passabler Küche. Sehr geräumig, Sitzmöglichkeiten auch am Kanal. Gelegentlich Livemusik, lange geöffnet.

Karte S. 152/153

Venedigs Spielbank am Canal Grande

Mi Ruhetag. Fondamenta della Misericordia, Cannaregio 2540.

Musikkneipe La Bagatella (10), hier werden ohne Unterbrechung Musikvideos abgespielt. Mo Ruhetag. Fondamenta della Misericordia, Cannaregio 2924.

Irish Pub (16), wie der Name schon sagt. Und wie im Heimatland wird um Mitternacht die letzte Bestellung angenommen. Strada Nova, Cannaregio 3847.

Casinò Municipale (13), das stilvolle Spielkasino Venedigs im Palazzo Vendramin Calergi am Canal Grande. Roulette, Blackjack etc. Mit angeschlossenem **Nightclub Casanova**. Ganzjährig geöffnet, tägl. 15–2.30 Uhr, Eintritt 2,58 €, Ausweiskontrolle und Garderobenzwang. Strada Nuova, Calle Larga Vendramin, Cannaregio 2040. (Das Sommer-Casinò auf dem Lido gibt's nicht mehr.)

Disco Alibi (15), neu eröffneter Tanztempel. Von 23–4 Uhr geöffnet. So Ruhetag. Calle Priulli, Nähe Ca' d'Oro, Cannaregio 3726.

Einkaufen

Markt: kleiner Lebensmittelmarkt, vormittags (außer So) an der **Ponte delle Guglie,** der Brücke über den Canale di Cannaregio.

Kaffee: **Caffè Costarica,** Kaffeerösterei (seit 1930). Beratung, Verkauf und Ausschank. Strada Nova, Cannaregio 1337.

Pasta: **Pastificio Giacomo Rizzo**, hausgemachte Tagliatelle und mehr. Cannaregio 5778 (Nähe Chiesa S.Giovanni Crisostomo).

Kaufhaus: **Standa,** preiswertes Warenhaus, Bekleidung, Haushalts- und Kosmetikartikel, Strada Nuova, Cannaregio 3659.

Marmorpapier/Kunst: **Stamperia del Ghetto,** jüdische Druckerei. Marmorpapier, Drucke mit Motiven aus dem Ghetto sowie kunstvolle Keramik- und Holzfiguren. Calle del Ghetto, Nähe Campo Ghetto Nuovo, Cannaregio 1185.

Bücher: **Libreria Miracoli,** kleine Buchhandlung am Campo Santa Maria Nuova, Nähe Chiesa Santa Maria dei Miracoli, Cannaregio 6062. Secondhand-Bücher, darunter auch einige auf Deutsch. Der sympathische Buchhändler Luigi Frizzo spricht etwas Deutsch. In unmittelbarer Nähe wohnt die Krimiautorin **Donna Leon,** deren Bücher übrigens nicht auf Italienisch erscheinen dürfen – so will es die Autorin zum Schutz einiger ihrer Romanfiguren.

Masken: **Ca' Macana,** gute Adresse für traditionelle und phantasievolle Karnevalsmasken. Cannaregio 1374 (Nähe Ponte delle Guglie).

Die monumentale Chiesa della Salute: ein Blickfang im Dorsoduro-Viertel

Il Sestiere di Dorsoduro – das Dorsoduro-Viertel

Dieses auf den ersten Blick so unprätentiöse historische Stadtviertel zwischen dem Unterlauf des Canal Grande und dem Canale della Giudecca brilliert mit den beiden wichtigsten Kunstgalerien Venedigs: In der weltberühmten Galleria dell'Accademia sind die bedeutendsten Werke der venezianischen Malerei versammelt, und gewissermaßen als Kontrast dazu bietet die Collezione Peggy Guggenheim moderne Kunst von Weltrang. Abgesehen von diesen beiden Kunstperlen offenbart sich Dorsoduro als beliebte und sympathische Wohngegend mit einer überraschend reizvollen Uferpromenade.

Es wäre ein fataler Irrtum, diesen Stadtteil aufgrund seiner Randlage als uninteressant abzutun, denn dieses Sestiere gehört mit seiner ausgewogenen Mischung aus unbedingten Sehenswürdigkeiten und überraschender Beschaulichkeit zum Schönsten, was Venedig zu bieten hat. Darüber hinaus handelt es sich um eine angesagte Wohngegend, die von der schleichenden Stadtflucht weitgehend verschont geblieben ist.

Im Westteil Dorsoduros lebten früher vorwiegend Seeleute und Handwerker, während im Einzugsbereich der Campi San Barnaba und Santa Margherita kleine Kaufleute und verarmte Adelsfamilien ansässig waren. Nobel, reich und extrovertiert war Dorsoduro nur am *Canal Grande*. Doch mittlerweile hat sich das Blatt gewendet. Durch den belebenden Zuzug von Neu-Venezianern ist die einstige Rückseite zur

Die Ziffern beziehen sich auf die entsprechenden Tipps im Buch
Hoteltipps finden Sie auf den Seiten 69-74, Tipps zu Essen und Trinken Seiten 172/173

neuen Schauseite geworden mit schicken Dachwohnungen und viel Flanieratmosphäre am Ufer.

Die **Zattere,** wie die Uferpromenade genannt wird, ist die Riva degli Schiavoni Dorsoduros – mit dem feinen Unterschied, dass hier die Venezianer promenieren und die Touristen eher eine Nebenrolle spielen. Kaum anderswo in Venedig fühlt man sich als Tourist so nah dran am normalen, neuzeitlichen venezianischen Stadtleben wie im östlichen Dorsoduro mit seinem unauffälligen Wohlstand und der friedlichen Wohnatmosphäre.

Eine andere, aber nicht minder anziehende Atmosphäre herrscht rund um den **Campo di Santa Margherita,** der größten und volkstümlichsten Piazza des Stadtteils. Die unaufgeregte Geschäftigkeit eines Wohnviertels kleiner Leute prägt hier die Stimmung, während die Studenten der benachbarten Universität dieser Gegend eine erfrischende Lässigkeit verleihen.

Zum touristischen Pflichtprogramm hingegen gehört neben den bereits erwähnten Kunstgalerien auch das **Museo del Settecento Veneziano** (→ S. 111), das einen interessanten Einblick in Venedigs große Barockepoche gewährt. Unter den Kirchenbauten Dorsoduros sticht indes die **Chiesa Santa Maria della Salute** hervor, die nicht nur am Festtag der Madonna im Mittelpunkt der Aufmerksamkeit steht. Außerdem erhöhen viele kleine Attraktionen – z. B. eine der letzten Gondelwerften Venedigs – den Reiz dieses lang gestreckten Stadtteils.

Spaziergang durch Dorsoduro

Wenn die **Galleria dell'Accademia** (s. u.) morgens um 9 Uhr ihr schmuckloses Portal öffnet, wimmelt es auf dem Vorplatz bereits von Besuchern. Wer zu den Wartenden gehört, sollte sich die Zeit auf der **Ponte dell'Accademia** vertreiben, denn nirgendwo hat man einen schöneren Blick auf den Unterlauf des *Canal Grande*. 1854 errichtete die österreichische Besatzungsmacht

hier erstmals eine Kanalbrücke aus Eisen. 1932 wurde diese Konstruktion durch eine Holzbrücke ersetzt. Obwohl sie den Eindruck eines Provisoriums macht, ist die Akademiebrücke längst ein unverzichtbarer Übergang zwischen San Marco und Dorsoduro.

Gleich hinter dem wuchtigen Gebäude der Accademia taucht man in eine überraschend lebendige und sympathische Wohngegend ein. Vieles zeugt von bürgerlichem Wohlstand, und die zahlreichen Geschäfte für den täglichen Bedarf lassen auf eine gesunde Sozialstruktur schließen. Kurz vor dem Campo San Vio erhebt sich der stattliche **Palazzo Cini** (s. u.), der eine sehenswerte, aber leider nur in den Herbstmonaten zugängliche, private Kunstsammlung beherbergt.

Am **Campo San Vio** selbst liegt einem der Canal Grande förmlich zu Füßen. Die vielen, zum Teil hypermodern durchgestylten Kunstgalerien deuten bereits an, dass sich der **Palazzo Venier mit der Peggy-Guggenheim-Sammlung** (s. u.) ganz in der Nähe befindet. – Achtung, am *Campiello Barbaro* passiert man die Rückseite der verfluchten **Ca' Dario!** (→ S. 106).

Gleich hinter der unscheinbaren gotischen **Chiesa San Gregorio** (s. u.) ragt die majestätische **Chiesa Santa Maria della Salute** (s. u.) auf, eine der eindrucksvollsten Kirchen Venedigs.

An der "Speerspitze" Dorsoduros, der **Punta della Dogana,** hat man einen herrlichen Blick auf das weite Markusbecken. Hier wurde im 17. Jh. das Seezollamt **Dogana da mar** errichtet, dessen markanter Eckturm von einer vergoldeten Weltkugel geschmückt wird. Die Seerepublik führte damals strenge Zollkontrollen ein, die sich jedoch negativ auf den Handel auswirkten. In den riesigen Lagerhallen zu beiden Seiten der Uferwege stauten sich die Waren, die man aufgrund der neuen Zollbestimmungen zwecks Kontrolle zwischenlagern musste. Noch heute hat eine Zollbehörde hier ihren Sitz, während die alten Lagerhallen den Ruder- und Segelclubs der Stadt als Bootshäuser dienen.

Bis zur Anlegestelle *Zattere-Traghetto* macht die Uferpromenade einen ziemlich trostlosen Eindruck, daran ändern auch die alten **Magazzini del sale** (Salzspeicher) und die verschlossene **Chiesa Santo Spirito** nichts. Erst am Anleger entfaltet sich das **Fondamenta Zattere** zur breiten, belebten Uferpromenade mit viel Flanieratmosphäre und einladender Gastronomie. Früher war diese Uferzone ein wichtiger Anlandeplatz für Bauholz, das auf Flößen ("Zattere") hierher geschifft wurde, daher der Name.

Hinter der sehenswerten **Chiesa dei Gesuati** (s. u.) stößt man auf den *Rio San Trovaso,* an dessen Westufer sich eine der ganz wenigen, noch aktiven Gondelwerften Venedigs befindet. Bei dem **Squero di San Trovaso** handelt es

Eine der letzten Gondelwerften (Squero)

sich um einen Holzbau im alpinen Stil, den Einwanderer aus dem nördlichen Venetien im 17. Jh. errichteten ("Squero" ist die Bezeichnung für eine venezianische Gondelwerft). Heute werden hier vor allem Wartungsarbeiten und Reparaturen ausgeführt, während der Stapellauf von neuen Gondeln eher Seltenheitswert hat.
Zurück an der Uferpromenade, wo einige Prachtfassaden (z. B. der Sitz der staatlichen Reederei Adriatica) das Auge erfreuen, erblickt man bereits die Kaianlagen der **Stazione Marittima.** Dort hat in der Regel ein luxuriöses Kreuzfahrtschiff festgemacht, und wenn man Glück hat, setzt es sich gerade in Bewegung und schiebt seinen gigantischen Rumpf langsam durch den *Canale della Giudecca.*

Jetzt führt der Weg über den kleinen *Campo di San Basegio* zur **Chiesa San Sebastiano** (s. u.), einem wichtigen Etappenziel für alle Fans des Malerfürsten Veronese.

Weiter westlich, im Einzugsbereich der **Chiesa San Nicolò dei Mendicoli** (s. u.), befindet man sich mitten im alten Arbeiterviertel von Dorsoduro, das heute immer mehr zu einer Geisterstadt verkommt. Ärmliche *Case Tron* (Reihenhäuser aus dem 18. Jh.) und stillgelegte Fabriken aus dem 19. Jh. prägen hier das Bild. Ganz am Ende, im **Quartiere Santa Marta,** einer Wohnanlage aus der Mussolini-Ära, nimmt die Armut ihre krasseste Form an und steigert sich zum sozialen Elend. Als die Bronx Venedigs wird dieser äußerste Zipfel Dorsoduros von den Einheimischen bezeichnet. Spätestens hier wird merkt man, dass die romantische Museumsstadt Venedig auch eine schäbige Kehrseite hat.

Am Ostufer des *Rio dei Carmini,* der zum gleichnamigen *Campo dei Carmini* führt, erhebt sich der herrschaftliche **Palazzo Zenobio,** ein Barockbau aus dem späten 17. Jh., der gewissermaßen die letzte Bastion der Prachtbauten dieses westlichen Stadtteils bildet (nicht zu besichtigen). Die **Scuola Grande dei Carmini** (s. u.) beherbergt wiederum Kunstgenuss vom Feinsten, während die gegenüberliegende *Chiesa Santa Maria dei Carmini* ein eher bescheidenes Gotteshaus ist.

Dahinter öffnet sich der unregelmäßig geformte **Campo Santa Margherita,** eine echte *Piazza del Popolo,* vielleicht der typischste Platz der Stadt. Einige Marktstände, alteingesessene Geschäfte, Restaurants, Cafés und eine Eisdiele mit Tischen im Freien, Schatten spendende Bäume und einige Ruhebänke – genügend Gründe, um hier zu verweilen oder am Abend wiederzukehren. Am Nordende des lang gestreckten Campo, in der ehemaligen **Kirche Santa Margherita,** befindet sich heute die Universitätsaula.

In entgegengesetzter Richtung führt der *Rio Terrà Canal* zum stimmungsvollen *Campo San Barnaba.* Auf der Kanalbrücke **Ponte dei Pugni (Faustkämpferbrücke),** die den *Rio San Barnaba* überspannt, fanden ab dem Mittelalter derbe Schlägereien zwischen den *Castellani* und den *Nicolotti* statt. Die Castellani lebten jenseits des Canal Grande im Stadtviertel Castello, während die Nicolotti aus dem Westteil Dorsoduros stammten. Die hasserfüllten Faustkämpfe ("Pugni") dieser beiden verfeindeten Fraktionen wurden von der Obrigkeit geduldet und hatten sogar Volksfestcharakter, bis sie Anfang des 18. Jh. schließlich verboten wurden. In der *Pinacoteca Querini-Stampalia* (→ S. 143) befindet sich eine Darstellung dieser als Wettkämpfe bezeichneten Prügeleien. Heute geht es hier wesentlich friedlicher zu. An der Faustkämpferbrücke hat zumeist ein mit Obst und Gemüse beladenes Marktschiff festgemacht und auch der stark frequentierte Campo San Barnaba strahlt nichts als Friedfertigkeit aus. Auf der *Calle della Toletta,* einer ausgesprochen schönen Wohn- und Geschäftsstraße mit überraschendem Verlauf, gelangt man zurück zur Akademiebrücke.

Sehenswertes im Dorsoduro-Viertel

Galleria dell'Accademia: Venedigs berühmte Gemäldegalerie besitzt eine Fülle erlesener Werke aus dem 14. bis 18. Jh. und bietet damit einen lückenlosen Einblick in die Entwicklung der venezianischen Malerei von der Gotik bis zum Rokoko. 1750 wurde die venezianische Kunstakademie, die *Accademia di Pittura e Scultura,* gegründet. Der Barockmaler *Giovanni Battista Tiepolo* war ihr erster Präsident. Die Accademia diente Malern und Bildhauern als Ausbildungsstätte. Anfang des 19. Jh. bezog sie die säkularisierte *Chiesa Santa Maria della Carità* und die Räumlichkeiten des angeschlossenen Konvents- und Bruderschaftsgebäudes. Aus der Kunstakademie ging die heutige Galleria dell'Accademia hervor. Ihre umfangreichen Kunstbestände stammen aus aufgelösten Kirchen, Klöstern und Scuole sowie aus Schenkungen privater Kunstsammler und späteren Ankäufen. In 24 Sälen und Korridoren entfaltet

Das **Kirchensammelticket/Chorus-Ticket** (7,75 €) ist unbegrenzt gültig und in den jeweiligen Kirchen erhältlich. Dieses Sammelticket schließt die Besichtigung von insgesamt 13 Kirchen im historischen Stadtgebiet und auf La Giudecca ein. Die Einzeltickets kosten 1,55 €. In Dorsoduro-Viertel befindet sich eine der 13 "Chorus"-Kirchen (s.u.).

sich eine regelrechte Bilderflut, die weitgehend chronologisch geordnet ist.

Saal 1, der ehemalige Versammlungsraum der *Scuola Grande di Santa Maria della Carità,* zeigt klein- und großformatige Tafelbilder des 14. und 15. Jh. Im Mittelpunkt stehen die mehrteiligen Altarbilder von *Paolo* und *Lorenzo Veneziano,* die im Wesentlichen noch der byzantinischen Ikonenmalerei verpflichtet sind, aber bereits eine zaghafte Hinwendung zum Bildaufbau der spätgotischen Tafelmalerei erkennen lassen.

Die **Säle 2–4** präsentieren Altarbilder im Stil der Renaissance aus dem 15. und 16. Jh. Die herausragenden Protagonisten sind hier *Giovanni Bellini, Giambattista Cima da Conegliano, Piero della Francesca* und *Andrea Mantegna.*

Im **Saal 5** stellt "Das Gewitter" von *Giorgione* den absoluten Blickfang dar. Die anschließenden Säle sind der venezianischen und italienischen Renaissance sowie dem Manierismus gewidmet.

Ein weiterer unbedingter Höhepunkt ist das "Gastmahl im Hause des Levi" von *Paolo Veronese* in **Saal 10.** Dort befindet sich auch das großartige "Wunder des Hl. Markus", mit dem *Tintoretto* gewissermaßen debütierte. Vis-à-vis von Tintorettos Frühwerk hängt – absichtlich oder nicht – *Tizians* letzte Arbeit. Der "König der Maler" wollte mit dieser geradezu erschütternde "Pietà" sein Grab in der Frari-Kirche schmücken.

Im großen **Saal 11** dominieren weitere Gemälde von *Paolo Veronese* und *Tintoretto.* Erstmals betritt hier auch *Giovanni Battista Tiepolo* die Bühne. Von ihm stammt das viel bestaunte Deckenrundbild "Auffindung des wahren Kreuzes".

Im anschließenden **Saal 12** (Korridor) hängen Landschaftsgemälde aus dem 18. Jh., darunter mehrere Arbeiten von *Marco Ricci.*

Saal 13 ist der Porträtkunst gewidmet. Dass *Tintoretto* auch darin ein Meister war, zeigt eindrucksvoll sein "Bildnis des Jacopo Soranzo".

Einen weiteren Höhepunkt bietet der **Saal 17,** in dem Phantasieveduten von *Canaletto,* humorvolle Genrebilder von *Pietro Longhi* und stimmungsvolle Stadtansichten von *Francesco Guardi* zu sehen sind.

Der **Saal 20** verweist wieder ins 15./16. Jh. und präsentiert den grandiosen Gemäldezyklus "Wunder der hl. Kreuzreliquie", an dem auch *Gentile Bellini* und *Vittore Carpaccio* mitwirkten. Dieser zwischen 1494 und 1501 entstandene Bilderzyklus ist eine frühe Verherrlichung Venedigs und seiner Bewohner. Von Gentile Bellini stammt die "Prozession auf dem Markusplatz", eine detailversessene Momentaufnahme der festlich geschmückten Piazza San Marco im Jahr 1496. Vittore Carpaccios Beitrag zu dieser Bilderreihe zeigt die Rialtobrücke, Schauplatz der "Heilung eines Besessenen durch die Heiligkreuzreliquie". Aufgrund des detailreich wiedergegebenen Geschehens handelt es sich um eine präzise Teilansicht der Stadt, die voller sozialgeschichtlicher Informationen steckt.

Saal 21 beherbergt *Vittore Carpaccios* Hauptwerk, den allegorischen Bilderzyklus zum "Leben der Hl. Ursula". In großformatigen, feierlichen Gemälden schildert er die abenteuerliche Pilgerreise der Heiligen bis hin zu ihrer Ermordung und glorreichen Apotheose.

In **Saal 23,** dem ehemaligen Kirchenraum, befinden sich u. a. weitere Arbeiten der *Bellini-Brüder.*

Den grandiosen Schlusspunkt der Kunstsammlung setzt *Tizian* mit dem "Tempelgang Mariens" in **Saal 24.** Das speziell für diesen Saal (ehemalige *Sala dell'Albergo* der Scuola Grande di Santa Maria della Carità) geschaffene Gemälde ist monumental und breit angelegt und zeigt Maria in kindlicher Gestalt.

Campo della Carità. Vaporetto: Accademia. Geöffnet: Di–So 9–19 Uhr, Mo 9–14 Uhr. Eintritt: 6,20 €, erm. 3,10 € bzw. mit dem **Accademia-Sammelticket** (9,30 €), das auch für die *Ca' d'Oro* (→ S.113) und das *Museo Orientale* (→ S.114) gilt.

Collezione Vittorio Cini im Palazzo Cini: Hier lebte der Kunstsammler und -förderer *Vittorio Cini* (1884–1977; "Fondazione Cini" → S. 175). Die Räumlichkeiten sind mit kostbarem Mobiliar eingerichtet und mit Kunstgegenständen verschiedenster Art ausgestattet. Die dazugehörige Gemäldesammlung besteht im Wesentlichen aus Renaissancegemälden so namhafter Künstler wie *Botticelli, Piero della Francesca* und *Fra Filippo Lippi.*

Campo San Vio, Dorsoduro 864. Geöffnet: April–Juli und Sept.–Nov. tägl. (außer Mo) 10–13 Uhr und 14–18 Uhr. Eintritt: 4,13 €, erm. 2,58 €.

Collezione Peggy Guggenheim im Palazzo Venier dei Leoni: Der weiße Flachbau des Palazzo Venier ist eigentlich eine Bauruine aus dem 18. Jh. Man sagt, das Gebäude sei deshalb unvollendet geblieben, weil die Besitzer der gegenüberliegenden Ca' Grande ihren Anspruch auf eine ungehinderte Aussicht durchgesetzt hätten. Als die amerikanische Kunstsammlerin *Peggy Guggenheim* 1949 nach Venedig übersiedelte, wurde dieser einstöckige Palazzo am Canal Grande ihr neues Domizil. Im Jahr zuvor hatte die exzentrische Millionärin im Rahmen der Biennale ihre ausgewählte Sammlung zeitgenössischer Kunst bereits der Öffentlichkeit vorgestellt. Jahrelang gab sich hier in dieser Institution der Moderne die internationale Künstlerszene ein Stelldichein.

Nahezu alle wichtigen Strömungen der klassischen Moderne aus der ersten Hälfte des 20. Jh. sind in der venezianischen Peggy-Guggenheim-Sammlung vertreten: Der **Kubismus** mit Arbeiten von Picasso, Georges Braque und Fernand Léger; der **Dadaismus** mit Hans Arp und Francis Picabia; der **Blaue Reiter** mit Wassily Kandinsky und Paul Klee; der **Futurismus** mit Gino Severini und Jean Metzinger; der **Surrealismus** mit Salvador Dalí, René Magritte und Max Ernst. Marc Chagall, Piet Mondrian, Giorgio de Chirico, Jackson Pollock, Marcel Duchamp, Jean Dubuffet

Eine Amerikanerin in Venedig – Peggy Guggenheim (1898–1979)

Als exaltierte Millionenerbin – von väterlicher Seite erhielt sie ein Vermögen in Gold-, Kupfer- und Zinnminen – fand Peggy Guggenheim im Paris der 20er Jahre ersten Zugang zur Avantgarde Europas. *Marcel Duchamp* und *André Breton* brachten sie dem Surrealismus näher. In London eröffnete sie ihre erste Galerie, u. a. mit Werken von *Jean Cocteau* und *Kandinsky*. Dank ihres großen Vermögens wurde sie bald zu einer der wichtigsten Kunstsammlerinnen der Welt. Während des Faschismus ermöglichte sie vielen europäischen Künstlern die Flucht nach Amerika, darunter auch *Max Ernst,* den sie 1941 in zweiter Ehe heiratete. Nach dem Krieg wuchs ihre Kunstsammlung beständig. 1949 kaufte die Mäzenin den Palazzo Venier dei Leoni, wo sie fast 30 Jahre lang lebte und eine Galerie unterhielt. Die Venezianer bewunderten ihren exzentrischen Lebensstil und erinnern sich noch gut an die Lady, die sich stets in ihrer Privatgondel durch Venedig rudern ließ. Die exzellente Kunstsammlung sowie den Palazzo vermachte Peggy Guggenheim kurz vor ihrem Tod der Stiftung ihres Onkels Solomon, der zeitlebens über ihren Hang zur Avantgarde gelästert haben soll. Sie verfügte außerdem, dass die Kunstwerke geschlossen in Venedig verbleiben sollen.

und Willem De Kooning machen die Liste der frühen **Abstrakten** nahezu komplett. Abgesehen von den zahlreichen Glanzstücken der Malerei gibt es auch eine repräsentative Auswahl an **modernen Skulpturen** zu sehen, u. a. von Joan

Chiesa Santa Maria della Salute: außen üppig verziert, innen schlicht

Miró, Alberto Giacometti, Henry Moore und Marino Marini, dessen Reiterstandbild "Engel der Zitadelle" eine besonders privilegierte Position im Vorgarten an der Kanalseite einnimmt. – Darf man in dem reitenden Engel gar einen schamlosen Exhibitionisten erkennen?

Adresse: San Gregorio 701. Geöffnet: tägl. (außer Di) 11–18 Uhr. Eintritt: 6,20 €, erm. 4,13 €.

Chiesa Santa Maria della Salute: Diese monumentale Barockkirche am Ausgang des Canal Grande wird von den Einheimischen kurz **La Salute** genannt, und die **Festa della Madonna della Salute** gehört zu den größten Feierlichkeiten der Stadt (→ S. 57). Errichtet wurde die hoch aufragende Kirche mit der imposanten Zentralkuppel, um ein Gelübde einzulösen, das der amtierende Doge und die Bürger Venedigs vor der hl. Jungfrau geleistet hatten, als die furchtbare Pest von 1630 wütete und über 40.000 Menschen dahingerafft hatte. 1631 entschied man sich für den – wie es hieß – kostengünstigen und außerordentlich wirkungsvollen Entwurf von *Baldassare Longhena*. La Salute gilt als Longhenas unübertroffenes Meisterwerk, obwohl er die Fertigstellung 1687 nicht mehr erlebte. Architektonische Monumentalität und Harmonie sind hier aufs Perfekteste vereint. Insgesamt über hundert frei stehende Figuren schmücken den hellen Kuppelbau, der wegen seiner gedrehten Voluten auch "Kirche mit den Ohren" genannt wird.

Der runde Zentralraum mit den acht antiken Hauptsäulen ist klar gegliedert und schlicht gestaltet. Die verehrte Muttergottes, eine eher dezente byzantinische Marienikone, schmückt den Hochaltar. Die opulente Skulpturengruppe darüber stellt die Vertreibung der Pest aus Venedig dar. Außerdem verdienen zwei Gemälde in der Sakristei besondere Aufmerksamkeit: "Der thronende Hl. Markus", ein frühes Altarbild von *Tizian,* das er 1510 für die Kirche Santo Spirito anfertigt hatte. Im Zentrum des Bildes steht der Schutzheilige Venedigs. Der Schatten über seinem Gesicht wird als Verweis auf die von der Pest gezeichnete Stadt interpretiert. "Die Hochzeit zu Kana", ebenfalls in der Sakristei, schuf *Tintoretto.* Dieses Gemälde mit der kühnen Perspektive stellt ein luxuriöses venezianisches Festmahl mit vielen interessanten Details dar.

Campo della Salute. Geöffnet: tägl. 9–12 und 15–18 Uhr. Eintritt: 1,03 € (Sakristei).

Chiesa dei Gesuati (Santa Maria del Rosario): Die eindrucksvolle Tempelfassade dieser kleinen Ordenskirche (1726–1736) gestaltete *Giorgio Massari* streng nach den von *Andrea Palladio* konzipierten Vorstellungen zum Klassizismus. Ein Blick ins Innere lohnt sich wegen des Deckenfreskos von *Giovanni Battista Tiepolo* und einer dramatischen Kreuzigung von *Tintoretto.*

Adresse: Fondamenta Zattere. Geöffnet: Mo–Sa 9–18 Uhr, So 13–18 Uhr. Eintritt: 1,55 €.

Chiesa San Sebastiano: In dieser Renaissancekirche aus der ersten Hälfte des 16. Jh. befindet sich *Paolo Veroneses* Grabstätte. Von ihm stammt auch nahezu die gesamte Bildausstattung – ein kleines **Veronese-Museum,** das sich Bewunderer seiner Malerei auf keinen Fall entgehen lassen sollten. Wie in vielen Werken des Künstlers dienen auch hier die biblischen Themen als Anlass für bewegende Figurenkompositionen vor einer lichtdurchfluteten Architekturkulisse. "Das Martyrium des Hl. Sebastian" schmückt den Chorraum, in der Kassettendecke des Kirchenschiffs wird die "Esther-Legende" erzählt und die Deckengemälde in der Sakristei zeigen "Marias Krönung" und "Die vier Evangelisten". Sogar die Flügeltüren der Orgel hat Veronese dekoriert.

Campo di San Sebastiano. Geöffnet: Mo–Sa 10–17 Uhr, So 13–17 Uhr. Eintritt: 1,55 € bzw. mit dem Chorus-Ticket (s. o.).

Chiesa San Nicolò dei Mendicoli: Der Baukern dieser kleinen Backsteinkirche im ärmlichen Westen Dorsoduros stammt aus dem 12. Jh. Die Kirche der Bettler ("Mendicoli"), die idyllisch an einem schmalen Kanal liegt, passt mit ihrer bescheidenen Erscheinung gut in dieses vernachlässigte Stadtrandgebiet. Durch einen hellen, gotischen Portikus gelangt man ins Innere, wo es einige Renaissancestatuen sowie Gemälde aus der Veronese-Schule zu sehen gibt.

Calle San Nicolò. Geöffnet: Mo–Sa 10–12 Uhr, Eintritt frei.

Scuola Grande dei Carmini: Neben der ursprünglich gotischen *Chiesa Santa Maria dei Carmini* (s.u.) befindet sich das Haus der Laienbruderschaft der Karmeliten. Wegen ihrer Marienverehrung standen sie in hohem Ansehen, und aufgrund ihres Vermögens waren sie zu einer der sechs *Scuole Grandi* Venedigs herangewachsen. Das Besondere an diesem architektonisch eher bescheidenen Gebäude ist die Ausschmückung des großen Versammlungssaals mit Deckengemälden von *Giovanni Battista Tiepolo.* Für den Hauptsaal des Obergeschosses fertigte Tiepolo zwischen 1739 und 1744 neun Werke an. Das auf Leinwand gemalte Hauptbild zeigt die Madonna mit Kind, wie sie dem Seligen Simon erscheint. Die seitlichen Deckenfelder sind mit personifizierten Tugenden ausgefüllt. In den Bet- und Herbergssälen des Gebäudes befinden sich weitere Gemälde, die von *Giambattista Piazzetta* und *Padovanino* stammen.

Campo dei Carmini. Geöffnet: Mo–Sa 9–18 Uhr, So 9–16 Uhr. Eintritt: 4,13 €, erm. 3,10 €.

Chiesa Santa Maria dei Carmini (I Carmini): Der Baukern dieser Kirche ohne Querschiff ist gotisch (13./14. Jh.), was wegen der Barockisierung im 17. Jh. jedoch kaum noch zu erkennen ist. Den barocken Glockenturm krönt eine Marienstatue, während im Innern zwei Kunstwerke besondere Beachtung verdienen: die "Anbetung der Hirten", ein Renaissancegemälde von *Cima da Conegliano* (zweiter Seitenaltar, rechts) und das Altarbild mit dem Hl. Nikolaus von *Lorenzo Lotto* (Seitenschiff, links). Im angrenzenden Kloster ist heute das Kunstinstitut der Universität untergebracht.

Campo dei Carmini. Geöffnet: Mo–Sa 9–12 Uhr und 15–19 Uhr, So 16.30–19.30 Uhr, Eintritt frei.

Karte S. 164/165

Praktische Infos

Essen und . . .

Ristorante Ai Gondolieri (23), Feinschmeckerlokal (keine Fischküche) mit vielen Auszeichnungen, schön am Kanal gelegen. Teuer (Primi 11,35–15,50 €, Secondi 16,50–24,80 €), am besten fährt man mit dem *Menu degustazione* für ca. 52 €. Di Ruhetag. San Vio, Dorsoduro 366. ✆ 041/5286396.

An stillen Ecken mangelt es nicht im Dorsoduro-Viertel

Antica Trattoria La Furatola (9), etwas abseits der Touristenwege. Freundlicher Familienbetrieb, prominente Stammkundschaft. Ausgezeichnete Fischküche mit selten gewordenen venezianischen Spezialitäten wie *Pasticcio* (Fischpastete), *Moleche* (Meereskrebse) und *Zuppa di Pesce* (Fischsuppe). Hohe, aber angemessene Preise (Primi 10,30 €, Secondi 15,50–18 €). Do ganztägig und Mo mittags geschlossen. Calle Lunga San Barnaba, Dorsoduro 2869. ✆ 041/5208594.

Trattoria Ai Cugnai (19), sympathische kleine Gaststätte unweit der Galleria dell'Accademia. Angenehmer Speiseraum und kleiner Innenhof. Leckere Fischküche, das Preis-Qualitäts-Verhältnis stimmt (Primi 5,20–7,75 €, Secondi 8,80–12,40 €). Mo Ruhetag. San Vio, Dorsoduro 857. ✆ 041/5289238.

Trattoria Da Montin (11), Tipp! Alteingesessenes, ehemaliges Künstlerlokal und eine der besten gastronomischen Adressen in Dorsoduro. Eine Szene aus Viscontis "Tod in Venedig" wurde hier gedreht. Hübsche Lage, geschmackvoll eingerichtet, schattiger Garten. Traditionelle venezianische Küche, leicht überhöhte Preise (Primi 7,25–11,35 €, Secondi 10,30–18 €, es kommen 12 % Servizio dazu). Di und Mi Ruhetage. Fondamenta de le Romite (Eremite), Dorsoduro 1147. ✆ 041/5227151.

Taverna San Trovaso (14), beliebtes, einfaches Lokal. Solide, schmackhafte Küche. Akzeptable Preise (Primi 5,20–6,70 €, Secondi 7,75–12,90 €). Mo Ruhetag. Fondamenta Priuli/Ponte delle Meraviglie, Dorsoduro 1016. ✆ 041/5203703.

Ristorante/Pizzeria Da Gianni (17), großes Gasthaus, spezialisiert auf Fisch und Pizza. Schöne Lage an der Anlegestelle der Uferpromenade. Tische im Freien. Nicht ganz billig (Primi um die 12,30 €, Secondi 9,80–15,50 €, Menu turistico 16,50 € ohne Getränke). Mi Ruhetag. Zattere ai Gesuati, Dorsoduro 918. ✆ 041/5237210.

Ristorante/Pizzeria Antico Capon (6), an der Hauptpiazza des Sestiere, schön zum Draußensitzen. Eher deftige Küche und Pizza aus dem Holzofen. Preislich gerade noch akzeptabel (Primi ab 7,25 €, Secondi ab 9,30 €). Kein Ruhetag. Campo Santa Margherita, Dorsoduro 3004. ✆ 041/5285252.

Enoteca/Cantinone Già Schiavi (15), Tipp! Alteingesessene, urige Weinhandlung und -schenke, vielleicht die schönste der Stadt. Große, appetitliche Auswahl an Cichetti. So mittags geschlossen. Gegenüber der Chiesa San Trovaso, Dorsoduro 992.

Trattoria Due Torri (4), urige Nachbarschaftskneipe, in der die lautstarken Stammgäste die Oberhand haben. Einfache Hausmannskost, anständige Preise. So Ruhetag. Campo Santa Margherita, Dorsoduro 3408.

Ristorante/Pizzeria Al Sole di Napoli (8), an der Scuola Grande dei Carmini. Neapolitanische Küche und vor allem neapolitanische Pizza. Tische auf dem Vorplatz. Preislich o. k. Kein Ruhetag. Campo Santa Margherita, Dorsoduro 3023.

Trinken und mehr

Pasticceria Colussi (10), zählt zum Urgestein italienischer Konditoreien. Ostern stapelt sich hier die *Colomba* und zur Weihnachtszeit der *Panettone.* Calle Lunga San Barnaba, Dorsoduro 2867.

Gelateria Causin (3), seit 1928 Spezialist für feinste Eissorten. Auch ausgezeichnete Tiramisù-Schnitten. Tische im Freien. Campo Santa Margherita, Dorsoduro 2996.

Gelateria Nico (16), allerbeste Qualität, immer wieder bereichern neue Eiskreationen das Sortiment. Große Terrasse an der Uferpromenade. Zattere ai Gesuiti, Dorsoduro 922.

Bar/Pasticceria Vio (13), eine der besten Konditoreien des Viertels. Immer großes Gedränge am Tresen. Mo geschlossen. Calle della Toletta, Dorsoduro 1192.

Il Caffè (5), beliebtes Piazza-Café. Junges Publikum. Cappuccino und Drinks. Lange geöffnet. So Ruhetag. Campo Santa Margherita, Dorsoduro 2963.

Szenelokal Margaret DuChamp (7), modernes Lokal am Campo Santa Margherita. Bis 2 Uhr geöffnet, Di Ruhetag. Dorsoduro 3019.

Studententreff Da Codroma (1), beliebte, ehemalige Taverna, etwas abseits, aber dafür schön am Kanal gelegen. Bier, Wein, Snacks, Spiele, manchmal Livemusik. Bis 1 Uhr geöffnet. Do Ruhetag. Fondamenta Briati, Dorsoduro 2540.

Studentenkneipe Pink and Green (8 → Karte S. 130/131), mit Garten, am Campo San Pantaleon. Gute Musik. Bis Mitternacht geöffnet. Salizzada San Pantaleon, Dorsoduro 133.

Nachtlokal Piccolo Mondo (2), Treff mit wechselndem Outfit. Getanzt wird bis 4 Uhr morgens. Eintritt 7,75 €. Calle Contarini Corfù, Dorsoduro 1056 (Nähe Accademia).

Einkaufen

Ansichtskarten: **Bac Art Studio,** besondere Vendig-Karten. San Vio, Dorsoduro 826.

Bücher: **Toletta,** große Buchhandlung mit modernem Antiquariat. Calle della Toletta, Nähe Accademia, Dorsoduro 1214.

Zattere: Dorsoduros Uferpromenade

Secondhand-Buchladen, Campo Santa Margherita.

Holz: **Loris Lorenzo,** hier findet man alles aus Holz: Schuhe, Taschen, Unterhosen, Büstenhalter etc. Campo Santa Margherita 2903.

Signor Blum, handbemaltes Holzspielzeug und Puzzles aus Holz mit Venedig-Motiven. Fondamenta Gherardini, Nähe Campo San Barnaba, Dorsoduro 2840.

Kunst: Mehrere **Galerien** im Einzugsbereich der Accademia und des Guggenheim-Museums, darunter die ambitionierte **San Gregorio Art Gallery** (US-Kunstimporte), Dorsoduro 164.

Märkte: kleiner Lebensmittelmarkt vormittags auf dem **Campo Santa Margherita**. Am Kanalufer des **Campo San Barnaba** werden Obst und Gemüse direkt vom Boot verkauft.

Masken: **Ca'Macana,** gute Adresse für traditionelle venezianische Masken. Calle delle Botteghe, Nähe Campo San Barnaba, Dorsoduro 3172.

Mondonovo, Phantasiemasken. Rio Terrà Canal, Nähe Campo Santa Margherita, Dorsoduro 3063.

Die dem Markusplatz vorgelagerte Isola di San Giorgio Maggiore

Die Inseln La Giudecca und San Giorgio Maggiore

Die beiden südlichen Vorstadtinseln – nur wenige hundert Meter vom Stadtzentrum entfernt, aber getrennt durch den Canale della Giudecca und das Markusbecken – sind ehemalige Klosterinseln. Andrea Palladio errichtete dort im 16. Jh. seine beiden wichtigsten Sakralbauten im betont klassizistischen Stil. Wer den Seitensprung hierher unternimmt, wird allein vom phantastischen Blick auf das historische Stadtzentrum ausreichend belohnt.

Ursprünglich war **La Giudecca** eine reine Klosterinsel, auf der sieben Klostergemeinschaften lebten. Ab dem 14. Jh. siedelte hier auch die jüdische Bevölkerung Venedigs; aus dieser Zeit stammt vermutlich auch der Name der Insel ("Giudaico" = jüdisch). Eine weitere Besiedlungsphase erlebte die Giudecca während der Glanzzeit der Serenissima, als reiche venezianische Kaufleute Sommerresidenzen mit großzügigen Gartenanlagen begehrten und hier geeigneten Baugrund vorfanden. Weniger ästhetisch war die Entwicklung im 19. und frühen 20. Jh., als größere Gewerbebetriebe und Fabriken die bis dato friedliche Vorstadtinsel in eine kleine Industrielandschaft verwandelten. Noch heute zeugen verwahrloste Fabrikhallen und Produktionsstätten von diesem kurzen Wirtschaftsboom, der ein abruptes Ende fand, als die Stadtregierung beschloss, sämtliche Industriebetriebe aufs nahe Festland zu verlegen.

Zurück blieb die typische Trostlosigkeit eines verlassenen Gewerbegebiets.

Doch es tut sich was: Die lang gestreckte Giudecca-Insel ist heute vielleicht attraktiver denn je. Immer mehr Venezianer zieht es auf der Suche nach einer ruhigen Wohnlage hierher. Die Verkehrsanbindung ist gut, und einige der seit Jahrzehnten leer stehenden Ufergebäude werden zur Zeit in begehrte Wohnungen (zum Teil sogar Sozialwohnungen) umgewandelt. Künstler und Lebenskünstler finden in den ehemaligen Fabrikhallen der Insel leichter eine bezahlbare Atelierwohnung bzw. eine Wohnetage als im Stadtgebiet von Venedig. Die touristische Infrastruktur ist ebenfalls im Entstehen begriffen. Mit der schön gelegenen Jugendherberge Ostello di Venezia und dem märchenhaften Luxushotel Cipriani haben sich auf der Giudecca gleich zwei Top-Herbergen, wenn auch der verschiedenen Art, niedergelassen. Und einmal im Jahr steigt hier das volkstümliche Erlöserfest, das eng mit der Entstehungsgeschichte der Palladio-Kirche Il Redentore verbunden ist und zu den beliebtesten und wichtigsten Festen der Stadt zählt (→ S. 56).

Nur einen Katzensprung von La Giudecca entfernt, liegt die kleine Insel San Giorgio Maggiore, die fast vollständig vom Komplex des ehemaligen Benediktinerklosters eingenommen wird. Mit der majestätischen Klosterkirche hat wieder Palladio einen nahezu allgegenwärtigen Meilenstein in der venezianischen Sakralarchitektur gesetzt. Fast wie eine Provokation wirkt hingegen der Glockenturm von San Giorgio Maggiore, der dem Campanile von San Marco zum Verwechseln ähnlich sieht. Macht er ihm doch obendrein auch noch den schönsten Rundumblick auf Venedig und die Lagune streitig.

San Giorgio Maggiore: trägt Palladios Handschrift

La Giudecca und San Maggiore
Karte S. 176/177

Spaziergang auf San Giorgio Maggiore und La Giudecca

Der Spaziergang sollte auf **San Giorgio Maggiore** mit der Besichtigung der gleichnamigen Palladio-Kirche beginnen (s. u.). Im angrenzenden, ehemaligen **Benediktinerkloster** hat die *Fondazione Cini* seit 1951 ihren Sitz. Diese Stiftung hat das gesamte Klosterareal vorbildlich restauriert und unterhält hier eine internationale Bildungsstätte für Kultur und Geschichte. Die Räumlichkeiten des Klosters (Refektorium, Dormitorium etc.) sowie die beiden Kreuzgänge und der angrenzende Klostergarten sind leider nur während der

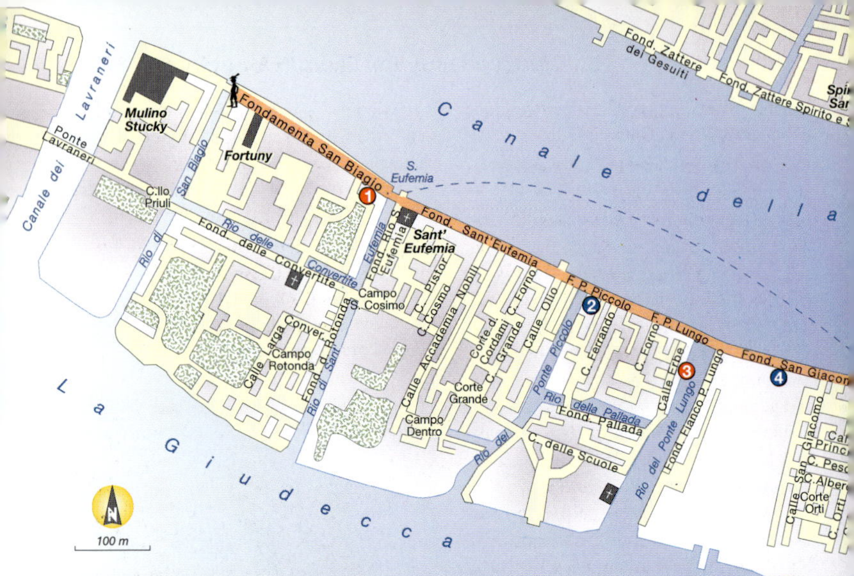

Giudecca & San Giorgio Maggiore

regelmäßig stattfindenden Sonderausstellungen und Konzerte (→ Infoheft "Un ospite di Venezia") zugänglich. Der einzige Weg, der auf San Giorgio Maggiore frei zugänglich ist, führt an der Kaimauer des **Jachthafens** entlang, wo es in den Sommermonaten immer einige Luxusjachten zu bewundern gibt.

Der **Uferspaziergang auf La Giudecca** könnte an der Anlegestelle *Zitelle* (Linie 82) beginnen, wo sich auch die gleichnamige Kirche erhebt. Die "Kirche der Jungfrauen" stammt im Wesentlichen aus dem 18. Jh. und gehörte zu einem Mädchenheim, in dem vor allem Waisenmädchen untergebracht waren – die man übrigens zur Herstellung der berühmten venezianischen Spitzen anhielt.

Anschließend gelangt man zur Palladio-Kirche **Il Redentore,** der Hauptsehenswürdigkeit der Insel (s. u.). Vorbei an der Jugendherberge *Ostello di Venezia,* die sich in einem ehemaligen Getreidespeicher befindet, führt die *Ponte Lungo* über einen breiten Kanal zur ältesten Kirche der Insel, **Chiesa Sant'Eufemia** (im 9. Jh. gegründet). Im Innern der dreischiffigen Kirche (die man leider meist verschlossen vorfindet) befindet sich ein Bild des Hl. Rochus von *Bartolomeo Vivarini.*

Am anschließenden *Fondamenta San Biagio* erstreckt sich das Kerngebiet der alten Industrieanlagen von La Giudecca. Himmelsstürmerisch ragt der markante, neogotische **Mulino-Stucky-Komplex** auf. Der Schweizer *Giovanni Stucky* ließ ihn 1895 errichten. Bis in die 30er Jahre hinein wurde hier eine der größten Nudelfabriken Italiens samt Getreidemühle betrieben. Jetzt wird der riesige Gebäudekomplex zu einem multifunktionalen Kongresszentrum umgebaut. Ganz in der Nähe befindet sich auch die **Textilfabrik Fortuny,** ein intaktes Industrierelikt aus der vorletzten Jahrhundertwende, in dem nach wie vor produziert wird (s. u.); Exklusivverkauf bei *Antichità V. Trois* im Sestiere di San Marco (→ S. 124).

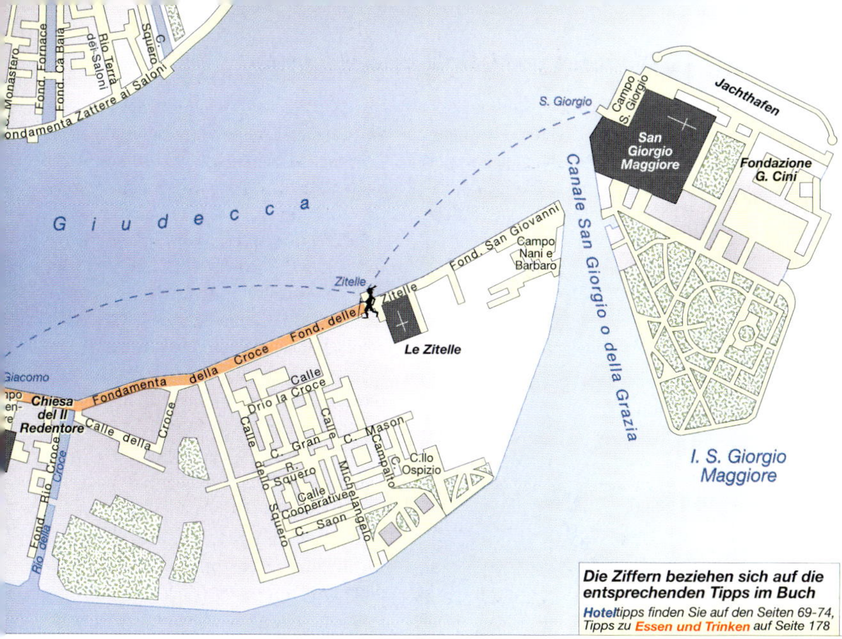

Sehenswertes

Chiesa San Giorgio Maggiore: *Andrea Palladios* (1508–1580) erster großer Streich. 1564 war er mit dem Bau dieser markanten Kirche beauftragt worden, nachdem er zuvor bereits das Refektorium und den vorderen Kreuzgang des angrenzenden Klosters entworfen hatte. 1579 stand der wuchtige Baukörper, allerdings fehlte zu diesem Zeitpunkt noch das wirkungsvollste Bauelement, die Fassade. Diese wurde erst fast 20 Jahre nach Palladios Tod, aber exakt nach seinen Plänen ausgeführt. Hinter der monumentalen Tempelfassade mit den frei stehenden Skulpturen öffnet sich ein unglaublich heller, streng symmetrisch gegliederter Kirchenraum. Im ungewöhnlich lang gestreckten Chor prangt eine Bronzeskulptur von *Girolamo Campagna* über dem Hauptaltar. Sie stellt Gottvater auf der goldglänzenden Weltkugel dar, die von den vier Evangelisten wie eine Sänfte getragen wird. Dahinter verdient das kunstvoll geschnitzte Chorgestühl besondere Beachtung. Außerdem schmücken zwei Gemälde *Tintorettos* den Altarraum: die "Anbetung der Hirten" und ein "Abendmahl", das er erst kurz vor seinem Tod fertig stellte. Deutlich erkennbar hat sich Tintorettos dramatischer Pinselstrich in seinem Spätwerk beruhigt.

Durch den Kirchenraum gelangt man zum Aufzug des **Glockenturms,** der 1791 nach dem Vorbild des Campanile von San Marco neu errichtet wurde. In 70 m Höhe liegt einem Venedig und die Lagune förmlich zu Füßen.

Vaporetto: San Giorgio (Linie 82). Geöffnet: tägl. 9.30–12.30 Uhr und 14.30–18.30 Uhr. Eintritt: Campanile 2,58 €, Kirche frei.

Basilica del Redentore: *Andrea Palladios* zweiter großer Streich. Parallel zu den Arbeiten an San Giorgio Maggiore übernahm Palladio auch die Bauleitung bei der Erlöserbasilika. Dieser Sakralbau gilt als sein Meisterstück, obwohl er die Auflage hatte, sein klassisches Formengut gemäßigt einzusetzen. 1580, nach Palladios Tod, übernahm *Antonio da Ponte* die Leitung der Bauarbeiten, die 1592 abgeschlossen werden konnten. Die Fassadengestaltung mit den drei ineinander gestaffelten Tempelfronten, die Ähnlichkeit mit dem römischen Pantheon erkennen lässt, ist einfach genial. Sie war so geschickt konzipiert, dass der monumentale Kuppelbau sowohl von Ferne (Molo di San Marco) als Ganzes wahrgenommen werden konnte als auch vom gegenüberliegenden Fondamenta delle Zattere.

Andrea Palladios erster großer Streich: Chiesa San Giorgio Maggiore

Der Innenraum hat die Form eines lang gestreckten Saals ohne Querschiff, das hier nur angedeutet ist. Wie in San Giorgio Maggiore trennt ein großer Hochaltar mit einer Bronzeskulptur von *Girolamo Campagna* das Hauptschiff vom Chorraum. Die Altarbilder der insgesamt recht bescheiden ausgestatteten Kirche stammen von weniger namhaften Künstlern aus dem Umfeld Tintorettos und Veroneses.

Vaporetto: Redentore (Linie 82). Geöffnet: Mo–Sa 10–17 Uhr, So 13–17 Uhr. Eintritt: 1,55 € bzw. mit dem Chorus-Ticket (→ S. 120). **Festa del Redentore** → S. 56.

Praktische Infos

Essen und Trinken

Trattoria All'Altanella (3), herrlich gelegen, am breiten Rio del Ponte Longo. Lauschige Speiseterrasse. Das angenehme Lokal wird seit Generationen von derselben Familie bewirtschaftet und glänzt mit dem Charme der Jahrhundertwende. Bereits *Gabriele D'Annunzio* äußerte sein Wohlgefallen. Noch heute stimmen hier Atmosphäre, Küche und Preise. Ideal für einen ruhigen, stimmungsvollen Abend, aber leider kein Geheimtipp mehr. Primi 6,20–7,25 €, Secondi 12,90–13,95 €. Mo und Di Ruhetag. Calle delle Erbe, La Giudecca 268. ✆ 041/5227780.

Harry's Dolci (1), Ableger von Harry's legendärer Bar in San Marco (→ S. 123). Schöne Lage, am westlichen Ende der Uferpromenade von San Giorgio Maggiore. Das Lokal fungiert als Bar, Café und Ristorante gleichermaßen und bietet Spitzenqualität in allen Bereichen. Obere Preisklasse, aber das Publikum ist nicht ganz so elitär wie im Stammhaus. Di Ruhetag. Fondamenta San Biagio, La Giudecca 773. ✆ 041/5224844.

San Lazzaro degli Armeni: idyllische Klosterinsel in der Lagune

La Laguna veneta – die Lagune von Venedig

Wer lange genug durch Venedig gestreift ist und dieses einzigartige Stadtgefüge aus allen möglichen Perspektiven erlebt hat, wird seine Aufmerksamkeit garantiert irgendwann auf die Umgebung der Stadt richten – auf die Lagune von Venedig, die Laguna veneta. Diese amphibische Landschaft, halb aus Wasser, halb aus Land bestehend, bildet seit jeher Venedigs natürlichen Lebensraum.

Die Venezianer, die wie alle Städter in regelmäßigen Abständen ihren Stadtkoller kriegen, frequentieren die Inseln der Lagune wie ein Naherholungsgebiet, das ihnen einen bequemen Tapetenwechsel ermöglicht. Wenn ihnen die Sommerhitze zu Kopf steigt oder die vielen Wochenendtouristen auf den Wecker gehen, dann sind sie plötzlich reif für die Insel und flüchten einfach einen Tag lang. Die meisten zieht es zweifellos an die Sandstrände des **Lido di Venezia,** wo die gepflegten Strandbäder mit ihren endlosen Sonnenschirm- und Liegestuhlreihen ein paar erholsame Stunden versprechen und die schnurgeraden Uferwege zur ausgiebigen Radtour einladen. Andere werden einen Ausflug zur friedlichen Fischerinsel **Burano** vorziehen und bei der Gelegenheit auch gleich das halb verlassene **Torcello** besuchen, wo sich eine der ältesten und eindrucksvollsten Kirchen außerhalb des Stadtgebiets von Venedig befindet. Wer mehr Einsamkeit sucht, den zieht es hingegen auf die abgelegeneren Laguneninseln, etwa nach **Le Vignole** zum Picknick oder in einen

Karte S. 180

Lagune von Venedig

Gasthof auf **Sant'Erasmo** zum deftigen Mittagessen. Glücklicherweise entfaltet die Lagune von Venedig diese ihre Reize auch für Touristen, und wer sich auf eine Lagunenerkundung einlässt, wird von der Vielfalt der Möglichkeiten überrascht sein. In den folgenden Kapiteln werden hauptsächlich diejenigen Inseln näher beschrieben, die auch leicht auf eigene Faust mit dem *Vaporetto* zu erreichen sind.

Grob vereinfacht gleicht die *Laguna veneta* einem flachen, größtenteils brackigen Binnenmeer, das mit zahlreichen kleinen und großen *Isole* gespickt ist, und an dessen landseitigen Rändern sich eine Sumpf- und Wiesenlandschaft ausbreitet, die von mäandrierenden Wasserarmen und Kanälen durchbrochen wird. Drei *Porti* (Durchlässe) in den vorgelagerten *Lidi* (Sandbänken) sorgen dafür, dass frisches Meerwasser in die Lagune strömt. Das weitgehend seichte Lagunengewässer mit seinen ständig sich verändernden Untiefen ist nur dort schiffbar, wo ausreichend tiefe Kanäle und Wasserstraßen angelegt worden sind. Zum Teil handelt es dabei um ehemalige Flussläufe, die ständig von Schlick und Sand befreit werden müssen. Massive, mit Lampen bestückte *Palafitti* (Navigationspfähle) markieren die Fahrrinnen, durch die alle wichtigen Laguneninseln miteinander verbunden sind. Unterschieden wird zwischen der **nördlichen Lagune** und der **südlichen Lagune** (nördlich bzw. südlich von Venedig), wobei die touristisch interessanteren Inseln im nördlichen Teil liegen. Vom Sonnendeck der zum Teil doppelstöckigen Vaporetti, die ab dem Anleger *Fondamente Nuove* (Cannaregio) durch die nördliche Lagune kreuzen, kann man sich bequem einen Eindruck von der Beschaffenheit der amphibischen Lagunenlandschaft machen, ein kleines Fernglas ist dabei sehr nützlich.

Einst war die Lagune eine lebendige Naturlandschaft, die sich in der natürlichen Kampfzone von Festland und Meer frei entwickeln konnte. Doch seitdem sich der Mensch die *Laguna veneta* als Lebensraum ausgesucht hat, haben seine Eingriffe das Erscheinungsbild der Lagune in vielerlei Hinsicht verändert (→ S. 15). Ihre Inseln spielten im alten Venedig von Anfang an eine bedeutende Rolle, denn sie gaben den Venezianern die Möglichkeit, alles aus der Stadt zu verbannen, was sie hätte gefährden bzw. ihren Glanz hätte verdunkeln können. So verbrachte man die Kranken und die Irren schon früh auf eigens für sie reservierte Inseln. Außerdem gab es Quarantänestationen, auf denen Besatzung und Waren der aus Epidemiegebieten zurückgekehrten Handelsschiffe für eine bestimmte Zeit isoliert wurden. Die Inselnamen **Lazzaretto Vecchio** und **Lazzaretto Nuovo** deuten noch heute auf diese Funktionen hin. Auch die Toten bekamen mit **San Michele** eine eigene Insel, die übrigens immer noch als Friedhofsinsel fungiert. Sogar ein *Ossarium* (Ort für die wieder ausgegrabenen Gebeine) hatte sich die Serenissima bereits im 16. Jh. auf der kleinen Insel **Sant'Ariano** eingerichtet. Und um die Brandgefahr, die von den Brennöfen der venezianischen Glasbläser ausging, vollständig abzuwehren, erließ die Stadtregierung eine entsprechende Verfügung und wies der gesamten Zunft eine eigene Laguneninsel zu – die Glasbläserinsel **Murano,** auf der dieses renommierte Kunsthandwerk immer noch Konjunktur hat. Des Weiteren erfüllten vor allem die an den Lagunenöffnungen zum Meer gelegenen Inseln, in erster Linie der **Porto di Lido,** eine wichtige Verteidigungsfunktion. Zu militärischen Bollwerken ausgebaut, boten sie der Serenissima Schutz und verhinderten das Eindringen feindlicher Schiffe in die Lagune. Die verwitterten Ruinen der ehemaligen Befestigungsanlagen und Munitionslager sind heute nur mehr unscheinbare Zeugen der militärischen Stärke sowie der jahrhundertelangen Unverwundbarkeit Venedigs. Friedlich ging es hingegen auf denjenigemeinschaften bewohnt waren. Mit dem für die Mönche charakteristischen Talent zur Gestaltung idyllischer Refugien bildeten die einst zahlreichen Klosterinseln Oasen der Kontemplation inmitten der Lagune. Auf **San Francesco del Deserto** und **San Lazzaro degli Armeni** leben die Klosterbrüder nach wie vor in selbst gewählter Abgeschiedenheit – und man darf sie besuchen.

Außenposten: Leuchtturm am Porto di Malamocco

Doch in erster Linie dienten und dienen die Laguneninseln den Venezianern als landwirtschaftliche Nutzflächen. Bereits in ganz früher Zeit ist von Salzbauern die Rede, die hier *Saline* (Salzgärten) angelegt hatten und so die damals kostbare Handelsware erzeugten. Die Salzgewinnung wurde eingestellt, unentbehrlich für die Versorgung Venedigs sind hingegen die Obst- und Gemüseinseln geblieben, deren schmackhafte Produkte heute noch einen Großteil des Lebensmittelangebots auf dem städtischen Rialtomarkt ausmachen. Begehrt sind vor allem Artischocken und Spargel von **Sant'Erasmo,** der größten venezianischen Landwirtschaftsinsel. Von größter Bedeutung sind auch Fischzucht und Fischfang innerhalb der Lagune geblieben, obwohl die Verschmutzung der Lagunengewässer mit Industrieabwässern alarmierende Ausmaße erreicht hat. Während Umweltverbände einerseits warnen, dass bereits eine einzige aus der Lagune gefischte Venusmuschel zehnmal so viel Dioxin enthalten könne wie die maximal zugelassene Tagesdosis, wird andererseits munter weitergefischt – allerdings nur in den sauberen Bereichen der Lagune (wie es offiziell heißt). Angesichts der großen Fischkutterverbände von **Pellestrina,** die mit ihren Schaufeln am Bug riesige Muschelberge ernten, ist es beruhigend zu wissen, dass jeder Fang die Lebensmittelkontrolle passieren muss, bevor er in den Handel kommt. Aber was ist mit den vielen Privatfischern, die überall in der Lagune auf Jagd gehen? Zweifellos ist es ein pittoresker Anblick, wenn man in den Randgebieten der Lagune eine der traditionellen *Casoni* (Pfahlhütten) der Lagunenfischer erblickt bzw. Garnelen- und Aalfischer in ihren Booten sieht, doch mit der Gewissheit der schleichenden Lagunenvergiftung im Hinterkopf, verlieren solche Bilder ihren Reiz fast vollständig.

Bis zum Ende des 18. Jh., als die autonome Republik Venedig noch existierte, gab die Lagune ein geordnetes Gesamtbild ab. Die meisten Inseln waren dicht bevölkert, die *Murazzi* (Deiche) auf dem **Lido di Venezia** und auf **Pellestrina** erfüllten ihren Zweck, und das ökologische Gleichgewicht der Lagune war weitgehend ausbalanciert. Erst zur Zeit der französischen und österreichischen Besatzung, als die Verteidigungsanlagen auf den Inseln massiv ausgebaut wurden und die Lagunenbauern und -fischer in Scharen abwanderten, zeichnete sich eine Wende ab. Nach und nach verlassen, aufgegeben und vergessen, verwilderten viele Eilande oder wurden sogar von den Strömungen oder der Flut weggeschwemmt. Mehr und mehr eroberte sich die Natur die vernachlässigten Lagunengebiete zurück. Eine Tendenz, die bis heute anhält und vor allem die Naturschützer erfreut, die schon lange die Forderung stellen, die Lagune großflächig zum Naturschutzgebiet zu erklären, damit sich die Fauna und Flora des lagunaren Ökosystems ungestört entwickeln kann. Wie ein Teil der Lagune zukünftig aussehen könnte, veranschaulicht z.B. die kleine Naturoase im äußersten Süden von Pellestrina, die **Oasis Ca'Roman,** eine Dünenlandschaft mit typischer Ufervegetation und einigen Vogelkolonien. Bemerkenswert ist auch die verstärkte Ausbreitung der lagunentypischen *Barene* (Salzwiesen) im nördlichen Teil der Lagune, die wie Gras- und Schilfteppiche auf der Wasseroberfläche zu schwimmen scheinen. Außerdem haben Naturschützer das Entstehen einer neuen Laguneninsel vor Sant'Erasmo beobachtet – wenn das kein gutes Zeichen ist.

Letzte Ruhestätte – San Michelle, die Friedhofsinsel der Venezianer

Die nördlichen Laguneninseln

L'Isola di San Michele

Venedigs Friedhofsinsel liegt nur einen Katzensprung von der Anlegestelle Fondamente Nuove entfernt. Von dort aus betrachtet, erscheint die ziegelsteinummauerte und zypressenbestandene Toteninsel wie ein melancholisch stimmendes Landschaftsgemälde, das im morgendlichen Dunst der Lagune bisweilen sogar die geheimnisvolle Ausstrahlung einer Halluzination hat.

Bevor San Michele Anfang des 19. Jh. zum *Cimitero urbano* wurde, bestatteten die Venezianer ihre Toten in den Gärten der zahlreichen Kirchen der Stadt. Heute wäre auch die Bestattungskapazität von San Michele längst erschöpft, würde man nicht einen Großteil der Toten nach zehn Jahren wieder ausgraben und aufs Festland ausquartieren. Dauerhaftes Ruherecht genießen lediglich die berühmten venezianischen Familien in ihren monumentalen Mausoleen sowie einige ausländische Prominente wie *Igor Strawinski, Sergei Diaghilew, Ezra Pound* u. a. Seit 1996 gehört auch der russische Dichter und Venedigliebhaber *Joseph Brodsky* dazu. Mittlerweile hat der Anblick von blumengeschmückten Trauergondeln Seltenheitswert in Venedig, doch einige traditionsbewusste Venezianer lassen es sich nicht nehmen und verfügen testamentarisch eine letzte Gondelfahrt, um ihr Leben feierlich zu beschließen. Ein Besuch der Gräberfelder von San Michele lohnt sich vor allem an **Allerheiligen (Ognissanti),** an diesem Totengedenktag herrscht hier mehr Gedränge als auf dem Markusplatz. Ununterbrochen setzten mit Blumengestecken und Picknickutensilien bepackte Menschen mit den an diesem Tag im 5-Mi-

Karte S. 180

Muranos Basilika zeigt romanisch-byzantinische Formen

nuten-Takt verkehrenden *Vaporetti* über und verwandeln die ansonsten ruhige und friedliche Toteninsel in einen Ort würdevoller Heiterkeit.

Doch die eigentliche Attraktion von San Michele ist die **Chiesa San Michele in Isola**. Bei diesem eleganten Bau von *Mauro Coducci* handelt es sich um die erste Renaissancekirche Venedigs (1469–1471). Erstmals fand hier istrischer Kalkstein bei der Gestaltung einer venezianischen Kirchenfassade Verwendung. Neben der Fassade und dem wohlproportionierten Glockenturm stellt die angrenzende **Cappella Emiliana** (Renaissancebau von 1530) einen weiteren Blickfang dar. Der angrenzende gotische *Kreuzgang,* über den man auf den Friedhof gelangt, stammt noch vom *Kamaldulenserkloster,* das sich hier bis zur Friedhofsgründung befand.

Verbindungen: Vaporetto Nr. 41/42 ab Fondamente Nuove. *Öffnungszeiten:* Die Friedhofsinsel ist tägl. von 8 Uhr bis Sonnenuntergang zugänglich. Verpflegung nicht vergessen!

L'Isola di Murano

(ca. 7.000 Einw.)

Die kleine Inselstadt, die auf neun Laguneninseln errichtet worden ist, wirkt mit ihren Kanälen, Brücken, Gassen und Häusern wie eine provinzielle Miniaturausgabe von Venedig. Seit dem Mittelalter wird hier die Kunst der Glasherstellung ausgeübt.

Bei der Glasindustrie von Murano handelt es sich um den einzigen großen Produktionszweig der alten Republik Venedig, der sich bis heute gehalten hat und zeitgemäß weiterentwickelt wurde. Nach wie vor bestimmen die *Fornaci* (Glashütten) und Ateliers der zahlreichen Glasbläser das Gesamtbild der Inselstadt, und im Glasmuseum **Museo del vetro** (s. u.) kann man sich einen allgemeinen Überblick über die interessante Geschichte der örtlichen Glasherstellung verschaffen.

Murano – Synonym für venezianische Glaskunst

Bereits im 10. Jh. war die Glasherstellung nach orientalischem Vorbild in Venedig bekannt. Nach der Eroberung Konstantinopels (1204) brachten Glasbläser aus Konstantinopel ihr Know-how nach Venedig und legten damit den Grundstein für ein florierendes Handwerk, das schon 1224 eine eigene Zunft bildete. Einen verheerenden Stadtbrand nahm die Regierung 1291 zum Anlass, alle Glashütten und damit die gesamte Glasindustrie nach Murano zu verlegen. Bald darauf avancierte Murano zum größten europäischen Zentrum der Glasherstellung, das von der Regierung streng überwacht wurde. Die *Soffiatori del vetro,* die ebenso wie die Werftarbeiter als Geheimnisträger galten, genossen einerseits Privilegien, durften andererseits Murano aber nicht verlassen. Produziert wurden damals vorwiegend Gebrauchsgegenstände wie Flaschen, Gläser, Schalen, Spiegel und Brillengläser, die in orientalischen Ländern sowie im nördlichen Europa guten Absatz fanden. Vor allem die kunstvoll gearbeiteten venezianischen Spiegel erfreuten sich größter Beliebtheit.
Einen bahnbrechenden Entwicklungsschritt stellte die von *Angelo Barovier* Mitte des 15. Jh. erfundene Methode zur Herstellung besonders reinen Glases dar, das aufgrund seiner Eigenschaften *Cristallo* genannt wurde. Nach der Barovier-Methode – ein Name, der heute noch für hochwertige venezianische Glaskunst steht – ließ sich erstmals blasenfreies, nahezu kristallklares Glas erzeugen. Aber nicht nur hohe Transparenz, sondern auch schrille Farbigkeit und filigrane Verzierungen gehörten zu den besonderen Kennzeichen der Glasarbeiten aus Murano. Mehrfarbige Glasarten wie das *Chalzedon* wurden erfunden, durch Beimischung von Metalloxyden konnten so gut wie alle Farbtöne erzielt werden. Eine gängige Verzierungstechnik war das Aufschmelzen von farbigem Email und Blattgold. Einen regelrechten Hit landeten die innovativen Glasmacher aus Murano mit der Erfindung des Milchglases *(Lattimo),* das sich gut zur Nachahmung des begehrten chinesischen Porzellans eignete. Eis- und Netzglas waren weitere raffinierte Kreationen.

Im 16. und 17. Jh., als die venezianische Glasindustrie nahezu konkurrenzlos boomte, gelang es der Regierung letztlich nicht mehr, die Geheimnisse der erfolgreichen Glasproduktion zu hüten. Immer mehr Glasmacher gingen auf die lukrativen Angebote ausländischer Glashütten ein und wanderten trotz drohender Todesstrafe ab, um ihre Kenntnisse im Ausland zu vermarkten. Bald darauf wurde in halb Europa "à la façon de Venise" produziert, und Venedig hatte seine Monopolstellung verloren. Im 18. Jh., als das böhmische Kristallglas den Markt plötzlich beherrschte, wurden die Venezianer selbst zu Plagiatoren, indem sie versuchten, böhmische Glasschleiferei nachzuahmen.
Der Niedergang der Republik 1797 und die Auflösung der Zunft führten dann zum vorläufigen Stillstand der venezianischen Glasproduktion. Die ersten Anzeichen einer erfolgreichen Wiederbelebung zeichneten sich Mitte des 19. Jh. ab, als die Nachfahren alter Glasbläserfamilien wie *Barovier* und *Toso* ihre Betriebe wieder öffneten und *Antonio Salviati* seine stilbildende Glashütte gründete. Zum Erfolgsrezept der neuen Glasindustrie von Murano gehörte in erster Linie die Fortentwicklung der traditionsreichen venezianischen Techniken, die bald zur Erfindung gänzlich neuer Glasgewebe und -mischungen führte. Die Experimente internationaler Künstler und Designer im Rahmen

der Kunst-Biennale trugen hingegen dazu bei, das hochwertige Glasobjekte aus Murano den Weg in die Kunstgalerien fanden. Andererseits führte der Massentourismus und der damit verbundene Bedarf an Souvenirartikeln zu einer Belebung des weniger anspruchsvollen Teils der Glasbranche. Heute arbeiten rund 100 kleine und große Glashütten auf der Insel. – Aber Vorsicht, längst nicht alles, was als echtes Muranoglas verkauft wird, stammt auch tatsächlich von der Insel.

Zur Zeit der Republik beschränkte sich die Bedeutung Muranos keineswegs nur auf die Glasproduktion, auch als Sommerresidenz des Adels und wegen der hübsch angelegten Lustgärten erfreute sich die Glasbläserinsel, die im 16. Jh. ca. 30.000 Einwohner zählte, großer Beliebtheit. Sogar von literarischen Salons ist die Rede, und die einst 17 Kirchen zeugten von Wohlstand und Kunstsinn. Doch im Schatten der großen Serenissima haftete Murano stets auch ein Hauch von Provinzialität an, der die Insel heute vielleicht mehr denn je kennzeichnet. In Murano regiert ein relativ grauer kleinstädtischer Alltag, dem nur das vielfarbige Funkeln der allgegenwärtigen Glasprodukte etwas Glanz verleiht.

Verbindungen: mit dem Vaporetto Nr. 41/42 sowie 12 und 13 ab Fondamente Nuove.

Sehenswertes auf Murano

Die mit Abstand billigste Art, nach Murano zu kommen, ist die Teilnahme an einer der kostenlosen Überfahrten, die unweigerlich in den Ausstellungsräumen der örtlichen Glasindustrie enden (ab Molo di San Marco). Doch diese Variante dürfte nur eingefleischte Fans von Butterfahrten und vergleichbaren Einkaufsfahrten reizen. Üblich ist die Anreise mit dem öffentlichen Wasserbus, wobei man bereits an der ersten Anlegestelle *(Colonna)* aussteigen sollte.

Der anschließende Uferweg **Fondamenta dei Vetrai** sorgt dann sofort für einen gebührenden Empfang. Hier sind sie nämlich fast alle vertreten, die großen *(Barovier & Toso, Venini* etc.) und kleinen Glaskünstler mit ihren klassischen Vasen, Kelchen, Pokalen, Lampen, Lüstern, Perlen, den verspielten Buntglasobjekten und dekorativen Minifiguren. Wer Interesse zeigt, der hat viel zu tun, ansonsten hat man schnell die **Chiesa San Pietro Martire** aus dem 15. Jh. erreicht. Sie beherbergt ein Hauptwerk *Giovanni Bellinis* von 1488, das Altarbild im rechten Seitenschiff, das die thronende Madonna mit dem Hl. Markus und dem Dogen Agostino Barbarigo zeigt. Bei dem benachbarten **Palazzo da Mula,** in dem sich heute eine Glaswerkstatt befindet, handelt es sich um einen der wenigen prunkvollen Palazzi Muranos, dessen spätgotische Fassade ganz der venezianischen Architektur des frühen 15. Jh. entspricht.

Auf einer Holzbrücke überquert man den Hauptkanal von Murano, den *Canale degli Angeli.* Er teilt das Städtchen in zwei Hälften und wird von den Einheimischen gerne als ihr Canal Grande bezeichnet. Kleinere Kanäle gibt es hingegen kaum noch, obwohl Murano einst mehr Kanäle als Gassen gehabt haben soll.

Unverkennbar ragt jetzt am Ufer der *Palazzo Giustinian* aus dem 17. Jh. auf (beschildert), der das **Museo del vetro** bzw. **Museo dell'Arte Vetraria** beherbergt. Dieses ausgesprochene Liebhabermuseum, das 1861 im Zuge der Wiederbelebung der örtlichen Glasindustrie gegründet wurde, erstreckt sich auf

zwei Ebenen und hat an die 4.000 Exponate zu bieten. Im kleinen Untergeschoss sind antike Glasarbeiten (Originale und Repliken) zu sehen, die ältesten Stücke stammen aus dem 1. Jh. Das obere Stockwerk ist der Glaskunst des 15.–20. Jh. gewidmet, wobei auch die Konkurrenz Muranos nicht zu kurz kommt. Der blaue Hochzeitspokal aus der Glasmanufaktur Barovier ist ein Highlight aus den Anfängen der hiesigen Glasproduktion, er wurde 1470 angefertigt. Außerdem werden verschiedene Herstellungsverfahren mit Bild- und Texttafeln erläutert.

Geöffnet: tägl. (außer Mi), 1. April bis 31. Okt. 10–17 Uhr, sonst 10–16 Uhr, Fondamenta Giustinian 8. Eintritt: 4,13 €, erm. 2,58 € bzw. mit dem Sammelticket (→ Palazzo Ducale → S.96).

Gleich neben dem Glasmuseum öffnet sich der Hauptplatz von Murano, der *Campo San Donato,* der größtenteils vom Backsteinbau der **Basilica Santi Maria e Donato** eingenommen wird. Die bis ins 7. Jh. zurückreichende Baugeschichte der ehemaligen Kathedrale der Bischöfe von Torcello und Murano belegt, dass das Inselstädtchen um einiges älter ist als Venedig selbst. Der dreischiffige Kirchenbau, der 1140 fertiggestellt und später barockisiert worden ist, erhielt seine romanisch-byzantinischen Grundformen im 19. Jh. zurück. Besonders markant ist die an der Außenseite mit zweistöckigen Arkaden gegliederte Apsis. Im Innern fasziniert der kunstvoll gearbeitete Mosaikfußboden aus dem 12. Jh., der sich wie ein orientalischer Teppich ausbreitet. Kunstgeschichtlich bedeutend ist auch das goldglänzende Apsismosaik mit der betenden Maria, der die Kirche anfangs alleine geweiht war. Als venezianische Kreuzfahrer dann die Gebeine des Hl. Donatus nach Venedig brachten, bekam die Gottesmutter Gesellschaft. Bei der Altarikone des Heiligen von 1310 handelt es sich um eines der frühesten Werke der venezianischen Malerei.

Geöffnet: tägl. 9–12 und 16–18 Uhr, Eintritt frei.

Übernachten/Essen und Trinken

Die Gastronomie auf Murano ist voll und ganz auf Tagestouristen eingestellt, d. h. nahezu alle Restaurants bieten einen ausgedehnten Mittagstisch und schließen gegen Abend.

Übernachten: Al Soffiador (2), kleine freundliche Pension in der Nähe des Leuchtturms. 9 einfache, saubere Zimmer mit Bad. DZ 77,50 € inkl. Frühstück. Ganzjährig geöffnet. Das angeschlossene, gleichnamige **Ristorante** hat nur mittags geöffnet. Murano, Bressagio 10/11, ✆ /℻ 041/739430.

Busa alla Torre (1), Tipp! Die rustikale Trattoria befindet sich im angeblich ältesten Haus von Murano. Serviert werden vorwiegend Fischgerichte, zwei Spezialitäten des Hauses sind die *Bavette alla busara* sowie *Moleche in saor* (Meereskrebse). Tische im Freien, nur mittags geöffnet, preislich im Rahmen. Campo Santo Stefano 3, am oberen Ende des Uferwegs Fondamenta dei Vetrai. ✆ 041/739662, kein Ruhetag.

L'Isola di Burano

(ca. 5.000 Einw.)

Friedliche Fischerinsel mit knallbunt gestrichenen Häusern und sympathischen Bewohnern. Auf dem Sonnendeck des doppelstöckigen Vaporetto erkennt man den farbenfrohen Häuserkranz von Burano schon früh, denn er sticht wie ein buntes Lichtsignal aus der monotonen Lagunenlandschaft hervor.

Aus der Nähe betrachtet fehlt wirklich kein Farbton. Himmelblau, Lindgrün, Blutrot, Kürbisgelb, jede Hausfassade leuchtet in einer anderen Farbe, so dass die ebenfalls bunt gestrichenen Fischerboote, die in den Kanälen von Burano dümpeln, kaum auffallen. Warum hier alles so schön bunt ist, das weiß keiner so recht zu sagen – aber die Wirkung bleibt nicht aus: Buranos zügellose Farbenpracht hebt die Stimmung und stimmt auch leicht gestresste Venedigurlauber heiter.

Im 16. und 17. Jh. nahm Burano im edlen venezianischen **Stoff- und Spitzengewerbe** eine wichtige Rolle ein, denn hier wurden besonders wertvolle *Merletti* (Spitzen) gestickt, und zwar mit dem hier erfundenen Luftstich, dem *Punto in aria.* Die kostbaren Spitzen aus Burano gehörten seinerzeit zu den begehrtesten und teuersten Kunsthandwerksprodukten dieser Art. Es heißt, zehn Stickerinnen, alle auf unterschiedliche Stiche spezialisiert, brauchten an die drei Jahre, um eine einzige Tischdecke herzustellen. Kein Wunder, dass die Preise exorbitant hoch und die Löhne ausbeuterisch niedrig waren. Mit dem Niedergang der Republik Venedig endete auch die kommerzielle Spitzenproduktion Buranos. Abgesehen von einer kurzfristigen Wiederbelebung zu Beginn des 20. Jh., als sieben Manufakturen ca. 5.000 Stickerinnen beschäftigten, ist es ausschließlich der 1872 gegründeten Spitzenschule *Scuola del Merletto* zu verdanken, dass die Kunst des *Punto in aria* nicht vollständig in Vergessenheit geraten ist.

In Anbetracht der Tatsache, dass heute nur noch wenige Spitzenstickerinnen die traditionelle Luftstichmethode beherrschen, erklärt es sich fast von alleine, dass die vielen Spitzenstickereien, die in Buranos Souvenirläden angeboten werden, keine heimische Handarbeit sein können. Was übrigens auch niemand behauptet, sogar das Fremdenverkehrsamt gesteht, dass es sich bei der heutigen Burano-Spitze zumeist um Industrieware aus Fernost handelt. Wer also wegen des traditionellen Kunsthandwerks nach Burano kommt, der muss schon mit dem Museum der Scuola del Merletto (s. u.) vorlieb nehmen.

Verbindung: Vaporetto Nr. 12 ab Fondamente Nuove.

Die Bevölkerung von Burano mag's bunt

Sehenswertes auf Burano

Ansonsten lohnt sich ein ausgiebiger Inselspaziergang entlang der schmalen Kanäle und Uferwege, wo immer noch Fischer ihrer Arbeit nachgehen. Fast zwangsläufig kommt man auch am bedrohlich schief stehenden Glockenturm der **Chiesa San Martino** vorbei, in der ein frühes Kreuzigungsgemälde des venezianischen Meisters *Giovanni Battista Tiepolo* hängt. Enden sollte ein Burano-Bummel auf dem lebhaften Hauptplatz, der **Piazza Baldassare Galuppi** (*Galuppi* war ein 1706 auf Burano geborener Komponist und gilt als einer der wichtigsten Vertreter der *Opera buffa*). Vor allem in den späten Nachmittagsstunden flanieren hier noch gern die Einheimischen. Den einzigen architektonischen Blickfang inmitten der bunten Inselhäuser bildet hier der gotische **Palazzo del Podestà,** in dem die Spitzenschule samt **Museo del Merletto** untergebracht ist: Dieses Museum der örtlichen Spitzenkunst prunkt mit

feinsten Spitzenstickereien aus verschiedenen Jahrhunderten.

Geöffnet: tägl. (außer Di), 1. April bis 31. Okt. 10–17 Uhr, sonst 10–16 Uhr,. Eintritt 4,13 €, erm. 2,58 € bzw. mit dem Sammelticket (→ Palazzo Ducale, S. 96).

Burano ist durch eine Fußgängerbrücke mit der benachbarten **Isola di Mazzorbo** verbunden, einer im Gegensatz zum heiter-bunten Burano ziemlich gesichtslosen Insel: eine triste Häuserreihe am Kanalufer, ein paar verstreute Häuser, Gemüsegärten, ein Fußballplatz, der Friedhof von Burano, und am hinteren Ende dann die verwitterte **Chiesa Santa Caterina** (14. Jh.) mit ihrem anmutigen gotischen Glockenturm von 1318, dessen Glocke zu den ältesten Kirchenglocken Europas zählt.

Essen und Trinken/ Übernachten

Trattoria Da Primo (3), alteingesessenes Fischrestaurant, zwei schlichte, aber gemütliche Speiseräume. Die etwas aufdringliche Art der Wirtin, vor der Tür auf Kundenfang zu gehen, sollte niemanden abschrecken, denn hier stimmt das Preis-Qualitäts-Verhältnis. Leckere Meeresantipasti, tägl. wechselnde Primi, alles frisch und schmackhaft zubereitet. Antipasti 7,75–11,35 €, Primi 4,15–7,25 €, Secondi 9,30–12,90 €. Hier gehen auch Einheimische gerne essen. Piazza Galuppi 285, ✆ 041/735550, Mo Ruhetag.

Trattoria Da Romano (4), Fischrestaurant mit 20er-Jahre-Charme, großer festlicher Speisesaal mit Marmorsäulen und Spiegelglas. Ehemaliges Künstlerlokal, über und über mit Kunstwerken dekoriert, die noch aus den 20er Jahren stammen, als sich auf Burano eine kleine internationale Künstlerkolonie niedergelassen hatte. Gute Fischküche, aber recht teuer, und außerdem stark von Reisegruppen frequentiert. Antipasti 6,20–13,40 €, Primi 6,20–9,30 €, Secondi 10,30–15 €. Piazza Galuppi 221, ✆ 041/730030, Di Ruhetag.

Trattoria Ai Cacciatori (1), beliebtes Ausflugsrestaurant auf *Mazzorbo,* großer rustikaler Speisesaal. Angeboten werden 5 reichhaltige Fischmenüs (20,50–51,50 € inkl. Wein, Wasser und Caffè). Am Kanalufer von Mazzorbo, nur mittags geöffnet, ✆ 041/730118, Mo Ruhetag.

Locanda Raspo de Ua (2), kleine Pension auf Burano, in einem der typischen bunten Inselhäuser an der Hauptpiazza, mit gleichnamigem Restaurant. DZ ca. 45 € inkl. Frühstück. Piazza Galuppi, Burano 560. ✆ 041/730095.

Entvölkerte sich im Mittelalter auf rätselhafte Weise: Torcello

L'Isola di Torcello

Karte S. 180

Auf verschlungenen Wasserarmen vorbei an Mazzorbo und Burano nähert man sich per Vaporetto der abgeschiedenen Laguneninsel, die auf den ersten Blick menschenleer und verwildert erscheint. Versumpfte Ufer, üppige Vegetation, alles deutet auf eine unberührte Lagunenoase hin, wäre da nicht der weithin sichtbare Kirchenkomplex.

Diese halb wilde Laguneninsel gilt als die Vorgängerin Venedigs, als der Ort, an dem die Lagunenbesiedlung ihren Anfang nahm. In der ersten Hälfte des 7. Jh. hatte Torcello bereits einen festen Siedlungskern, und der Grundstein für den Bau der Basilika war bereits gelegt. Auf dem wirtschaftlichen und kulturellen Höhepunkt befand sich die **Bischofsstadt** Torcello im 12. Jh., als sie über 20.000 Einwohner zählte, über eine eigene Gerichtsbarkeit verfügte

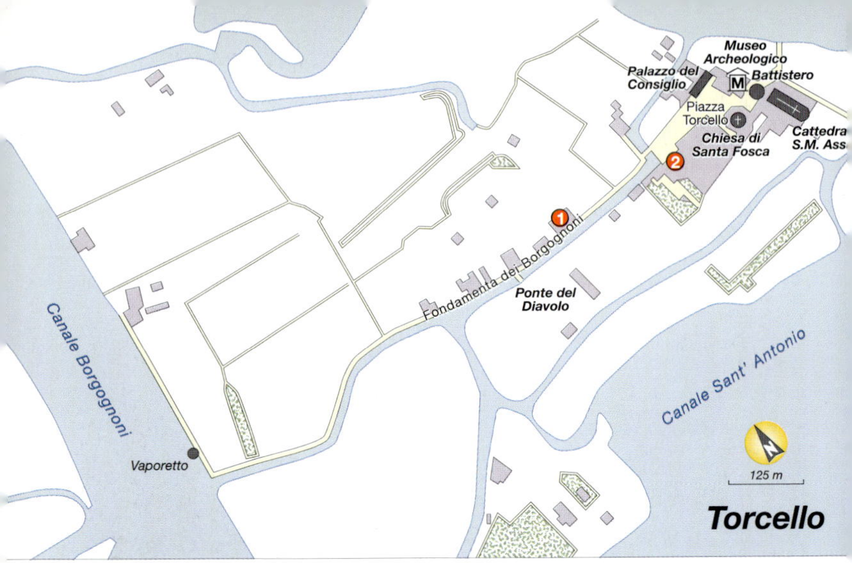

und sich durch blühende Handelsaktivitäten auszeichnete. Ob Venedig diesen starken und eigenständigen Nachbarn als Konkurrenz empfand, und weshalb sich Torcello plötzlich entvölkerte und so komplett bedeutungslos wurde, ist ein Rätsel der Geschichte geblieben. Nichts deutet auf eine gewaltsame Niederwerfung hin, während einiges für eine Naturkatastrophe spricht: Der Fluss *Sile* soll die Stadt überschwemmt und weitgehend zerstört haben. Überreste der alten Stadtanlage gibt es heute jedenfalls keine mehr, von denen man auf die einstige Größe Torcellos schließen könnte, geblieben ist lediglich das religiöse Zentrum der Insel mit den beiden romanisch-byzantinischen Gotteshäusern **Basilica Santa Maria Assunta** und **Chiesa Santa Fosca** (s. u.).

Auf Torcello leben heute ein paar Dutzend Menschen, zumeist Bauern, aber auch einige stadtflüchtige, naturverbundene Künstler. Von der Anlegestelle, parallel zum einzigen schiffbaren Kanal der Insel, führt ein gepflasterter Treidelweg ins hochmittelalterliche Zentrum von Torcello, vorbei an der flachen, steinernen **Ponte del diavolo** (Teufelsbrücke) und den beiden einladenden Landgasthöfen (s. u.).

Die Bewegungsfreiheit auf Torcello ist sehr begrenzt. Privatbesitz einerseits und die Unwegsamkeit des Geländes andererseits, bieten keine Möglichkeiten, die Insel frei zu erkunden. Die beste Gelegenheit, um sich eine Vorstellung von der Beschaffenheit der Insel zu machen, bietet die große Freifläche hinter dem Kirchenkomplex, wo sich Wasserwege kreuzen und sich eine lagunentypische Vegetation ausbreitet.

Verbindung: Vaporetto Nr. 12 ab Fondamente Nuove.

Sehenswertes auf Torcello

Der Kirchen- und Museumskomplex an der Piazza di Torcello setzt sich aus der Kuppelkirche Santa Fosca, der hoch aufragenden Basilica Santa Maria Assunta, dem begehbaren Campanile sowie den beiden angrenzenden Museumspalazzi zusammen. Der ungepflasterte Vorplatz und die dem Museum angeschlossenen Gärten sind über und über mit archäologischen Fundstücken aus dem örtlichen Ausgrabungsfeld dekoriert.

Chiesa Santa Fosca: perfekt proportionierter Kuppelbau aus dem 11. Jh. mit zierlichem Säulenportikus vor dem Eingang und einer typisch byzantinischen Raumaufteilung. Das Innere ist nahezu schmucklos, was seine außergewöhnlich harmonische Raumwirkung noch betont. Ein seitlicher Arkadengang führt zur angrenzenden Basilika, der eigentlichen Attraktion von Torcello.

Basilica Santa Maria Assunta: Die dreischiffige Säulenbasilika wurde Anfang des 11. Jh. errichtet. Ihr Vorgängerbau von 639 gilt als der älteste Sakralbau in der *Laguna veneta*. Bereits im 9. Jh. fanden wesentliche bauliche Veränderungen statt, aber ihre heutige Form erhielt die symbolträchtige und stilbildende Basilika im Jahr 1008, als der Bischof von Torcello das Hauptschiff erhöhen ließ, die Seitenapsiden hinzugefügt wurden und der gesamte Chorraum neu gestaltet und dekoriert wurde.

Den größter kunsthistorischen Wert besitzen die im 11. und 12. Jh. entstandenen byzantinischen Goldmosaiken, die in ihrer Machart und Qualität mit denen der Markuskirche vergleichbar sind. Im Halbrund der Hauptapsis prunkt die Darstellung der Gottesmutter mit den unter ihr aufgereihten 12 Aposteln. Die Apostel, so lautet eine Interpretation, schreiten über mohnbedeckte *Barene* (Salzwiesen)), die typisch für die hiesige Lagunenlandschaft sind. Das kleine Mosaik unter dem Apsisfenster stellt den Bischof von Torcello dar, der den Umbau der Basilika veranlasste. Im unteren Chorraum, in der Mitte der stufenförmigen Priesterbank fehlt der Bischofsstuhl; er befindet sich draußen auf der Piazza di Torcello und genießt als der **Steinerne Thron Attilas** große Aufmerksamkeit.

Marmorne Chorschranken (11. Jh.) begrenzen das Presbyterium; sie zeigen kunstvoll gearbeitete Tierdarstellungen (Löwen, Pfauen) im byzantinischen Stil. Die Ikonostase aus dem 15. Jh. darüber stellt erneut die Gottesmutter mit den Aposteln dar. Das große Holzkruzifix auf dem Querbalken stammt ebenfalls aus dem 15. Jh.

Torcello: Mittelalter Säulenwald

Wendet man seinen Blick in die entgegengesetzte Richtung, erblickt man das wandfüllende **Weltgerichtsmosaik** in voller Größe. Die in sog. Bänder unterteilte Darstellungen wirken äußerst lebendig und drücken die Vorstellungen aus, die man im 11./12. Jh. vom Untergang der Menschheit und dem endzeitlichen Gerichtsakt hatte. Aus dem Christus-Medaillon in der Mitte tritt ein glühender Feuerstrom, der die Flammen der Hölle speist. In den Höllen-Bändern erkennt man die Todsünden in Form der Unkeuschen, der Gierigen, die sich in die Hände beißen, der Zornigen, die ins Wasser getaucht werden, um ihre Wut zu kühlen, der Neidvollen, aus deren Totenköpfen Schlangen hervortreten, der Geizigen als Menschen aller Rassen, deren Köpfe reich geschmückt sind, und der Trägen. Die siebte Todsünde stellt die Hochmütigen dar, die mit Lanzen in die Flammen getrieben werden, daneben thront Hades mit dem Antichrist auf dem Schoß.

Campanile: Der frei stehende Glockenturm der Basilika, der seine Spitze im 17. Jh. einbüßte, als sie vom Blitz getroffen wurde, darf seit kurzem betreten werden. An klaren Tagen ergibt sich ein unvergleichlicher Lagunenblick, an trüben Tagen erkennt man hingegen kaum die bunten Häuser von Burano.

Museo dell'Estuario: Das Museum in den beiden Nebengebäuden des Kirchenkomplexes ist mit zahlreichen Ausgrabungsfunden bestückt, darunter befinden sich Fragmente von Kapitellen, Steinreliefs, Amphoren, Büsten, Statuetten, Metallgegenstände und kunstvolle Keramikarbeiten. Da die ältesten Stücke aus dem 1. Jh. v. Chr. stammen, wird vermutet, dass Torcello bereits in römischer Zeit bewohnt war.

Kirchen- und Museumskomplex: geöffnet tägl. von 10.30 bis 17.30 Uhr. Eintritt: Santa Fosca frei, Basilika 2,58 € (inkl. Audioführer, auch auf Deutsch), Campanile 2,07 €, Museum 1,55 €, Gesamtticket 5,16 €.

Essen und Trinken/Übernachten

Al Trono di Attila (1), großer Landgasthof mit lauschigem Garten. Schnörkellose Fischküche zu akzeptablen Preisen (Primi 5,20–7,75 €, Secondi 9,80–12,90 €). Eine Primo-Spezialität sind die *Gnocchetti con Rucola e Scampi*. Fondamenta Borgognoni 7, ✆ 041/730094. Nur mittags geöffnet, Mo Ruhetag (Feb.–Okt. kein Ruhetag).

Locanda Cipriani (2), die ländliche Dependenz des Luxushotels Cipriani von La Giudecca (→ S. 175). Das vornehme Restaurant steht nicht nur Hotelgästen zur Verfügung; gehobene Küche, teuer. Unübersehbar am Ende des Treidelwegs gelegen, mittags und abends geöffnet, Di Ruhetag, Nov. bis März geschlossen, ✆ 041/730150.

L'Isola di Sant'Erasmo (ca. 800 Einw.)

Keine andere Laguneninsel ist so ausgeprägt ländlich und bäuerlich wie Sant'Erasmo. Wie ein riesiger Bauerngarten erstreckt sich die größte der nördlichen Laguneninseln – 4 km lang und max. 600 m breit – unweit des Porto di Lido.

Vor ungefähr zwei Jahrhunderten bildete die dem Meer zugewandte Seite von Sant'Erasmo selbst noch einen Lido so wie die Spitze der Halbinsel von Cavallino heute. Erst seitdem die Hafeneinfahrt (Porto di Lido) auf ihre jetzige Breite begrenzt wurde, gehört Sant'Erasmo ganz zum Innenbereich der Lagune. Geblieben sind lediglich einige Sanddünen sowie der gerade Verlauf des Ufers.

Jahrhundertelang war Sant'Erasmo die **Gemüseinsel** Venedigs, und noch heute gehören die Lebensmittel aus den Inselgärten zur begehrtesten Ware auf dem städtischen Rialtomarkt. Gezogen werden vor allem Artischocken, Spargel, Auberginen, Tomaten, Salate und Küchenkräuter, wobei zum Teil mehrere Ernten im Jahr möglich sind. Außerdem ist der **Inselwein** ein echter Genuss. Verkosten kann man ihn z. B. am ersten Sonntag im Oktober, wenn das örtliche Weinfest **Festa del mosto** gefeiert wird.

Aber ein Tagesausflug nach Sant'Erasmo ist das ganze Jahr über lohnenswert. Auf langen Spaziergängen, besser noch mit dem Leihfahrrad, kann man die Insel ausgiebig erkunden. Die wenigen Autos der Einheimischen, die auf den holprigen Sand- und Asphaltwegen

verkehren, stören dabei kaum. Eines der interessantesten Ziele liegt an der Südostspitze, es handelt sich um den **Torre Massimiliana,** einen nahezu vollständig erhaltenen Wehrturm, den die Österreicher 1832 errichtete. An dieser Stelle befand sich früher die Festung von Sant'Erasmo, die zum meerseitigen Verteidigungssystem der Republik Venedig gehörte. Unmittelbar hinter dem Wehrturm, der nach dem österreichischen Erzherzog Ferdinand Maximilian benannt wurde, erstreckt sich der Sandstrand von Sant'Erasmo (baden nicht ratsam, obwohl es einige Einheimische tun). Die *Strandbar/Pizzeria Tedeschi* lädt hingegen zum Verweilen ein.

Von hier aus führt die schnurgerade Uferstraße zu den weitläufigen *Barene* (Salzwiesen) der Nordspitze, vorbei an endlosen Gemüsegärten und einigen wieder in Betrieb genommenen *Valli* (Fischteichen). An der *Punta Vela,* oberen Anlegestelle des Vaporetto, ergibt sich der schönste Blick auf die kleine *Klosterinsel San Francesco del Deserto,* die zum Greifen nah erscheint, aber dennoch nur über Umwege zu erreichen ist (→ S. 197).

Das dörfliche Zentrum von Sant'Erasmo liegt an der mittleren Anlegestelle *(Chiesa),* wo sich auch die kleine, schmucklose Inselkirche erhebt. Von dieser unspektakulären Dorfidylle scheint Venedig Lichtjahre entfernt zu sein – unwirklich weit weg.

Verbindungen: Vaporetto Nr. 13 ab Fondamente Nuove.

Fahrradverleih/Essen und Trinken/Übernachten

Fahrräder, an der Vaporetto-Anlegestelle *Chiesa,* im Sommer tägl., ansonsten nur an Wochenenden, Radmiete 7,75 € halber Tag.

Il Lato azzurro (1), Tipp! Landherberge, die eigentlich den Status eines Agriturismo-Hofes verdient, ihn aber aufgrund geringer landwirtschaftlicher Aktivitäten nicht erhält. Der große haziendaartige Bau liegt im äußersten Süden von Sant' Erasmo, unweit des Torre Massimiliana. Übernachtet wird in Zimmern mit 1–4 Betten, gewählt werden kann zwischen Übernachtung mit Frühstück, Halb- und Vollpension. EZ 36,15 €, DZ 23,25 € pro Pers., Frühstück 2,58 €, Abendessen 12,90 €. Inselexkursionen mit Fahrrädern und Kajaks werden angeboten. Da das Haus von einer Stiftung geführt wird, ist eine ARCI-Mitgliedschaft notwendig; vor Ort für ein paar Euro möglich. Ganzjährig geöffnet, Via Forti 13, ✆ 041/5230642.

Ca' Vignotto (3), großer Landgasthof, ca. 700 m vom Inseldorf entfernt an der meerseitigen Uferstraße. Deftige Land- und Meeresküche, große Portionen, ehrliche Preise. Eine Primo-Spezialität ist die Fischlasagne. Via Forti 16, ✆ 041/2444000.

Bar/Pizzeria Tedeschi (2), nette Strandpizzeria am Torre Massimliana, im Sommer tägl. mittags und abends geöffnet.

Isola di Sant'Erasmo, Torre Massimilliana – österreichische Militärarchitektur

L'Isola delle Vignole

Ebenfalls eine Gemüseinsel, zwischen Sant'Elena (Venedig) und Sant'Erasmo gelegen. Aufgrund ihrer Nähe zum Porto di Lido wurde Le Vignole schon früh für militärische Zwecke genutzt. 1543 erbaute die Serenissima hier das **Forte di Sant'Andrea,** das zusammen mit der auf dem Lido di Venezia gelegenen Festung einen Verteidigungskordon bildete. Mit Hilfe von Eisenketten und auf Flößen montierten Kanonen konnte die Hafeneinfahrt binnen kurzer Zeit abgeriegelt werden. Auch heute sind Militäreinheiten auf Le Vignole stationiert, während Gemüsebauern den Rest der Insel in Beschlag nehmen. Lediglich ein Spazierweg ist Besuchern zugänglich. Trotz der eingeschränkten Bewegungsfreiheit wird Le Vignole von Venezianern bevorzugt als **Picknickinsel** frequentiert; in den Sommermonaten klappen sogar zwei *Bàcari* (Weinschenken) ihre Tische auf. Die kleine **Cappella di Sant'Erosia** an der Anlegestelle stammt übrigens ursprünglich aus dem 7. Jh.

Verbindungen: Vaporetto Nr. 13 ab Fondamente Nuove.

L'Isola del Lazzaretto Nuovo

Diese kleine Laguneninsel an der Südwestspitze von Sant'Erasmo gehörte lange Zeit zu den vergessenen Fleckchen der nördlichen Lagune. Im 15. Jh. verbannte die Republik Venedig ihre Kranken hierher.

Erst im Zuge der gezielten Erforschung und Wiederbelebung einiger Laguneninseln rückte auch Lazzaretto Nuovo wieder ins Blickfeld des Interesses. Eine Forschungsgruppe legte erst im Jahr 2000 ihren wissenschaftlichen

Bericht vor und präsentierte ihre umfangreichen Restaurierungsarbeiten auf Lazzaretto Nuovo im Rahmen einer Ausstellung. Seitdem ist die Insel für die Öffentlichkeit wieder eingeschränkt zugänglich.

Als Quarantänestation für die Besatzung venezianischer Frachtschiffe aus Epidemiegebieten nahm Lazzaretto Nuovo eine ganz spezielle Rolle ein. 40 Tage lang (vierzig heißt auf Italienisch "quaranta") wurden die Besatzungsmitglieder hier wie Gefangene festgehalten und auf bestimmte Infektionskrankheiten hin untersucht, während die gesamte Fracht der Schiffe desinfiziert wurde. Mit diesen rigorosen Hygienemaßnahmen wollte man vor allem Pestepedemien vermeiden. Bis zu 10.000 Menschen, so heißt es, konnten damals gleichzeitig auf Lazzaretto Nuovo untergebracht werden.

Ein imposantes Zeugnis von der Größe der einstigen Quarantänestation legt der **Tezon Grande** ab, der ziemlich gründlich restauriert werden konnte. Dieses enorme Kerngebäude von Lazzaretto Nuovo, das als Warenlager diente, war im 16. Jh. mit über 100 m Länge der zweitgrößte Profanbau Venedigs hinter dem Dogenpalast. Abgesehen vom Tezon Grande sind noch etliche Quarantänezellen sowie Teile der gemauerten Einfriedung erhalten geblieben. In einem kleinen **Museum** haben die oben erwähnten Wissenschaftler die Geschichte der Insel dokumentiert. Zu sehen sind neben didaktischen Schautafeln und Modellen auch die verschiedensten Ausgrabungsfunde. Zur obligatorischen **Inselführung** gehört auch die Besteigung eines Beobachtungsturms, der den Blick auf das hinter Lazzaretto Nuovo sich ausbreitende Sumpfgebiet *Palude di San Giacomo* freigibt. Naturschützer haben dort die größte Pflanzen- und Tiervielfalt innerhalb der Lagune festgestellt.

Verbindung: Vaporetto Nr. 13 hält auf Wunsch in Lazzaretto Nuovo. Man muss das Personal rechtzeitig darüber informieren; für den Rückweg macht man sich durch Winken bemerkbar (tatsächlich!), die Anlegestelle Sant'Erasmo Capannone liegt gegenüber.

Inselführungen: von April bis Oktober Sa und So 9–13 Uhr und 15–18 Uhr. Gratis! ✆ 041/2444011.

L'Isola di San Francesco del Deserto

Die abgeschiedene Klosterinsel San Francesco ist ein ausgesprochenes Inselidyll. Ihre markanten hohen Zypressen, die wie schwarz-grüne Lanzen in den Lagunenhimmel stechen, kann man von Sant'Erasmo aus besonders deutlich erkennen.

Franz von Assisi höchstselbst soll hier im Jahr 1220 eine Einsiedelei gegründet haben, berichtet eine Legende. Aber vermutlich geht die Klostergründung im 13. Jh. auf einen gewissen *Jacopo Michiel* zurück, der hier 1228 eine Kirche zu Ehren des Hl. Franz errichtete. Seitdem (von einigen Unterbrechungen abgesehen) leben hier Franziskanermönche in paradiesischer Abgeschiedenheit. Heute sind es lediglich noch ein halbes Dutzend, die sich zusammen mit einigen Helfern um die Pflege der Klosterinsel kümmern. Leider ist die **Bilderbuchinsel** (keine Übertreibung!) mit ihren kontemplativen **Kreuzgängen** und erholsamen Gärten nur mit dem Taxiboot zu erreichen, am besten von Burano aus. Wer die Kosten dafür nicht scheut, findet tägl. von 9–11 und 15–17 Uhr Einlass. Es kann nicht schaden, seinen Besuch vorher telefonisch anzukündigen (unter ✆ 041/5286863).

Karte S. 180

Lido di Venezia: hat mehr als nur Badefreuden zu bieten

Die südlichen Laguneninseln

Il Lido di Venezia

Die 12 km lange und max. 1 km breite Nehrungsinsel schiebt einen schützenden Riegel vor Venedig und die Lagune. Das Maß aller Dinge auf der Lido-Insel ist der ebenfalls 12 km lange Sandstrand, der seit über 100 Jahren zu den vornehmsten Badeständen Italiens gehört.

Bereits 1857 wurde hier die erste Badeanstalt errichtet. Sie bestand aus einem breiten hölzernen Steg, der sich ca. 80 m weit ins Meer schob. Doch erst der Bau des luxuriösen *Strandhotels Des Bains* in den 70er Jahren des 19. Jh. brachte die Entwicklung der hiesigen Badekultur ins Rollen. Betuchte, zumeist adlige Nordeuropäer waren die ersten Gäste, die die Geburtsstunde des Nobeltourismus am Lido einläuteten – ungefähr ein halbes Jahrhundert nachdem der exzentrische *Lord Byron* und sein Dichterfreund *Percy Bysshe Shelley* den seinerzeit noch einsamen Lido di Venezia für sich entdeckt hatten. In den 80er Jahren kamen dann auch so langsam die Strandkabinen in Mode, jene diskreten Orte zum Abtrocknen und Umkleiden, die Italiens vornehme *Bagni* (Strandbäder) bis heute kennzeichnen.

Den vorsichtigen Anfängen des späten 19. Jh. folgte die vergnügungssüchtige Hochstimmung der Jahrhundertwende, in der sich der noble Badetourismus erst so richtig etablierte. Großzügige Jugendstilvillen (auf Ital. "Stile Liberty") schossen in jener Zeit wie Pilze aus dem Inselboden, und der monumentale Hotelpalast des legendären *Excelsior* sprengte 1907 alle bisherigen Dimensionen. Dieser in schwungvolle maurische Formen getauchte Strandkoloss war damals das größte Hotel der Welt. Und beim Publikum handelte es sich um ein Who's who der oberen Zehntausend, das seine Sommerfrische im stilvollen Ambiente verbrachte bzw. hier die seelischen und körperlichen Wehwehchen kurierte. Welch dekadente Atmosphäre und morbide Eleganz Anfang des 20. Jh. am Lido herrschte, hat sicherlich keiner treffender eingefangen als der Literaturnobelpreisträger *Thomas Mann,* der im Sommer 1911 selbst hier weilte. Seine Novelle "Der Tod in Venedig" (1912 veröffentlicht) hat jedoch erst durch *Luchino Viscontis* kongeniale Verfilmung von 1970 Furore gemacht. Wer erinnert sich nicht an die melancholischen Filmszenen, in denen sich der alternde Komponist *Gustav von Aschenbach* (gespielt von Dirk Bogarde) am Lido nach dem schönen Knaben *Tadzio* verzehrt. Diese und andere Filmsequenzen sind im altehrwürdigen *Grandhotel Des Bains* gedreht worden, wo Regisseur Visconti die stilechte Atmosphäre der Jahrhundertwende am besten inszenieren konnte. Wer diesen Drehort heute aufsucht, wird vor allem den Arkadengang des Filmhotels wiedererkennen, in dem der zumeist in Weiß gekleidete Aschenbach endlose Stunden des Müßiggangs zu verbringen pflegte.

Sieht man von den beiden nostalgischen *Grandhotels Des Bains* und *Excelsior,* die nach wie vor Jahrhundertwendecharme besitzen, einmal ab, offenbart sich der relativ dicht besiedelte Norden der Insel als ein ziemlich gesichtsloser Badeort, in dessen architektonischem Allerlei nur noch wenige Prachtvillen aus besseren Tagen das Auge verwöhnen. Ebenso verhält es sich auch mit dem legendären Lido, dem einstigen Inbegriff italienischer Strandkultur. Abgesehen von den stilvollen Strandbädern der Grandhotels, bietet der Lido heute einen völlig durchschnittlichen Anblick, mit dem sich jeder bekannte Adria-Strand auf dem Festland messen kann: Endlose bunte Liegestuhl- und Sonnenschirmreihen, deren Benutzung ganz schön teuer ist, säumen das flache Ufer, während die freien Strandzonen *(Spiaggia comunale* bzw. *Spiaggia libera)* nur an den äußeren Enden zu finden sind. Aber was die Badefreuden am Lido heute wohl am meisten beeinträchtigt, ist das nur leidlich saubere Adria-Wasser, das eigentlich viel mehr Sonnenanbeter vom Baden abhalten müsste, als es augenscheinlich der Fall ist.

Praktische Infos

Verbindungen/Information/ Fahrräder

Vaporetto, Linien 1, 51, 52, N (Nachts) sowie 61 und 62 (ab Bahnhof und Piazzale Roma). **ACTV-Inselbusse,** Linie A (Piazzale Elisabetta–Casinò), Linie B (Piazzale Elisabetta–Malamocco), Linie C (Piazzale Elisabetta–Alberoni), Einzelticket 0,77 €, erhältlich am Zeitungskiosk bzw. im Tabacchi-Laden.

IAT-Büro, Gran Viale Santa Maria Elisabetta 6, Mo–Sa 8–14 Uhr, ✆ 041/5265721. Inselplan, allg. Auskünfte sowie Informationen zu Sport, Wassersport und Badestrand.

Fahrradverleih, gegenüber vom IAT-Büro, *Lazzari Bruno,* Gran Viale 21, ✆ 041 /5268019, ganzjährig 8–20 Uhr. Fahrräder, Tandems und Motorroller. Radmiete (ganzer Tag) 7,75 €.

Übernachten/ Essen und Trinken

Hotels auf dem Lido finden Sie im Kapitel "Übernachten" (→ S. 72). Außerdem **Le Garzette (1),** bei dieser Lido-Herberge handelt es sich um den einzigen **Agriturismo-Hof** in der Laguna veneta. Der kleine Bauernhof liegt zwischen Malamocco und Alberoni (2

Mostra Internazionale d'Arte Cinematografica

so lautet die offizielle Bezeichnung des internationalen Filmfestivals von Venedig, das sich alljährlich Ende August/Anfang September größter Beliebtheit erfreut. Für 12 Tage avanciert der Lido di Venezia, wo das renommierte Filmfest seit seiner Gründung stattfindet, zum glanzvollen Mekka der Filmschaffenden aus aller Welt. – it's Showtime am Lido. Der ansonsten so kühl-abweisende **Palazzo del Cinema** erstrahlt dann plötzlich im Glamour der extrovertierten Filmbranche, und in den traditionsreichen Grandhotels am Lido tummeln sich die Stars und Sternchen gleich haufenweise, stets hartnäckig von der hungrigen Medienmeute und den allgegenwärtigen Paparazzi bedrängt. Erst wenn der Goldene Löwe von San Marco, der **Leone d'oro,** die begehrte Trophäe des Festivals, vergeben worden ist, herrscht wieder Normalzustand am Lido.

Mitinitiator dieses bedeutenden Festivals der Filmkunst war das Management des *Grandhotels Excelsior,* das seine weltwirtschaftskrisenbedingte Gästeflaute mit einer neuen Attraktion zu überwinden gedachte. Auf der lauschigen Terrasse des Excelsior wurde im Sommer 1932 das erste europäische Filmfest veranstaltet. Zu sehen waren 40 Filme aus 9 Ländern, darunter auch "Doktor Jekyll und Mr. Hyde" von *Ruben Mamoulians* sowie *Leni Riefenstahls* "Das blaue Licht". Bereits 5 Jahre später gab es mit dem **Palazzo del Cinema** einen festen Veranstaltungsort. Doch die faschistischen Festivaljahre waren wenig rühmlich. Erst in der Nachkriegszeit geriet das venezianische Filmfest zu einer weltoffenen, ideologiefreien Veranstaltung; mit Cannes 1946 und Berlin 1951 kamen jedoch hochkarätige Konkurrenten hinzu.

In der Nachkriegszeit hatte sich in Italien mit dem **Neorealismus** bald eine neue Stilrichtung abgezeichnet, und Regisseure wie *Luchino Visconti, Roberto Rossellini, Vittorio De Sica* und *Federico Fellini* dominierten das Festival von Venedig. Die französischen Autorenfilmer der **Nouvelle Vague,** zu denen *François Truffaut, Claude Chabrol, Jean-Luc Godard* und *Eric Rohmer* gehörten, feierten ebenfalls große Erfolge in Venedig. In den 70er und 80er Jahren drängte das übermächtige Kommerzkino aus Hollywood mit aller Macht nach Europa und beeinflusste so manche Entscheidung der venezianischen Festivalleitung. Heute haben auch längst wieder Außenseiterfilme realistische Chancen, den Hauptpreis der Jury zu erhalten, wie es zuletzt der Goldene-Löwe-Gewinner von 2000, der Iraner *Jafar Panahi* mit seinem Film "Dayereh" (Der Kreis) bewiesen hat. Und der neue, seit 1999 amtierende Festivalleiter *Alberto Barbera* untermauert die Unabhängigkeit der Filmfestspiele von Venedig mit folgenden Worten: "Es ist essenzielle Aufgabe dieses Festivals, auch unbekannten Regisseuren eine Chance zu geben und sie bekannt zu machen". – Aber Hauptsache die Filmbranche hat ihren Spaß, und der Glanz des Festivals färbt auf die Stadt ab.

Die wenigen für die Öffentlichkeit bestimmten **Eintrittskarten** für die Filmvorführungen in den Kinosälen des *Palazzo del Cinema* sowie im *Lido-Kino Astra* (Gran Viale Santa Maria Elisabetta) werden am Tag der Vorführung an den Kinokassen verkauft (5,20–15,50 €). Außerdem sind einige Festivalfilme im *Freilichtkino* auf dem Campo San Polo zu sehen.

Information: Ständiges Büro der **Mostra Internazionale d'Arte cinematografica,** San Marco 1364, Ca' Giustinian, 30124 Venezia, ✆ 041/5218711, ℻ 5227539, www.labiennaledivenezia. net/it/cinema.

Bushaltestellen hinter Malamocco). Unterbringung im DZ mit Bad ca. 31 € pro Person, Abendessen auf Wunsch, ganzjährig geöffnet. *Ortschaft Capitello,* Lungomare Alberoni 32, ✆ /℻ 041/731078.

Ristorante La Favorita (5), ruhig gelegen, mit kleinem Garten. Sehr leckere, aber recht teure Fischküche (Primi 8,25–9,30 €, Secondi 11,90–18 €). Via Francesco Duodo 33, etwas abseits, nahe Krankenhaus. ✆ 041/5261626, Mo ganztägig und Di mittags geschlossen.

Preiswerte **Pizzerie** findet man an der Gran Viale Santa Maria Elisabetta.

Sehenswertes auf dem Lido di Venezia

Keine andere Laguneninsel ist besser mit dem Vaporetto zu erreichen als der Lido di Venezia. An der zentralen **Anlegestelle Lido/Santa Maria Elisabetta** übernimmt der weithin sichtbare Campari-Schriftzug seit Jahrzehnten die Funktion eines Leuchtturms – für viele Lido-Besucher bereits ein vertrautes Zeichen.

An der hektischen **Piazzale Santa Maria Elisabetta** befindet man sich unversehens wieder im lauten Zivilisationsgetöse: Autos, Motorräder, Busse, Benzingestank – ein regelrechter Schock, wenn man nach tagelanger Abstinenz aus dem Fußgängerparadies Venedig kommt. Doch schneller als man denkt, ist der Zivilisationsschock überwunden, und die Inselerkundung kann beginnen. Aber da die Lido-Insel viel zu groß ist, um sie zu Fuß zu erkunden, empfiehlt es sich, gleich bei der Ankunft ein Fahrrad zu leihen (s. o.), es ist trotz des Verkehrs das adäquateste Fortbewegungsmittel. Außerdem ist der im *IAT-Büro* (Nähe Piazzale) erhältliche Inselplan sehr hilfreich.

Zunächst geht es die breite **Gran Viale Santa Maria Elisbetta** hinunter, die direkt auf die Strandseite der Insel führt. Diese turbulente Ortsdurchgangsstraße war Anfang des 20. Jh. die Prachtmeile des Lido. Heute handelt es sich um die größte Shopping- und Promeniermeile der Insel mit Boutiquen, Eisdielen und Pizzerien am laufenden Meter, so dass man die wenigen architektonischen Lichtblicke wie die **Jugendstilvilla Montplaisir** oder das majolikaverzierte **Jugendstilhotel Hungaria** beinahe übersieht.

Lungomare D'Annunzio – im Hintergrund das noble Hotel des Bains

Von der Gran Viale führt die an einem der wenigen Kanäle des Lido gelegene *Via Cipro* quer durch ein Wohngebiet hinüber zu den Inselfriedhöfen. Der alte jüdische Friedhof, **Antico cimitero ebraico,** ein verzauberter Ort der Ruhe, wurde 1389 angelegt und zählt zu den ältesten jüdischen Friedhöfen Europas. Bis ins 18. Jh. hinein wurde hier bestattet. Zwei hohe Zypressen markieren

La Laguna veneta
Karte S. 180

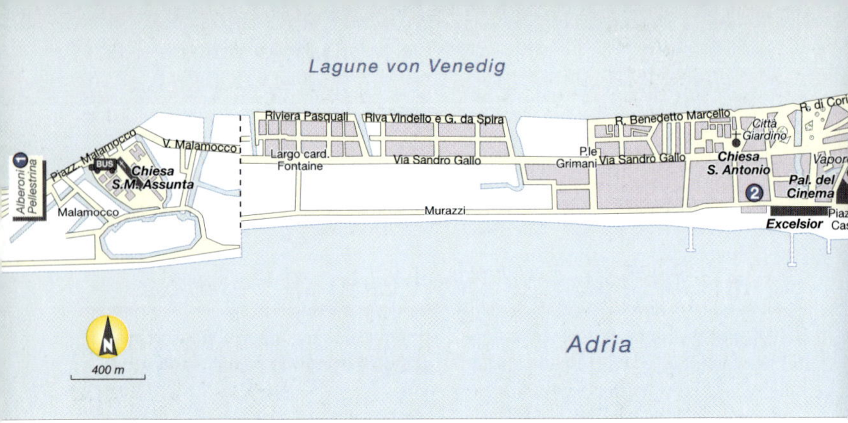

den Haupteingang an der Uferstraße San Nicolò und ein verschlossenes Gittertor gibt den Blick frei auf die verwitterten Grabsteine, die krumm und schief unter uralten Baumkronen stehen. Wer im unweit gelegenen neuen jüdischen Friedhof, dem **Nuovo cimitero ebraico** (Eingang Via Cipro) höflich fragt, darf das alte Friedhofsgelände unter Umständen auch wochentags betreten (Kopfbedeckung für Männer wird ausgeliehen).

Geöffnet: **Nuovo cimitero ebraico,** tägl. (außer Sabbat), April–Sept. 9.30–12.30 Uhr und 15–18.30 Uhr, Okt.–März 9.30–14.30 Uhr. **Antico cimitero ebraico,** offiziell nur am So geöffnet, Führung um 14.30 Uhr (Dauer ca. 60 Min.), Eintritt 6,20 €.

Ein Stück weiter die Uferstraße entlang, stößt man auf die Pfarrkirche Chiesa San Nicolò, in der die Republik Venedig alljährlich einen Festgottesdienst anlässlich der sog. Hochzeit mit dem Meer (Festa de la Sensa → S 56) abhielt. Gleich nebenan erhob sich einst das Forte di San Nicolò, das zusammen mit der gegenüberliegenden Schwesternfestung Sant'Andrea auf Le Vignole die Laguneneinfahrt des Porto di Lido sicherte.

Setzt man seine Inseltour auf der Strandseite, dem *Lungomare D'Annunzio* fort, gelangt man zunächst zum **Grandhotel Des Bains,** auf dessen Veranda nicht nur Cineasten eine Cappuccinopause einlegen sollten.

Anschließend, vorbei an einer kilometerlangen Strandbadzone, öffnet sich ein weitläufiger Platz, an dem der **Palazzo del Cinema** und der **Palazzo del Casinò** einen überraschend hässlichen Gebäudekomplex bilden. Der Palazzo del Cinema ist nur saisonbedingt belebt, und zwar als Veranstaltungsort des Filmfestivals von Venedig (→ S. 200). Der Palazzo del Casinò diente jahrelang als Sommerresidenz des Spielkasinos von Venedig, aber seitdem das Casinò Municipale ganzjährig am Canal Grande residiert, hat der Palazzo keine Funktion mehr. Ein paar Schritte weiter schiebt sich das monumentale **Grandhotel Excelsior** ins Bild, dessen Rückseite nicht annähernd so stilvoll ist wie die prunkvolle Strandfassade.

Folgt man dem *Lungomare Marconi* Richtung Süden, wird die Bebauung immer spärlicher, und vom quirligen Strandleben ist bald nichts mehr zu spüren. Sportliche, die auch die abgelegeneren Gebiete der Lido-Insel erkunden wollen, können jetzt auf den Uferwegen entlang der *Murazzi* (Steindämme) bis zum friedlichen **Inseldorf Malamocco** radeln.

Malamocco ist eine der ältesten Lagunensiedlungen und lag früher direkt an einer künstlichen Lagunenöffnung, die

heute nicht einmal mehr zu erahnen ist. Zu sehen gibt es eine alte, pittoreske Häuserzeile *(Mercerie)* sowie eine Dorfkirche, deren Glockenturm dem Campanile von San Marco ähnelt. Und vom lagunenseitigen Dorfplatz erkennt man die halb verlassene **Insel Poveglia,** während die Rauchschwaden aus der Industriestadt Porto Marghera den Hintergrund grau färben. Eine Fortsetzung der Radtour bis hinunter nach **Alberoni** und zur Südspitze des Lido lohnt sich nicht unbedingt, das macht man am besten mit dem Inselbus (→ "Pellestrina").

L'Isola di Pellestrina

Diese extrem schmale Nehrungsinsel, die der Lido-Insel in der Form stark ähnelt, erstreckt sich zwischen den beiden südlichen Lagunenöffnungen Porto di Malamocco und Porto di Chioggia.

Der 11 km lange Sandstrand an der Meerseite wird über seine gesamte Länge von den *Murazzi* gesäumt, einer wuchtigen Deichanlage, die die Republik Venedig im 18. Jh. errichtete. Dieser zum Teil 14 m breite und 4,5 m hohe Flutschutzdamm besteht aus massiven Steinquadern und ist die eigentliche Attraktion von Pellestrina, abgesehen natürlich von den beiden Fischerorten *San Pietro in Volta* und *Pellestrina-Ort* sowie der kleinen Naturoase *Ca' Roman* im äußersten Süden.

Verbindungen/Essen und Trinken

ACTV-Inselbus, Nr. 11, Lido (Piazzale Santa Maria Elisabetta)–Pellestrina, Einzelticket 3,10 €, erhältlich an der Kasse der Vaporetto-Anlegestelle Lido. Der Bus setzt mit der Fähre von der Südspitze der Lido-Insel nach Pellestrina über; dort hält er u. a. in San Pietro in Volta, Endstation ist Pellestrina-Ort. Die Busse verkehren tagsüber im 40-Min.-Rhythmus, abends und nachts stündlich (unbedingt Fahrplan studieren).

Chioggia-Fähre, zwischen Pellestrina-Ort und der gegenüberliegenden Lagunenrand-Stadt Chioggia verkehrt eine Pendelfähre.

Osteria al Campiello, im Zentrum von Pellestrina-Ort. Rustikales, freundliches Speiselokal auf 2 Ebenen. Schnörkellose, fangfrische Fischküche, große Portionen, kleine Preise. Sestriere Busetti 250, ✆ 041/5279534, Di Ruhetag.

Sehenswertes auf Pellestrina

Aufgrund der großen Entfernungen ist ein Ausflug nach Pellestrina nur mit dem Inselbus ratsam, der an der Vaporetto-Anlegestelle Lido/Santa Maria Elisabetta startet (s. o.). An der Südspitze der Lido-Insel überquert der Bus die breite

Lagunenöffnung **Porto di Malamocco** mit der Fähre. Bei der Überfahrt bietet sich die beste Gelegenheit, um diese wichtige Hafeneinfahrt mit ihren drei Leuchttürmen einmal aus der Nähe zu betrachten. Wenn man Glück hat, schiebt sich gerade einer der großen Öltanker durch die Fahrrinne zum Industriehafen von Porto Marghera. Einen wesentlich friedlicheren Anblick bieten die an den flachen Stellen der Lagunenöffnung zu erkennenden Pfahlbauten der Fischer von Pellestrina.

Auf der anderen Seite setzt der Bus seine Fahrt bis zur Ortschaft Pellestrina fort. Ein Zwischenstopp lohnt sich in **San Pietro in Volta,** einem urigen Fischernest, das vermutlich genau dort gegründet worden ist, wo sich die aus dem 5. Jh. überlieferte Lagunensiedlung *Albiola* befand. Wer zum kleinen Hafen mit dem alten Leuchtturm schlendert und sich dort die bunten Fischkutter mit ihren merkwürdigen Schaufelvorrichtungen am Bug (Muschelfang!) anschaut, hat auch schon das Interessanteste gesehen. Auf der anderen Seite der langgestreckten Ortschaft (an der Bushaltestelle) muss man schon den hohen Steindamm der *Murazzi* hinaufklettern, um einen Blick auf den einsamen Sandstrand werfen zu können.

Pellestrina-Ort, die Endstation, offenbart sich als eine weitläufige Fischersiedlung mit schlichten, bunten Häusern auf der geschützten Lagunenseite. Ein Bummel durch die engen, verwinkelten Gassen sowie entlang der Hafenpromenade führt unmittelbar in einen bescheidenen, dörflichen Alltag, den es in dieser Authentizität wohl kein zweites Mal in der Laguna veneta gibt. Am besten einfach auf Entdeckungsreise gehen und dabei nichts Spektakuläres, sondern pure Normalität erwarten. Lange könnte man dem Treiben am lang gestreckten Hafen zuschauen, wo eine stattliche Kutterflotte bezeugt, dass die Fischerei innerhalb und außerhalb der Lagune noch Konjunktur hat.

Immer noch ein wichtiger Erwerbszweig in Pellestrina – die Fischerei

In Pellestrina herrscht dörfliche Ruhe

Zeit nehmen sollten sich Individualisten auch für einen langen Spaziergang (hin/zurück ca. 2 Std.) auf dem Steindamm der *Murazzi,* der von Pellestrina-Ort zur Südspitze der Insel führt. Der Weg verläuft auf dem oberen, schmalen Rand der Murazzi und ist nicht unbedingt für Leute mit Höhenangst geeignet, wird andererseits aber auch von Joggern benutzt. Vorbei am Friedhof von Pellestrina und einigen verfallenen Bauten erreicht man nach ungefähr einer Stunde Marsch parallel zum meerseitigen Sandstrand die kleine **Naturoase Ca' Roman**. Diese unter Naturschutz stehende Dünenlandschaft erstreckt sich an der Lagunenöffnung **Porto di Chioggia** und bildet mit ihrer lagunentypischen Vegetation ein selten gewordenes Reservat für scheue Strandvögel. Es versteht sich von selbst, dass man sich hier besonders vorsichtig bewegt und Verbotsschilder beachtet.

L'Isola di San Lazzaro degli Armeni

Auf dieser nur einen Katzensprung vom Lido di Venezia entfernten Klosterinsel leben seit fast 300 Jahren armenische Mönche des Ordens der Mechitaristen.

Ihr Ordensgründer *Mechitar von Sebaste* (1676–1749), der mit seinen Anhängern aus dem Stammkloster auf dem Peloponnes vertrieben worden war, bekam die dem Hl. Lazarus geweihte Laguneninsel 1717 von der Republik Venedig überlassen. Seit dem Mittelalter pflegten armenische Kaufleute gute Handelsbeziehungen mit der Republik Venedig und waren in der Stadt sehr willkommen. Aus dem völlig verwilderten Eiland, das bereits im 15. Jh. aufgegeben worden war, machten die armenischen Katholiken um Mechitar eines der bedeutendsten Zentren der armenischen Kultur und Religion. Ihre besonderen Bemühungen galten dem Erhalt der altarmenischen Sprache und

La Laguna veneta
Karte S. 180

der Verbreitung der armenischen Literatur sowie der Jugendseelsorge und Mission unter den Armeniern, von denen heute ca. 8 Millionen weltweit in der Diaspora leben.

Das **Monastero Armeno Mechitarista,** das idyllische Kloster der venezianischen Mechitaristen, darf im Rahmen einer Führung besichtigt werden. Seit über einem halben Jahrhundert – so steht es schon im alten Baedeker – öffnen die gastfreundlichen Mönche von San Lazzaro ihr sehenswertes Refugium täglich gegen 15 Uhr für neugierige Besucher. Ein in der Regel humorvoller und sprachbegabter Padre, der je nach Besuchergruppe in einem Mix aus Italienisch, Armenisch und Englisch parliert, führt in ungefähr anderthalb Stunden durch die zur Besichtigung freigegebenen Räumlichkeiten der Klosteranlage, in der ca. zwei Dutzend Mönche und Schüler leben. Gäste aus der armenischen Weltgemeinschaft sorgen jedoch nicht selten dafür, dass die kleine Klostergemeinschaft auf das Mehrfache anschwillt.

Durch den *Kreuzgang* geht es zunächst in die *Kirche,* deren zwiebelförmige Glockenturmspitze man bereits vom Vaporetto aus erkennen konnte. Die ursprünglich romanische Kirche erhielt beim Wiederaufbau Anfang des 18. Jh. eine vollständig neue Mosaikverzierung sowie einen Sternenhimmel aus dem Märchenbuch. – Die Mosaikarbeiten wurden seinerzeit von Handwerkern aus Murano erledigt. Auch ein Blick ins *Refektorium* ist erlaubt, wo die Klostergemeinschaft schweigend speist, wie es die Regeln vorschreiben. In den Fluren des ersten Stocks befindet sich eine im Laufe der Zeit auf fast 1.000 Bilder angewachsene Gemäldesammlung, die selbst der Padre eher kurios als interessant findet. Im anschließenden *Museum* ist jedoch ein kleines Deckengemälde von *Giovanni Battista Tiepolo* zu bewundern – quasi als Entschädigung. Bei den zahlreichen Exponaten des Museums handelt es sich vorwiegend um Geschenke aus der internationalen Armeniergemeinschaft, die zusammengenommen eine recht bizarre Mischung ergeben: Porzellan, Statuetten, Elfenbeinschnitzereien, Kaffeemühlen, Keramik- und Silberarbeiten, Dokumente aus der armenischen Geschichte, ein bemalter Sarkophag mit einer echten ägyptischen Mumie, eine buddhistische Gebetstafel, ein indischer Thronsitz und nicht zuletzt ein Porträt von *Lord Byron.* Dieser büffelte hier sechs Monate lang die armenische Sprache, deren griechische Wurzeln ihn besonders interessierten. Er soll ein recht begabter Schüler gewesen sein, sagt der Padre schmunzelnd. Liebhaber liturgischer Gewänder und Gerätschaften kommen dann im Hinterzimmer des Museums auf ihre Kosten.

Den eigentlichen Museumsschatz stellt jedoch die **Klosterbibliothek** dar, zu der auch ein hochmoderner klimatisierter Raum gehört, in dem die wertvollsten armenischen Manuskripte und die ältesten Bücher konserviert werden. Hier befindet sich auch das allererste Buch, das in Venedig 1512 auf Armenisch gedruckt worden ist. Die älteste Handschrift datiert hingegen von 428. Den Mechtaristen von San Lazzaro, denen die Bewahrung der armenischen Sprache und Literatur von jeher besonders am Herzen lag, unterhalten heute noch eine klostereigene Druckerei, aus der die vielen Druckerzeugnisse stammen, die im Kloster-Shop zum Kauf angeboten werden. – Je nach Jahreszeit endet die Führung mit einem kurzen Gang durch den gepflegten *Klostergarten.*

Verbindungen/Öffnungszeiten: **Vaporetto Nr. 20** ab San Zaccaria tägl. um 15.10 Uhr, zurück um 17.20 Uhr. Fahrplan und Klosterführung (15.30–17 Uhr) sind aufeinander abgestimmt. Eintritt: 5,20 €.

Die Inseln des Schmerzes

L'Isole del dolore wurden die verstreuten kleinen Laguneninseln zwischen *La Giudecca* und dem *Lido di Venezia* schon zur Zeit der Republik genannt. Sie gehörten lange Zeit zu den erstaunlich zahlreichen Inseln, auf denen die Lagunenstadt ihre Kranken, Aussätzigen und Irren in eigens errichteten Krankenhäusern, Quarantänestationen und Nervenheilanstalten isolierte. Hierbei handelt es sich um ein zum Teil sehr trauriges Kapitel in der ansonsten so glanzvollen Geschichte Venedigs, das erst 1992 sein endgültiges Ende fand, als die psychiatrische Klinik auf der **Isola di San Clemente** aufgegeben wurde.

Jede der venezianischen Schmerzensinseln hatte ihre ganz spezielle Funktion: Auf der **Isola di San Servolo** wurde 1725 eine geschlossene Anstalt für Nervenkranke aus adligen Familien eingerichtet. Zeitgenossen beschrieben diese Einrichtung, aus der die Schreie der eingesperrten Insassen weithin zu hören waren, als einen sehr deprimierenden Ort. Auf der Nachbarinsel **Isola di San Lazzaro** war die Situation nicht viel humaner, dort unterhielt die Republik eine Quarantänestation nur für Leprakranke, während alle Pestkranken auf der **Isola del Lazzaretto Vecchio** isoliert wurden. Fälle mit unbekannten Infektionskrankheiten verbrachte man hingegen nach **L'Isola della Grazia,** wo sich noch in der zweiten Hälfte des 20. Jh. ein auf Infektionskrankheiten spezialisiertes Hospital befand. Auch auf der **Isola di San Clemente,** der einstigen Pilger- und Klosterinsel wurde – allerdings erst Mitte des 19. Jh. – eine Nervenheilanstalt errichtet, in der man alle wegsperrte, die amtlich als geisteskrank erklärt worden waren. Über 90.000 Patienten sollen hier bis Mitte des 20. Jh. behandelt worden sein. Erst als ein Reformgesetz geschlossene Anstalten in ganz Italien verbat, entstand hier eine moderne psychiatrische Klinik, die 1992 geschlossen wurde.

Heute sind einige dieser Laguneninseln verlassen und verwildert und warten geduldig darauf, im Rahmen neuer Nutzungsabsichten wieder zum Leben erweckt zu werden – als Privatinsel, Ferienressort oder als Bildungsstätte wie im Fall der **Isola di San Servolo,** wo die New-technology-Hochschule *Venice International University* 1997 ihr Quartier bezog (Informationen im Internet unter www.viu.unive.it).

An der Riviera del Brenta: Villa Pisani

Il Naviglio di Brenta – ein Bootsausflug zu den venezianischen Villen am Brenta-Kanal

Einer der lohnenswertesten Ausflüge führt von Venedig aus in die idyllische Uferlandschaft des Brenta-Kanals. An dieser lieblichen, von Wiesen und Pappelalleen gesäumten "Riviera del Brenta" stehen noch rund 70 feudale Landhäuser des venezianischen Adels aus verschiedenen Jahrhunderten. Einige dieser prächtigen Zeugnisse vergangener Lebensart befinden sich in einem sehr guten Zustand und können besichtigt werden.

Der Brenta-Kanal ist ein 33 km langer, leicht schiffbarer Wasserweg, der Venedig mit Padua verbindet. Früher gehörte die Brenta mit ihrem stark verzweigten Mündungsbereich zu denjenigen Alpenflüssen, die die Lagune von Venedig mit ihren stetigen Anschwemmungen gefährdeten. Um der drohenden Verlandung entgegenzuwirken, sahen sich die Venezianer bereits im 15. Jh. dazu gezwungen, die Brenta zu kanalisieren und einzudeichen. Ein gigantisches Projekt, das erst im 17. Jh. beendet werden konnte. Etwa zur gleichen Zeit entdeckte der venezianische Adel auch die natürlichen Vorzüge der reizvollen Landschaft auf dem nahe gelegenen Festland. Immer mehr Adelsfamilien zog es jetzt ins Grüne, wo man sich endlich den Wunsch nach großzügigen Villen mit weitläufigen Gärten und Parks erfüllen konnte. Ein wohltuender Befreiungsschlag angesichts der beengten Wohnverhältnisse in der Lagunenstadt.

Vom 16. bis zum 18. Jh. entwickelte sich der *Naviglio di Brenta* mit seinen feudalen Landsitzen zu einem regelrechten Canal Grande auf dem Festland, denn wer sich hier eine repräsentative Villa leisten konnte, der bewohnte in den meisten Fällen auch einen prunkvollen Palazzo am Hauptkanal von Venedig – so wie die *Foscari, Contarini, Mocenigo, Giustinian, Pisani* und wie sie noch alle hießen.

Die Villen am Brenta-Kanal, alles stattliche Anwesen, entsprachen jeweils dem architektonischen Geschmack ihrer Zeit und wurden häufig von namhaften Künstlern mit Fresken und Bilderzyklen ausgeschmückt. Vor allem im 18. Jh. wetteiferte der neue "Landadel" darum, wer die größte und prunkvollste Villa besaß. In dieser Zeit entstand auch die absolut größte, die schlossartige *Villa Pisani,* die den Beinamen "Versailles des Veneto" trägt. Als komfortable Landhäuser errichtet, dienten die Brenta-Villen in erster Linie dem sommerlichen Vergnügen. Man amüsierte sich mit Spielen und Jagden, veranstaltete rauschende Gartenfeste und ließ es sich einen ganzen Sommer lang gut gehen. *Carlo Goldoni (1707–1793),* der berühmte venezianische Komödienschreiber, hat sich in mehreren Werken mit feinster Ironie über die genussvoll-dekadente Sommerfrische an der sogenannten *Riviera del Brenta* mokiert.

"Endlich ist der so herbeigesehnte Augenblick erreicht, in die Villen zu fahren. Große Aufregung mussten wir erleiden, aus Angst eventuell nicht hinfahren zu können", heißt es bei Goldoni. Erwartungsvoll reisten die Nobili dann zusammen mit ihren Bediensteten ab, und zwar auf dem *Burchiello,* einer speziell für diesen Zweck ausgestatteten Barke, die von Pferden gezogen werden musste, weil die Strömung des Flusses zu stark war, um allein durch Rudern voranzukommen. Bei dem heutigen Burchiello, der die Reise in den Fährrinnen der alten Adelsfähren wieder aufgenommen hat, handelt es sich um ein **modernes Ausflugsboot,** das die Touristen in geruhsamer Fahrt durch den Brenta-Kanal befördert. Zwar kann man die venezianischen Landvillen auch mit dem Pkw und dem Linienbus erreichen, aber die Bootsfahrt ist mit Abstand die reizvollste (allerdings auch die teuerste) Variante, denn wie die Palazzi am Canal Grande, lassen sich die auf den Fluss ausgerichteten Brenta-Villen am besten vom Wasser aus besichtigen.

Grandiose Kostprobe von Palladios Archtektur – Villa Foscari

Obwohl die meisten Landsitze im 19. und frühen 20. Jh. stark vernachlässigt, zum Teil sogar zerstört worden sind, bieten die rund 70 verbliebenen Villen, die das Brenta-Ufer zu beiden Seiten säumen, immer noch ein prächtiges Gesamtbild, das eine Kreuzfahrt mit dem Burchiello lohnenswert macht. Außerdem steht die Besichtigung von drei Museumsvillen auf dem Ausflugsprogramm.

Il Naviglio di Brenta Karte S. 211

Il Burchiello – eine Landpartie auf dem Fluss

Zwischen Ende März und Anfang November fährt das komfortable vollklimatisierte Ausflugsboot "Il Burchiello" jeden Dienstag, Donnerstag und Samstag auf dem Brenta-Kanal von Venedig nach Padua. Die Fahrt dauert einen ganzen Tag (9–18.30 Uhr) und beginnt am *Anleger Pontile Pietà (Markusplatz)*. Die Bootsfahrt endet in *Stra (Villa Pisani)*, von dort Bustransfer nach Padua (Bahnhofsnähe). Ab Padua häufige Zugverbindungen zurück nach Venedig.

Venedig im Rücken steuert das Boot zunächst auf die gespenstischen Industrie- und Hafenanlagen von *Porto Marghera* zu. Ein wirklich krasser Anblick, der die Freude auf die Landpartie zunächst etwas dämpft, aber andererseits ein schonungsloses Bild der skandalösen Industrieansiedlung am Lagunenrand bietet. Bei *Fusina* tuckert man in den *Brenta-Kanal*, wo insgesamt drei Schleusen und neun bewegliche Brücken bis *Padua* passiert werden müssen. Die Flusslandschaft präsentiert sich weitgehend lieblich und viele der venezianischen Villen stehen inmitten verwunschener Gärten. Unterwegs werden bei den drei *Museumsvillen Foscari, Barchessa Valmarana* und *Pisani* (s. u.) Besichtigungsstopps eingelegt. Wer einen vollständigen Überblick über die Brenta-Villen haben möchte, sollte sich vorher im Infobüro den Faltplan "Riviera del Brenta" besorgen, in dem ca. 50 Villen präsentiert werden.

Preise: 62 € pro Pers. (inkl. Besichtigungen und Bustransfer). Kinder bis 6 fahren umsonst, Jugendliche unter 18 zahlen 36,15 €. Mittagessen wird für 23,25 € angeboten.

Buchung: bei *New Siamic Express*, Padova, ✆ 049/660944, oder bei *Intras City Service*, Venedig, San Marco 146, Merceria dell'Orologio, ✆ 041/5224870, bzw. an Ihrer Hotelrezeption.

Alternative Veranstalter: Ganz- und halbtägige Brenta-Ausflüge ab Venedig veranstalten auch die Reedereien *I Battelli del Brenta*, Padova, ✆ 049/8760233, sowie *Delta Tour Navigazione Turistica*, Padova, ✆ 049/8700232.

Die Villa Foscari (La Malcontenta): Diese elegante, streng gegliederte Villa im Mündungsbereich des Brenta-Kanals ist ein Werk des berühmten *Andrea Palladio,* der hier eine grandiose Kostprobe seiner Architektur gab, die sich der römischen Antike und den theoretischen Werken Vitruvs verpflichtete. 1556 entworfen und 1560 für die Familie Foscari fertig gestellt, gehörte die nahezu quadratisch angelegte Villa samt Vorhalle mit ionischen Säulen zu den allerersten Prachtbauten am Kanal. Den Hauptsaal, *Sala a crociera,* malte der Veronese-Schüler *Giambattista Zelotti* mit allegorischen Fresken aus. Den Beinamen "La Malcontenta" (Die Unzufriedene) hat die schöne Portikusvilla mit dem gepflegten Garten der Signora Foscari zu verdanken, die wegen ihres unzüchtigen Lebenswandels von ihrem Mann zeitweise hierher verbannt wurde, was sie wohl gar nicht lustig fand. Auf einem Wandbild ist die unzufriedene Hausherrin porträtiert.

Villa Foscari (La Malcontenta): Via dei Turisti 9, Malcontenta di Mira, ✆ 041/5470012. Geöffnet: April bis Mitte Nov., Di und Sa 9–12 Uhr, Eintritt: 6,20 €.

Die Villa Barchessa Valmarana: Bei dem stattlichen Landhaus handelt es sich um ein ehemaliges Nebengebäude der im 19. Jh. abgerissenen eigentlichen Villa Valmarana. Schließt man heute von diesem herrschaftlich ausgebauten Nebengebäude *(Barchessa)* auf die Hauptvilla Valmarana, muss es sich um einen mehr als wuchtigen Repräsentationsbau gehandelt haben. Überliefert ist lediglich, dass die Familie Valmarana bei ihren Empfängen nicht geizte und ein eigenes Hausorchester unterhielt. In der Villa Barchessa sind restaurierte Trompe-l'Œil-Malereien sowie historische Möbel zu sehen. Beim Gang durch den Garten stößt man auch auf die Ruine eines zweiten, baugleichen Nebengebäudes.

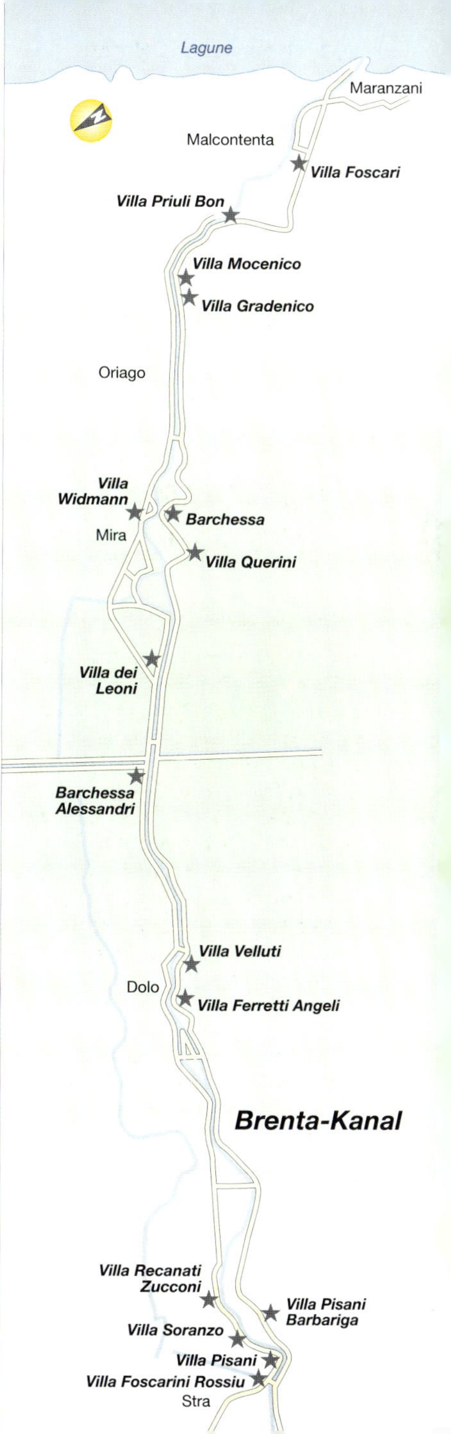

Villa Barchessa Valmarana: Mira Porte, ✆ 041/5102341. Geöffnet: April bis Okt., tägl. (außer Mo) 9.30–12 Uhr und 14–17.30 Uhr, Eintritt: 4,13 €.

Tipp: Zu einem ganz besonderen Erlebnis wird der Brenta-Ausflug am zweiten Sonntag im September, wenn der Kanal Schauplatz der prächtigen **Regatta Riviera Fiorita** ist. Ein historischer Bootskorso mit kostümierten Ruderern bewegt sich langsam den dicht mit Zuschauern gesäumten Kanal entlang.

Die Villa Pisani (La Nazionale): größter Bau am Brenta-Kanal – ein spätbarockes Schloss, das den schillernden Beinamen "Versailles des Veneto" trägt. Gebaut wurde diese monumentale Residenz Mitte des 18. Jh. auf Veranlassung des *Dogen Alvise Pisani,* dessen Prunksucht und Geldverschwendung in die Geschichte eingingen. Die fünf Gebäudeflügel umschließen zwei Innenhöfe und beherbergen insgesamt 114 Räume. Vorbei an riesigen Atlas-Figuren gelangt man durch eine gigantische Säulenhalle ins Innere. Einen Besichtigungshöhepunkt bildet der sich über den gesamten Mittelflügel erstreckende Ballsaal im Rokokostil, dessen gewaltiges Deckenfresko von *Giambattista Tiepolo* stammt: Umgeben von den Allegorien der Macht, der Künste und der Wissenschaften wird die Dogenfamilie Pisani geradezu verherrlicht.

Das "Versailles des Veneto" – die Villa Pisani

Später, nach dem Ende der Republik Venedig, erlangte die Villa Pisani politische Bedeutung, und zwar als Aufenthaltsort und Treffpunkt gekrönter Häupter und Diktatoren. 1805 zog Napoleon als selbst ernannter König von Italien hier ein, und einige Jahrzehnte danach hieß der Hausherr Vittorio Emanuele II. – legitimierter Monarch des neuen Königreichs Italien. 1882 avancierte der königliche Palast zum Nationalheiligtum und erhielt den Beinamen "La Nazionale". 1934 fand hier die erste Begegnung zwischen *Mussolini* und *Hitler* statt, die letztlich den sogenannten Stahlpakt zwischen Italien und Deutschland zur Folge hatte.

Die weitläufige Garten- und Parkanlage des venezianischen Versailles ist eine wahre Augenweide mit Teichen, Pavillons, Skulpturen, Stallungen, einem Belvedere sowie einem Heckenlabyrinth. Leider ist die Besichtigungszeit der Villa Pisani im Rahmen des Bootsausfluges mit 1 Std. etwas knapp bemessen.

Villa Pisani (La Nazionale): Strà, ✆ 049/502074. Geöffnet: April bis Okt., tägl. 9–18 Uhr, Eintritt: 5,16 €.

Elementares

Frau ...	*Signora*
Herr ...	*Signor(e)*
Guten Tag, Morgen	*Buon giorno*
Guten Abend (ab nachmittags!)	*Buona sera*
Guten Abend/ gute Nacht (ab Einbruch der Dunkelheit)	*Buona notte*
Auf Wiedersehen	*Arrivederci*
Hallo/Tschüss	*Ciao*
Wie geht es Ihnen?	*Come sta?/ Come va?*
Wie geht es dir?	*Come stai?*
Danke, gut.	*Molto bene, grazie/ Benissimo, grazie*
Danke!	*Grazie/Mille grazie/ Grazie tanto*
Entschuldigen Sie	*(Mi) scusi*
Entschuldige	*Scusami/Scusa*
Entschuldigung, können Sie mir sagen...?	*Scusi, sa dirmi...?*
Entschuldigung, könnten Sie mich durchlassen/ mir erlauben.. (beliebt bei älteren Damen, die sich durch Supermärkte drängen, und aller Art eiliger Italiener; ist im Sinne von "ich erlaube mir..." zu gebrauchen)	*Permesso...*
ja	*si*
nein	*no*
Ich bedaure, tut mir leid	*Mi dispiace*
Macht nichts	*Non fa niente*
Bitte!	*Prego!* (im Sinne von *gern geschehen*)
Bitte (als Einleitung zu einer Frage oder Bestellung)	*Per favore...*
Sprechen Sie Englisch/Deutsch/ Französisch?	*Parla inglese/ tedescso/ francese?*
Ich spreche kein Italienisch	*Non parlo l'italiano*
Ich verstehe nichts	*Non capisco niente*
Könnten Sie etwas langsamer sprechen?	*Puo parlare un po` più lentamente?*
Ich suche nach...	*Cerco...*
Okay, geht in Ordnung	*va bene*
Ich möchte/ Ich hätte gern	*Vorrei*
Warte/ Warten Sie!	*Aspetta/ Aspetti!*
groß/klein	*grande/piccolo*
Es ist heiß	*Fa caldo*
Es ist kalt	*Fa freddo*
Geld	*i soldi*
Ich brauche ...	*Ho bisogno ...*
Ich muss ...	*Devo ...*
in Ordnung	*d'accordo*
Ist es möglich, dass ...	*È possibile ...*
mit/ohne	*con/senza*
offen/geschlossen	*aperto/chiuso*
Toilette	*gabinetto*
verboten	*vietato*
Was bedeutet das?	*Che cosa significa?* (sprich sinjifika)
Wie heißt das?	*Come si dice?/cosa significa?*
zahlen	*pagare*

Equivoco!
Eine Art Allheilmittel: "Es liegt ein Missverständnis vor". Wenn etwas schief gelaufen ist, ist dies das Friedensangebot. Ein Versprechen wurde nicht eingehalten? – Nein, nur "è un equivoco"!

Fragen

Gibt es/Haben Sie...?	*C'è ...?* (auszusprechen als tsche)
Was kostet das?	*Quanto costa?*
Gibt es (mehrere)	*Ci sono?*
Wann?	*Quando?*
Wo? Wo ist?	*Dove?/ Dov'è?*
Wie?/Wie bitte?	*Come?*
Wieviel?	*Quanto?*
Warum?	*Perché?*

Smalltalk

Ecco!
Hat unendlich viele Bedeutungen. Es ist eine Bestärkung am Ende des Satzes: Also! Na bitte! Voilà... Zweifel sind dann ausgeschlossen.

Ich heiße ...	*Mi chiamo ...*
Wie heißt du?	*Come ti chiami?*
Wie alt bist du?	*Quanti anni hai?*
Das ist aber schön hier	*Meraviglioso!/Che bello!/Bellissimo!*
Von woher kommst du?	*Di dove sei tu?*
Ich bin aus München/Hamburg	*Sono di Monaco, Baviera/di Amburgo*

Orientierung

Bis später	*A più tardi!*
Wo ist bitte...?	*Per favore, dov'è..?*
... die Bushaltestelle	*...la fermata*
... der Bahnhof	*...la stazione*
Stadtplan	*la pianta della città*
rechts	*a destra*
links	*a sinistra*
immer geradeaus	*sempre diritto*
Können Sie mir den Weg nach ... zeigen?	*Sa indicarmi la direzione per..?*
Ist es weit?	*È lontano?*
Nein, es ist nah	*No, è vicino*

Bus/Zug/Fähre

Fahrkarte	*un biglietto*
Stadtbus	*il bus*
Überlandbus	*il pullman*
Zug	*il treno*
hin und zurück	*andata e ritorno*
Ein Ticket von X nach Y	*un biglietto da X a Y*
Wann fährt der nächste?	*Quando parte il prossimo?*
... der letzte?	*...l'ultimo?*
Abfahrt	*partenza*
Ankunft	*arrivo*
Gleis	*binario*
Verspätung	*ritardo*
aussteigen	*scendere*
Ausgang	*uscita*
Eingang	*entrata*
Wochentag	*giorno feriale*
Feiertag	*giorno festivo*
Fähre	*traghetto*
Tragflügelboot	*aliscafo*
Deck-Platz	*posto ponte*
Schlafsessel	*poltrone*
Kabine	*cabina*

Auto/Motorrad

Auto	*macchina*
Motorrad	*la moto*
Tankstelle	*distributore*
Volltanken	*il pieno, per favore*
Bleifrei	*benzina senza piombo*
Diesel	*gasolio*
Panne	*guasto*
Unfall	*un incidente*
Bremsen	*i freni*
Reifen	*le gomme*
Kupplung	*la frizione*
Lichtmaschine	*la dinamo*
Zündung	*l'accensione*
Vergaser	*il carburatore*
Mechaniker	*il meccanico*
Werkstatt	*l'officina*
funktioniert nicht	*non funziona*

Baden/Strandleben

Meer	*il mare*
Strand	*la spiaggia*
Stein	*pietra/sasso (klein)*
Kies	*ghiaia*
schmutzig	*sporco*
sauber	*pulito/netto*
tief	*profondo*
ich gehe schwimmen	*vado a nuotare*
braungebrannt	*abbronzata (f)/ abbronzato (m)*

Stabilimenti balneari oder **bagni**: Strandabschnitt mit Eintrittsgebühr und Verleih von Liegestühlen und Sonnenschirmen.

Bank/Post/Telefon

Geldwechsel	*il cambio*
Wo ist eine Bank?	*Dove c' è una banca*
Ich möchte wechseln	*Vorrei cambiare*
Ich möchte Reiseschecks einlösen	*Vorrei cambiare dei traveller cheques*
Wie ist der Wechselkurs	*Qual è il cambio?*
DM	*marchi tedeschi*

Postamt	*posta/ufficio postalc*
ein Telegramm aufgeben	*spedire un telegramma*
Postkarte	*cartolina*
Brief	*lettera*
Briefpapier	*carta da lettere*
Briefkasten	*la buca (delle lettere)*
Briefmarke(n)	*il francobollo/ i francobolli*
Wo ist das Telefon?	*Dov' è il telefono?*
Ferngespräch	*comunicazione interurbana*

Camping/Hotel

Haben Sie ein Einzel/Doppelzimmer?
C'è una camera singola/doppia?

Können Sie mir ein Zimmer zeigen?
Può mostrarmi una camera?

Ich nehme es/wir nehmen es
La prendo/la prendiamo

Zelt	*tenda*
kleines Zelt	*canadese*
Schatten	*ombra*
Schlafsack	*sacco a pelo*
warme Duschen	*docce calde*
Gibt es warmes Wasser?	*C'è l'acqua calda?*
mit Dusche/Bad	*con doccia/ bagno*
ein ruhiges Zimmer	*una camera tranquilla*
Wir haben reserviert	*Abbiamo prenotato*
Schlüssel	*la chiave*
Vollpension	*pensione (completa)*
Halbpension	*mezza pensione*
Frühstück	*prima colazione*
Hochsaison	*alta stagione*
Nebensaison	*bassa stagione*
Haben Sie nichts Billigeres?	*Non ha niente che costa di meno?*

Zahlen

der Erste	*il primo*
Zweite	*il secondo*
Dritte	*il terzo*
einmal	*una volta*
zweimal	*due volte*
halb	*mezzo*
ein Viertel	*un quarto di*
ein Paar	*un paio di*
einige	*alcuni*

0	*zero*	19	*diciannove*
1	*uno*	20	*venti*
2	*due*	21	*ventuno*
3	*tre*	22	*ventidue*
4	*quattro*	30	*trenta*
5	*cinque*	40	*quaranta*
6	*sei*	50	*cinquanta*
7	*sette*	60	*sessanta*
8	*otto*	70	*settanta*
9	*nove*	80	*ottanta*
10	*dieci*	90	*novanta*
11	*undici*	100	*cento*
12	*dodici*	101	*centuno*
13	*tredici*	102	*centodue*
14	*quattordici*	200	*duecento*
15	*quindici*	1.000	*mille*
16	*sedici*	2.000	*duemila*
17	*diciassette*	100.000	*centomila*
18	*diciotto*	1.000 000	*un milione*

Maße & Gewichte

Liter	*un litro*
halber Liter	*mezzo litro*
Viertelliter	*un quarto di un litro*
Gramm	*un grammo*
100 Gramm	*un etto*
200 Gramm	*due etti*
Kilo	*un chilo, due chili* (gesprochen wie im Deutschen)

Uhr & Kalender

Uhrzeit

Wie spät ist es?	*Che ora è?*
mittags	*mezzogiorno* (für 12 Uhr gebräuchlich)
Mitternacht	*mezzanotte*
Viertel nach	*... e un quarto*
Viertel vor	*... meno un quarto*
halbe Stunde	*mezz'ora*

Tage/Monate/Jahreszeit

ein Tag	*un giorno*
die Woche	*la settimana*
ein Monat	*un mese*
ein Jahr	*un'anno*
ein halbes Jahr	*mezz'anno*
Frühling	*primavera*
Sommer	*l'estate*
Herbst	*autunno*
Winter	*inverno*

Wochentage

Montag	*lunedì*
Dienstag	*martedì*
Mittwoch	*mercoledì*
Donnerstag	*giovedì*
Freitag	*venerdì*
Samstag	*sabato*
Sonntag	*domenica*

Monate

Januar	*gennaio*
Februar	*febbraio*
März	*marzo*
April	*aprile*
Mai	*maggio*
Juni	*giugno* (sprich dschunjo)
Juli	*luglio* (sprich luljo)
August	*agosto* (Feiertag des 15.8.: ferragosto)
September	*settembre*
Oktober	*ottobre*
November	*novembre*
Dezember	*dicembre*

Gestern, heute, morgen ...

heute	*oggi*
morgen	*domani*
übermorgen	*dopodomani*
gestern	*ieri*
vorgestern	*l'altro ieri*
sofort	*subito* (dehnbarer Begriff)
später	*più tardi*
jetzt	*adesso*
der Morgen	*la mattina*
Mittagszeit	*l'ora di pranzo*
Nachmittag	*il pomeriggio*
der Abend	*la sera*
die Nacht	*la notte*

Einkaufen

Haben Sie	*Ha...?*
Ich hätte gern...	*Vorrei...*
etwas davon	*un poco di questo*
dieses hier	*questo qua*
dieses da, dort	*quello là*
Was kostet das?	*Quanto costa questo?*

Geschäfte

Apotheke	*farmacia*
Bäckerei	*panetteria*
Buchhandlung	*libreria*
Zeitungskiosk	*edicola*
Fischhandlung	*pescheria*
Laden, Geschäft	*negozio*
Metzgerei	*macelleria*
Reinigung (chemische)	*lavanderia/ lavasecco*
Reisebüro	*agenzia viaggi*
Touristeninformation	*informazioni turistiche*
Schreibwarenladen	*Cartoleria*
Supermarkt	*alimentari, supermercato*

Drogerie/Apotheke

Seife	*il sapone*
Tampons	*i tamponi, i o.b.*
Binden	*assorbenti*
Waschmittel	*detersivo*
Shampoo	*lo shampoo*
Toilettenpapier	*carta igienica*
Zahnpasta	*pasta dentifricia*
Schmerztabletten	*qualcosa contro il dolore*
Kopfschmerzen	*mal di testa*
Abführmittel	*lassativo*
Sonnenmilch	*crema solare*
Pflaster	*cerotto*

Arzt/Krankenhaus

Ich brauche einen Arzt	*Ho bisogno di un medico*
Hilfe!	*Aiuto!*
Erste Hilfe	*pronto soccorso*

Krankenhaus	*ospedale*
chmerzen	*dolori*
Ich bin krank	*Sono malato*
Biss/Stich	*puntura*
Fieber	*febbre*
Durchfall	*diarrea*
Erkältung	*raffreddore*
Halsschmerzen	*mal di gola*
Magenschmerzen	*mal di stomaco*
Zahnweh	*mal di denti*
Zahnarzt	*dentista*
verstaucht	*slogato*

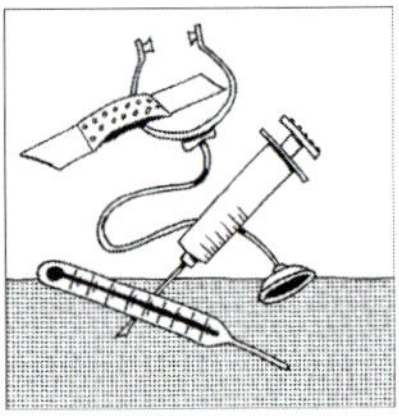

Im Restaurant

Haben Sie einen Tisch für x Personen?
C'è uno tavolo per x persone?

Die Speisekarte, bitte
Il menu/la lista, per favore

Was kostet das Tagesmenü?
Quanto costa il piatto del giorno?

Ich möchte gern zahlen
Il conto, per favore

Ich habe Hunger	*Ho fame*
Ich habe Durst	*Ho sete*
Gabel	*forchetta*
Messer	*coltello*
Löffel	*cucchiao*
Aschenbecher	*portacenere*
Mittagessen	*pranzo*
Abendessen	*cena*
Eine Quittung, bitte	*Vorrei la ricevuta, per favore*
Es war sehr gut	*Era buonissimo*
Trinkgeld	*mancia*

(lässt man aber ohne große Erklärungen am Tisch liegen)

Speisekarte

Extra-Zahlung für Gedeck, Service und Brot	*coperto/pane e servizio*
Vorspeise	*antipasto*
erster Gang	*primo piatto*
zweiter Gang	*secondo piatto*
Beilagen zum zweiten Gang	*contorni*
Nachspeise (Süßes)	*dessert*
Obst	*frutta*
Käse	*formaggio*

Getränke

Wasser	*acqua*
Mineralwasser	*acqua minerale*
mit Kohlensäure	*con gaz (frizzante)*
ohne Kohlensäure	*senza gaz*
Wein	*vino*
weiß	*bianco*
rosé	*rosato*
rot	*rosso*
Bier	*birra*
hell/dunkel	*chiara/scura*
vom Fass	*alla spina*
Saft	*succo di...*
Milch	*latte*
heiß	*caldo*
kalt	*freddo*
Kaffee (das bedeutet espresso)	*un caffè*
Cappuccino (mit aufgeschäumter Milch, niemals mit Sahne!)	*un cappuccino*
Kaffee mit wenig Milch	*un latte macchiato*
Milchkaffee	*un caffelatte*
Kalter Kaffee ... ist was sehr Erfrischendes, wird im Glas mit Eiswürfeln serviert und schmeckt mit viel Zucker	*un caffè freddo*
Tee	*un tè*
mit Zitrone	*con limone*
Cola	*una coca*
Milkshake	*frappè*
ein Glas	*un bicchiere di...*
eine Flasche	*una bottiglia*

Sach- und Personenregister

Kirchen und Synagogen

Museen

Palazzi

Weitere Sehenswürdigkeiten

Stadtviertel + Inseln